The Oracles of God

하나님의 대언자

익투스 ΙΧΘΥΣ

익투스는
예수 그리스도와 그분의 복음을 사랑하는
모든 사람과 함께 합니다.

The Oracles of God
An Introduction to the preaching of John Calvin

하나님의 대언자
T.H.L 파커가 전하는 칼빈의 설교이론

T. H. L. 파커 지음 ■ 황영철 옮김

차 례

저자서문 ··· 6
역자 서문 ·· 10

제1장 칼빈 이전의 설교 ························· 12

제2장 설교자 칼빈 ································· 24
      1536~1538년 ································· 31
      1538~1541년 ································· 35
      1541~1549년 ································· 39
      1549~1564년 ································· 47

제3장 설교론 ·· 56
      설교자 ·· 73
      회중 ··· 80

제4장 설교의 기술 ································ 86
      설교 형식 ·· 92
      설교 스타일 ··································· 100

제5장	칼빈의 복음	110
	하나님과 사람	113
	사람과 하나님	125
	사람과 사람	133
	순례	140

제6장	영국 설교에 미친 칼빈의 영향	148
	영국 설교의 형성	149
	영국 교회에 미친 칼빈의 영향	158
	칼빈의 설교 방법	168

제7장	기본적인 것을 상기함	176
	왜 설교해야 하는가?	179
	설교란 무엇인가?	187
	무엇을 설교해야 하는가?	193

부록	칼빈의 설교 모범	198
	성경 주해	222
	성령의 사역	223

저자 서문

이 작은 책을 쓰면서 나는 「숲 사람들(The Woodlanders)」에 등장하는 이발사 퍼콤과 같은 당혹감을 느꼈다. 이발소가 점점 고급화되자 퍼콤은 앞문으로 단골 손님을 받고, 뒷문으로 토요일 밤에 2천 원짜리 이발을 하는 노동자들을 받아야 했다. 이와 마찬가지로 나도 두 부류의 독자를 염두에 두지 않을 수 없었다. 이 책은 교회사의 한 단편을 제시한다. 그러나 여기서 다루는 주제는 온 교회의 지속적인 관심사이므로, 나는 이 책이 나처럼 매주 두 번의 강설을 준비하고 전달해야 하는 사람들에게도 유익이 되기를 원한다.

오해를 없애고 비판을 미리 방지하기 위해 이 책에서 거론되는 다양한 문제에 관해 간단히 설명하고자 한다. 제6장에서는 영국 설교에 대한 칼빈의 영향만을 다루었다는 점에서 지나치게 배타적이고 자의적으로 보일 수 있다. 물론 칼빈이 설교의 전 영역에 미친 영향을 추적하는 것이 이상적이고, 그것이 나의 최초 의도이기도 하다. 그러나 그런 연구는 이 책의 범위를 많이 벗어난다. 스위스나 프랑스 대신 영국을 택한 것은, 이 책의 주 독자가 영국인이라는 단순한 이유 때문이다. 그렇지만 앞으로 역사가들이 설교 전반에 대한 칼빈의 영향을 연구할 때 이 책이 도움이 되기를 바란다.

누가복음 2장 9~14절을 본문으로 한 칼빈의 강설을 포함시킨 이유도

밝히는 것이 좋겠다. 이것도 이유는 매우 단순하다. 적어도 하나의 강설을 견본으로 포함시켜야 했는데, 그 견본은 칼빈의 강설을 대표하는 것이어야 했다. 그런데 이 강설이 목적에 잘 부합했다. 게다가 영어로 번역되어 처음 소개된다는 점이 큰 장점으로 작용했다. 그러나 관심이 있는 독자는 「종교개혁 전집(Corpus Reformatorum)」에 실린 강설들을 살펴보는 것이 좋을 것이다. 만약 그것이 불가능하면 영어 번역본을 참고하면 된다. 거기에 실린 설교들이 조만간 번역되었으면 한다.

참고도서 목록은 칼빈의 설교에 대한 책만 포함시키고, 참고한 모든 책의 긴 목록은 포함시키지 않았다. 긴 목록의 나열은 종이 낭비일 뿐만 아니라, 쓸데없이 사람들로 하여금 '저 작은 머리에 그렇게도 많은 지식을 담을 수 있다니'라고 생각하게 함으로써 헛된 자랑을 늘어놓는 격이 될 것이다. 그러나 칼빈에 관한 책들, 특별히 그의 설교에 관한 책들에서 많은 것을 배웠다는 것은 너무나 분명하다. 칼빈에 대해서 쓰는 사람은 에밀 두메르그(Emil Doumergue)가 쓴 위대한 일곱 권의 책을 주로 참고하지 않을 수 없다. 두메르그에 대해 아무리 많은 비판이 쏟아진다 해도 그는 여전히 현대 칼빈 연구의 기초로 남는다. 개혁자의 사상을 이해하는 데는 다른 사람들이 그를 능가하기도 하지만, 역사에 대한 그의 지식은 무한한 것처럼 보인다.

칼빈의 신학에 관해서는 주로 제베르크(R. Seeberg), 홀(Holl), 랑(Lang), 베른레(Wernle)의 덕을 보았으며, 무엇보다 타계한 목사 페터(Peter Barth)에게 큰 빚을 졌다. 그는 바르트에서 훨씬 잘 알려진 학자다. 그는 아마 가장 앞선 현대 칼빈 학자일 것이다. 설교의 역사에 관해서는 주로 다간(Dargan)의 책(내용은 빈약하지만, 「백과사전」 외에는 영어로 된 설교의 역사로서 유일한 책이다), 커(Ker)의 책, RGG2에 실린 설교(Predigt) 항을 참고했다. 특정한 사안들에 대해서는 샬랑(Charland), 아우스트(Owst), 프레이저 미첼(Frazer Mitchell)의 저서를 사용했다.

주제인 칼빈의 설교에 대해서는 어느 정도의 실망감을 고백하지 않을 수 없다. 나는 뮐하우프트(Mülhaupt)의 책만을 참고할 수 있었다. 그 책은 가치 있기는 하지만 심각한 약점이 있다. 그 책은 설교자 칼빈(1~63면)과 강설에 나타난 신학(64~171면), 두 부분으로 되어 있다. 제1부는 세 부분으로 나뉜다. 첫째는 칼빈 설교의 역사, 둘째는 그의 설교 이론, 셋째는 이미지에 대한 것이다. 마지막 주제는 매우 낯설고 자의적으로 선택되었다. 제2부는 칼빈이 축복, 창조주와 율법, 죄, 칭의를 다루는 방법, 그리고 칼빈의 신 개념으로 되어 있다. 솔직히 카를 홀(Karl Holl)의 제자인 그에게서 좀더 나은 배열과 더 포괄적인 연구를 기대했다. 그러나 나는 그 책이 이 주제의 역사에 대한 가치 있는 소개서라고 생각한다. 내가 직접 모

든 자료를 수집하는 고된 작업을 하지 않고 그가 발견한 것을 검증만 하면 되었기 때문이다. 두 가지의 사소한 점에서만 오류를 범했다는 사실은 그가 얼마나 주의 깊고 정확하게 작업했는지를 보여준다.

많은 사람에게서 조언과 정보와 격려를 받았는데, 웨일(Dr. J. S. Whale) 목사님의 도움이 가장 컸다. 그는 나를 칼빈 연구로 이끌었을 뿐만 아니라 연구하는 내내 지속적인 지도와 도움을 주었다. 그의 도움이 없었다면 이 책을 쓰지 못했을 것이다. 보들리언 도서관과 케임브리지 웨스트민스터 도서관은 몇몇 책들을 이용할 수 있게 해주었다. 케임브리지 대학교 도서관의 직원에게도 감사한다. 그는 참고도서와 관련하여 큰 도움을 주었다. 출판사가 보여준 지지와 변함없는 친절과 인내에도 감사한다.

마지막으로, 지난 수년 동안 온통 칼빈에 빠져서 정신을 못 차릴 때 참을성 있게 기다려준 모든 친구들, 특별히 아내에게 감사한다.

파커(T. H. L. Parker)
케임브리지, 1945년 9월

역자 서문

　이 작은 책을 구입한 것은 자주 찾아가던 런던의 한 중고 서점에서였습니다. 첫 페이지부터 마지막까지 손에서 책을 놓지 못하고 읽던 때의 충격을 지금도 잊을 수 없습니다. 그후로 이 책은 모든 설교자의 필독서가 되어야 한다고 생각해왔습니다. 그러던 중 목회자에게 지침이 될 만한 내용을 시리즈로 편집하기로 총회 출판부와 약속하고, 그 첫 권으로 이 책을 번역하여 동역 설교자 앞에 내놓습니다.

　이 책을 쓴 파커 박사가 칼빈 연구의 대가라는 것은 주지의 사실입니다. 놀랍게도 그는 이 책을 20대 중반에 썼습니다. 이 책을 쓴 지 약 반세기 만에 그는 이 책의 후속으로「칼빈의 설교(Calvin's Preaching)」를 내면서 이렇게 말했습니다.

　"…… 그럼에도 불구하고 새로운 판을 내야겠다는 생각이 지난 수년 동안 머리에서 떠나지 않았다. 나를 고심하게 한 생각은 초판의 가치를 훼손하지 않으면서 그 책을 개정할 수 있느냐 하는 것이었다. 괴팍한 늙은이와 청년은 함께 살 수 없는 법이다. 70대 중반인 내가 20대 중반에 썼던 책에 땜질을 시작한다면, 첨가되는 정보들이 초판의 신선함을 쓸어버리지는 않을까? 미숙함을 제거하는 것이 열정과 생동감의 상실을 보상할 수 있을까? 그래서 나는 같은 주제에 대해서 완전히 다른 책을 쓰기로 작정했다."

　이것이 개정판을 번역하지 않고 초판을 번역한 이유입니다. 이 책은 막 설교자가 되어 일주일에 두 번 설교하게 된 청년의 신선함과 투박한 열정이 여과되지 않고 거칠게 표현되어 있습니다. 바로 설교자에게 언제나 필요한 자질일 것입니다. 동시에 학자로서 빛나는 그의 재능은 젊은 시절에서부터 이미 그대로 드러납니다. 70대의 완숙한 학자의 글을 기대한다면 개정판을 참고하면 될 것입니다.

한편으로 그는, 설교자의 바른 설교는 신성한 하나님의 말씀임을 아주 강렬한 어조로 주장합니다. 이 주장은 오늘날 의미가 많이 퇴색되었지만 제2 스위스 신앙고백에서부터 종교 개혁의 가장 중요한 설교론의 근거가 되어왔습니다. 설교가 하나님의 말씀이라는 사실에 수반되는 무서운 권위와 설교자의 책임을 지적하면서 그는 칼빈 선생의 말을 인용합니다.

"만일 설교자가 먼저 하나님의 말씀을 힘써 따르지 않는다면, 강단에 오르면서 목이 부러져 죽는 것이 낫다."

만약 칼빈 선생이 이 말을 20대에 했고, 그것을 20대의 파커 박사가 인용했다면, 20대의 열정과 투박함이 여과 없이 표현된 말입니다. 그러나 이 말은 70대의 설교자에게도 진리일 것입니다.

이 주제에 대해 연구자들이 참고할 수 있도록 각주는 남겨두었으되, 부록은 하나만 포함시켰습니다. 그 부록은 칼빈 선생의 설교 전문으로서 저자가 당시에는 최초로 라틴어에서 영어로 번역한 것입니다. 칼빈 선생의 설교의 특징을 고루 갖춘 훌륭한 모범이라는 것이 저자의 평가입니다.

20대의 글답게 다듬어지지 않은 표현들이 눈에 띄기는 합니다. 그러나 그런 미숙함이 이 책의 가치를 상쇄하지는 못할 것입니다. 이 글이 하나님의 보냄을 받아 말씀을 선포하는 모든 하나님의 사자들에게 큰 격려와 경고가 되기를 바랍니다.

황영철
2006년 9월

제 1 장

칼빈 이전의 설교

　종교 개혁자를 숭배하는 사람들은 그들의 영웅을 지나치게 치켜세우는 경향이 있다. 심한 경우에는 성경이 1515년 이전에는 전혀 알려지지 않았던 책인 것처럼, 바울과 루터 사이의 시대에는 건전하고 활기 있는 신학이 수면 상태에 있었던 것처럼(비록 가끔 뒤척거리기는 했지만), 마지막 사도의 목소리가 사라지고 루터와 칼빈과 래티머(Latimer)가 강단에 등장할 때까지는 참된 설교가 제대로 존재하지 않았던 것처럼 이야기한다.

　칼빈의 설교만 놓고 생각하거나 조금 범위를 넓혀서 칼빈 시대의 설교 상황을 놓고 생각한다면, 우리는 칼빈의 설교를 제대로 이해하지 못할 것이다. 팔라스 아테네가 자기 아버지의 머리에서 완전 무장한 채로 태어난 것처럼 칼빈이 설교자로서 세상에 갑자기 나타난 것은 아니다. 이미 루터와 베르나르두스(Bernard), 아우구스티누스(Augustine) 같은 사람이 있었고, 또 그들 이전에 오리게네스(Origenes) 같은 사람이 있었다. 칼빈이 설교하게 되었을 때 그의 생각과 뜻에 완벽하게 들어맞는 수단이 준비되어 있었던 것이다. 따라서 기독교 설교가 어떻게 교회 안팎의 영향을 받아서 칼빈이 제네바 성 베드로 대성당에서 설교하게 되었을 때 사용한 것과 같은 형태를 갖추게 되었는지를 알려면 역사[1]를 개괄하는 것이 필요하다.

---

1) 충분히 살펴보려면 다간(E. C. Dargan)의 「설교의 역사(History of Preaching)」 제2권이나 커(J. Ker)의 「설교의 역사(History of Preaching)」를 보라. 후자가 더 잘 쓴 책이지만 설교 전반에 대하여 종교 개혁 이전은 다루지 않는다.

사도의 교회는 주님께서 승천하면서 내리신 복음 전파의 명령을 지체 없이 순종했다. 모든 제자가 예수 그리스도의 십자가의 죽으심과 부활을 증언하는 데 주력했다. 사도들도 기도하는 일과 '말씀 사역'을 만사를 제쳐놓고 해야 할 급선무요, 무엇보다도 시급한 일로 여겼다(행 6:1~6).

그러나 사도들은 설교의 독점권을 주장하지 않았다. 집사들과, 사도행전 8장 4절에서 보는 대로 심지어 교회의 평신도까지도 이 사역과 관련되어 있었기 때문이다. 그리고 이 사역은 점차 공식적인 직무가 되었다. 사도들은 대중과 개인에게 말씀을 전했다. 그들은 야외, 회당, 교회 등 어디에서나 할 수 있는 대로 설교했다. 그러나 설교의 본질은 항상 동일했다. 곧 예수의 죽으심과 부활을 선포하고, 이 죽으심과 부활을 사람을 구원하기 위한 하나님의 사역으로 해석하는 것이었다. 유대인이든 그리스인이든 야만인이든 비기독교 세계를 향한 설교는 말 그대로 설교였다. 즉 사자(herald)가 자기 군주의 칙령을 선포하는 것, 곧 케리그마(kerygma, 선포)였다.[2] 따라서 교회에만 전하는 호밀리아(homilia)보다 훨씬 더 예언적이고 공격적이었다.

예를 들면 솔로몬 행각의 베드로 설교(행 3:12 이하), 비시디아 안디옥 회당의 바울의 설교(행 13:16 이하), 에베소서를 비교해 보자. 엄격히 말하면 에베소서는 디다케(didache, 교훈)와 파라클레시스(paraklesis, 권면)이다. 하지만 이 서신은 어떤 지역의 교회에게 들려주기 위한 것이었기 때문에 이른바 클레멘스 2서와 아주 유사한 형태의 설교적 훈계(a homily)로 간주될 수 있다. 즉 케리그마는 주로 하나님께서 예수 그리스도 안에서 행하신 것에 대한 선언이며, 그 선언에서 일어나는 회개의 요청이다. 반면에 설교적 훈계는 교리적인 교훈과 거룩에 대한 권고로 이루어져 있다. 설

---

2) 이 모든 단락에 대해서는 도드(C. H. Dodd)의 「사도적 설교(The Apostolic Preaching)」를 보라.

교적 훈계를 설교(preaching)로 만드는 것은 바로 케리그마, 즉 '주께서 (여호와께서) 이와 같이 말씀하셨느니라' 라는 요소인데, 이것이 기독교의 설교를 결정짓는다.

그러므로 사도 시대에서 오리게네스에 이르기까지 설교에 관하여 알려진 것이 별로 없다고 여기는 것은 성급한 독단이다. 하지만 그 설교적 훈계는 회중 앞에서 낭독되었고, 훈계에 성경이 반영되었을지라도 성경 본문이 전혀 없었다. 회당에서 이루어지던 기독교 설교는 기독교와 유대교 사이에 반목이 생기면서 점차 사라졌다. 다르게 말하면 신약 성경 시대에는 설교의 일반적 특징이었던 케리그마와 설교적 훈계라는 이중의 본질을 유지하였다고 볼 수 있다.

그러나 3세기 오리게네스에 이르러 설교적 훈계의 방법에 대단히 중요하고 광범위한 변화가 나타난다. 설교에 대한 이 위대한 사상가의 영향은 절대로 과소평가하지 못할 것이다. 크리스틀리프(Christlieb)가 오리게네스를 '그리스 교회의 설교의 아버지' 라고 말한 것은 과소평가한 것이다. 오리게네스는 서방 교회 및 그리스 교회의 설교 관행뿐만 아니라 프로테스탄트 설교의 관행까지도 확립했기 때문이다. 오리게네스 이전의 설교자는 성경 본문을 택하지 않고 자신이 선택한 주제를 말한 후 성경 구절을 인용하여 그 주제를 설명하고 '증명했다'.[3] 이런 방식을 사용했던 사도들처럼 설교자가 복음의 본질과 한계를 바르게 이해하고 있을 때에는 이런 방식이 매우 만족스러웠다. 그러나 이단적이거나 우둔한 설교자들은 복음에서 벗어난 주제를 선택할 수 있는 위험이 아주 컸다. 오리게네스는 현대적인 의미의 설교적 훈계, 곧 성경 본문에 있는 낱낱의 구절을 연속적으로 주석하는 방식을 사용하여 설교가 성경의 주해가 되게 했다.[4] 다간은 네베

---

3) 이것에 대한 훌륭한 예는 사도행전 3장 11~26절의 베드로 설교와 클레멘스 2서다.

(Nebe)의 말을 인용하여 설교에 대한 오리게네스의 일반적인 관점을 재미있고도 간략하게 진술했다.

"그는 설교자의 신적인 소명과 자격을 믿었고, 예언의 신적인 은사를 획득하고 향상시키기 위하여 인간적인 노력이 필요하다는 것도 믿었다. 그는 이교의 수사학과 웅변술에는 관심이 없었지만 하나님의 말씀을 단순 명료하고 설득력 있게 주해하는 것에는 관심이 많았다. 그는 설교자가 청중에게 하나님의 진리를 올바르게 가르칠 수 있기 위하여 스스로 순결하고 경건해야 함을 강조했다. …… 하나님의 말씀이 설교의 원천이고, '청중의 영적 교화'가 설교의 궁극적인 목적이며, 이 목적 때문에 설교에는 반드시 교훈과 권면이 있어야 한다. 따라서 그는, 설교자는 하나님의 말씀과 사람의 마음을 알고 있어야 한다고 강조했다."[5]

오리게네스는 교회에 설교의 초석을 놓았다. 이 초석은 오늘날까지 그대로 남아 있다. 그러나 그의 방식이 불행한 결과를 초래한 면도 있다. 바로 성경을 알레고리적으로 해석한 것이다. 이것은 후반기 설교의 경향이 되었고 이로 말미암아 중세 시대에 터무니없는 생각들이 난무하게 되었다.

313년 콘스탄티누스 황제의 기독교 관용 정책은 설교에 대체로 나쁜 영향을 미쳤다. 교회가 잠재적인 불안감이나 실제적인 두려움, 박해 속에 살아가는 소수였을 때는 설교자가 청중을 기쁘게 하거나 만족시키려는 유혹을 전혀 받지 않았다. 그들은 대개 그리스도와 믿음에 관하여 더 많이 배

---

4) 다른 사람들, 특히 알렉산드리아의 클레멘스는 그들의 방식이 설교적 훈계에 가까워지는 것을 느끼고 있었다. 사도행전 2장 14절 이하는 설교적 훈계의 정수다. 이것은 사도행전 8장 32절 이하에서 좀더 뚜렷이 드러난다. "빌립이 …… 이 글에서 시작하여 예수를 가르쳐 복음을 전하니." 2세기 말경 신약 성경의 대부분 책들을 받아들임으로써 설교적 훈계가 가능하게 되었을 것이고, 어쩌면 필연적이 되었을지도 모른다. 신약 성경에 대한 설교적 훈계는 사도 교부 시대에는 불가능했다.
5) 「History of Preaching」, I. pp. 51~52.

우기를 원하는 신자들이거나 진리를 추구하는 열렬한 구도자들이었다. 교회의 집회에 참석한 사람들은 아마도 관원의 비위를 거스르고 사회의 조롱을 받는 것을 무서워하지 않았을 것이다. 그들은 재미있는 설교보다는 교훈과 교화를 기대했다.

그러나 콘스탄티누스의 관용 정책으로 기독교는 공인 종교 및 대중 종교가 되어버렸다. 기독교가 변질되면서 회중의 성격도 바뀌었다. 이제 기독교는 기껏해야 재미있게 해주기를 바라고 최악의 경우에는 즐길 수 있기를 바라는 '세례 받은 이교도들'로 가득하게 되었다. 이에 설교자들은 영향을 받지 않을 수 없었고, 대부분이 대중의 인기에 영합하여 재미있고 단순하고 웅변적인 설교로 청중의 저급한 요구에 부응했다. 대부분의 지역에서 강설이 오락 수준으로 떨어졌고, 청중은 그렇게 설교하는 자들에게 환호했다. 4세기 말에 크리소스토무스(Chrysostomus)와 아우구스티누스 같은 사람들이 있었다는 것이 교회로서는 다행한 일이었다. 실천과 이론에서[6] 그들은 오리게네스의 노력을 확증하고 발전시켰다. 오리게네스와 마찬가지로 그들도 설교를 본질적으로 성경의 주해로 간주했다. 일반적으로 지금까지 사용되는 설교적 훈계를 사용할 때 그들은 성경 전체를 거의 일관되게 설교함으로써 그 수준을 한 단계 끌어올렸다.

그러나 그들이 마지막 위대한 교부 설교자들이었다. 그들 이후로는 동방 교회와 서방 교회 모두 설교가 현저히 쇠퇴했고 그 쇠퇴 현상은 수백 년 동안 지속되었다. 비록 설교 형식은 오리게네스가 확립한 것에서 대체로 벗어나지 않았지만, 그가 끼친 영향의 다른 한 면은 성경에 대한 알레고리 해석이 난무하게 된 것에서 나타났다. 또한 설교의 본질이 사도적인

---

6) 두 사람 다 설교학(homiletics)을 썼다. 크리소스토무스, 「성직자에 관하여(Περὶ Ἱερεύς)」 제4권. 아우구스티누스, 「기독교 교리에 관하여(De Doctrina Christiana)」 제6권.

케리그마에서 이탈하여 도덕적인 권면의 수단으로 전락했다. 설교가 이 5세기 동안에 완전히 유명무실해진 것은 아니지만, 하디(Hardy)의 말을 빌리면 '죽을 힘조차도 없었다'고 말할 수 있을 것이다.

그러나 그 시기에는 중세 시대 후기의 위대한 설교 활동을 준비하는 어떤 힘이 작용하고 있었다. 예를 들어 메스의 주교인 크로데강(Chrodegang)이 쓴 「교회의 규범(Regula Canonicorum)」이라는 성직자에 대한 설교 명령에서는, 매주일은 아니더라도 적어도 한 달에 두 번은 설교를 하도록 명하고 있다. 그리고 황제들의 「법령집(Capitularia)」에서는 성직자들이 성경에 의하지 않고 자신의 깨달음이나 새로운 것이나 정경에 속하지 않은 것으로 이야기를 꾸며 사람들에게 설교하는 것을 금했다(칼빈 이전 750년 동안이나!).[7] 전체적으로 보면 이 시기에는 전도자의 설교가 가장 중요한 요소였지만 거기서도 사도의 복음에 대한 이해는 불완전했다.

11세기에는 설교의 부흥이 일어났다. 그것은 학문의 부흥과 교황 그레고리우스 7세의 교회 개혁, 십자군으로 발생된 열정에서 비롯된 것이었다. 교회 안에서는 성직자와 평신도 모두가 설교에 대해 새로운 관심을 갖게 되었는데, 성 베르나르두스와 같은 위대한 설교자들의 영향이 컸다. 여전히 설교적 훈계 형식이 사용되었지만, 좀더 인위적인 배열이 학자들의 강설에서 나타나기 시작했다. 이와 함께 알레고리 해석은 점점 더 걷잡을 수 없게 되었고, 교리는 교부들과 성경의 가르침에서 더욱 빗나갔다.

그러나 그 새로운 활기가 계속되어 13세기에 이르러 중세의 설교는 꽃을 피웠다. 이 과정에서 가장 큰 잠재력이 된 것은 도미니크 수도회와 프란체스코 수도회의 설립이었다. 두 수도원은 말씀을 전하는 수도회로 설립되었다. 탁발 수도사들의 설교는 단순하고 생생하며 꾸밈이 없었고, 대

---

7) 주후 789년의 「법령집(Capitularia)」. 다간의 인용대로는, op. cit., I. p. 134.

개 모국어를 사용했기 때문에 일반 대중들에게 인기가 아주 많았다. 사람들은 유명한 수도사의 설교를 듣기 위하여 떼를 지어 몰려들었다. 다간의 말에 의하면, 베르톨트(Berthold)와 파도바의 안토니오(Antony of Padua)에게 화이트필드(Whitefield)나 무디(Moody)보다도 더 많은 사람들이 따랐다고 한다. 물론 많은 탁발 수도사들이 '황색 언론(Yellow-press)'의 감상주의로 빠져들어갔지만, 그러한 연약성에도 불구하고 그 수도회의 존재 자체가 교회에서 차지하는 설교의 비중을 제대로 이해하고 있었다는 것을 보여준다.

설교가 발전하게 된 또 다른 요소는 스콜라 신학에서 찾을 수 있다. 스콜라 신학자들은 설교적 훈계를 포기하고 설교에 형식적 배열을 채택했다. 스콜라적인 방식이 학구적인 설교에서 보편적으로 사용되었고, 대학교에서 학생들이 이런 방식으로 훈련을 받았기 때문에,[8] 설교적 훈계가 완전히 사라진 것은 아니었지만 교구에서도 스콜라적인 방식이 널리 사용되었다. 기막힐 정도로 복잡하고 미묘한 스콜라 방식을 이 책에서는 아주 간략하게 설명할 수밖에 없다. 그 설교는 다섯 부분으로 나뉘어 있다.

- 주제, 또는 본문
- 주제를 시작하기 전, 사람들의 관심을 불러일으킨다.
- 주제에 대한 서론, 그 의미를 설명한다.
- 세분화한다.
- 세분화한 것을 전개한다.

---

8) 다수의 설교적 훈계의 본문 책들 「설교기법(Artes praedicandi)」이 이 목적으로 씌었다. 스콜라주의적 설교에 대한 상세한 연구는 스미스(C. H. Smyth)의 「설교의 기교(The Art of Preaching)」와 샬랑(T. M. Charland)의 「설교기법(Artes Praedicandi)」과 아우스트(G. R. Owst)의 「중세 영국의 설교(Preaching in Mediaeval England)」(전체)를 참조하라.

그러나 이보다 훨씬 더 많은 엄격한 규칙들이 각 단락에 적용된다. 주제는 인상적인 세 낱말을 포함해야 하고, 세 부분으로 분할해야 하며, 그와 같은 방식은 일정한 운(rhymes)과 운율(rhythms)을 사용해야 한다. 오늘날에는 스콜라 신학자들의 격식이 우습게 보이겠지만, 그들의 노력은 설교학에서 중요한 새로운 시도였다. 설교의 기교에 대한 칼빈주의자 저술가인 안드레아스 히페리우스(Andreas Hyperius)조차도 그들과 관계가 깊다는 것을 상기해야 한다.[9]

어떤 저자들은 설교적 훈계의 부담을 벗게 되었다는 점에서 스콜라 신학자들을 설교의 구원자로 생각한다. 그러나 그들이 사용한 방식은 지나치게 엄격하고 인위적이어서 설교의 목적에 잘 맞지 않는다. 카논 스미스(Canon Smyth)는 "그러한 설교는 지극히 재치 있고 독창적일지 모르지만, 피상적이고 아주 형식적이다"[10]라고 말했다.

종교 개혁이 일어나기 전 2세기 동안 중세의 설교는 쇠퇴하여 이전의 목적과 내용의 진지함이 사라졌다. 물론 대부분의 설교자가 직분에 아주 충실했지만, 설교가 유머와 익살로 변질되는 경우가 많았다. 리하르트 로테(Richard Rothe)가 말한 대로, "아주 진지한 설교자들조차도 익살스러운 이야기가 그들의 품위를 떨어뜨린다는 것을 생각하지 못했다."[11] 영국에는 아주 예외적으로 위클리프(Wyclif)와 그에게 훈련받은 롤라드 설교자(Lollard preachers) 무리가 있었다. 우리는 위클리프에게서 복음적인 설교 개념을 볼 수 있다. 루터는 후스(Hus)를 통하여 위클리프의 개념을 받아들였고, 이 개념은 특별히 개혁적인 설교 개념으로 간주된다. 워크먼 박사(Dr. Workman)는 그의 설교를 이렇게 말한다.

---

9) pp. 174 이하를 보라.
10) Op. cit., p. 53.
11) 「설교의 역사(Geschichte der Predigt)」, p. 261.

"그 설교들은 중세 시대의 설교라기보다는 종교 개혁 시대의 설교들이다. 설교 방식에서 …… 그 설교들은 제네바나 스코틀랜드의 색채를 더 많이 띠고 있다."[12]

첫째, 위클리프는 중세 설교의 형식과 내용에서 확실히 벗어났다. 그는 설교적 훈계로 되돌아가서 설교를 성경 주해로만 간주했다.

둘째, 그는 본질적으로 루터나 칼빈의 설교와 다르지 않은 말씀의 교훈 (a doctrine of the Word)을 강조한다. 그는 "오, 신성한 씨앗의 놀라운 능력이여!"라고 외치면서, "말씀은 강한 전사를 제압하고, 돌같이 굳은 마음을 부드럽게 하며, 죄로 야만인처럼 되어 하나님과 한없이 멀어진 사람들을 하나님의 형상으로 새롭게 한다. 분명히, 만일 다른 무엇보다도 성령의 열심과 영원한 말씀이 함께 역사하지 않았다면 성직자의 말에 의해 그와 같은 놀라운 기적은 전혀 일어날 수 없었을 것이다"[13]라고 말한다. 다시 말해 참설교는 사람의 목소리로 듣는 하나님의 말씀이다.

셋째, 설교는 청중의 상태에 성경을 적용하는 것이며 청중의 이해를 고려하는 것임을 그는 강조한다. 비록 그는 자신의 대적인 탁발 수도사의 감각적인 방식들을 지적으로 경멸한 까닭에 스스로 설교를 많이 하지는 않았지만, 설교에 대한 그의 영향력은 결코 무시할 수 없다.

16세기 초에는, 설교가 무시되지 않았던 것은 분명하지만 스콜라주의적인 형식과 근거 없는 알레고리가 여전히 지배적이었다. 탁발 수도사(테첼〈Tetzel〉처럼 아무리 그들이 특권을 많이 남용했을지라도), 대학교(비록 많은 대학교가 오류로 인해 그 노력을 망치기는 했지만), 수도원들 모두가 설교의 발전에 크게 기여했다. 교구 교회들은 최악의 상태를 보여주었다. 휘트니(Whitney)의 말대로 설교의 횟수가 과소평가된 것이 사실이긴 해

---

12) 워크먼(H. B. Workman)의 「존 위클리프(John Wyclif)」, vol. 2. pp. 213~214.
13) 워크먼의 인용대로, op. cit., p. 210.

도 교구 성직자들이 정규적으로 설교할 마음이 거의 없었기 때문이다. 그리고 비록 기독교 세계에 그런 대로 설교가 있긴 했지만 교부나 사도의 설교에 필적하기에는 턱없이 부족했다. 그로 인해 복음 선포의 확고한 어조가 결여되어 있었다. 예외적으로 슈타우피츠(Staupitz)나 콜레(Colet)와 같은 학예 부흥(the New Learning)의 몇몇 사람들이 확연히 부각된다.

이전 시기와 비교하여 종교 개혁자들의 설교 활동은 놀라운 것이었다. 루터의 20권이 넘는 엄청난 부피의 바이마르 판, 칼빈의 엄청난 수의 설교, 설교에 대한 크랜머(Cranmer)의 수많은 권면은 한결같이 교회의 사역에서 설교가 차지하는 지위의 새로운 인식을 말해준다. '설교하지 않는 고위 성직자들'에 대한 래티머의 질책이나, 일주일에 겨우 두 번 설교하는 오지안더(Osiander)를 루터가 경멸한 것이나, 역설적으로 자기가 그 직분에 대한 하나님의 소명을 받지 않았다는 것을 믿었기 때문에 멜란히톤(Melanchthon)이 설교를 거부한 것은 실로 웅변적이 아닐 수 없다. 종교 개혁에서 설교는 5세기 이후 지금까지 누리지 못했던 지위를 차지했다. 복음은 아우구스티누스를 거쳐 신약 성경으로 돌아갔고, 그 방식은 교부들의 설교적 훈계로 되돌아갔다.

이렇게 회복된 것이 결코 칼빈 때문이라고 생각해서는 안 된다. 당시 칼빈은 대륙의 신학자들이 종교 개혁자의 아류로 부르는 처지였기 때문이다. 즉 칼빈은 1세대가 이루어놓은 일에 관여한 종교 개혁자들의 2세대에 속했다. 그의 천재성은 창조성보다는 오히려 체계화와 분석에 있다. 설교의 형식과 본질을 회복시킨 것은 바로 루터였다.[14] 에르푸르트 수도원에서 전한 초기 설교에서 그는 라틴어로 설교했고 스콜라적인 형식을 사용했

---

14) 물론 매키넌(Mackinnon)이 루터의 노력이 설교의 역사를 혁신했다고 보는 것은 아주 잘못된 것이다. 「루터와 종교 개혁(Luther and the Reformation)」, vol. 4, p. 308을 보라.

다. 그러나 얼마 후 그는 이 형식을 버렸다. 교구 교회에서 설교할 때 그는 독일어로 했고 주해적인 훈계의 근거로 서신서와 복음서를 사용했다. 그에게 설교란 하나님 자신의 참된 말씀이었고, 설교 자체가 교회에서 중심적인 지위를 차지하는 것이었다.

츠빙글리(Zwingli)도 루터를 따라 설교가 성경의 주해가 되는 설교적 훈계를 사용했는데, 이것은 모든 종교 개혁자들의 공통점이었다. 그러나 츠빙글리는 한 단계 더 발전시켜 1519년 취리히에서 마태복음으로 설교한 것을 필두로 계속 성경책을 통하여 설교했다. 루터처럼 그는 준비 없이 즉흥적으로 설교했다. 그러나 그의 설교는 루터와 칼빈의 설교와는 달리 비서들에 의해 제대로 기록되지 않았다. 그의 제자 불링거(Bullinger)는 칼빈에 필적할 만큼 정력적으로 설교했다. 사역을 시작한 지 첫 10년 동안 그는 거의 성경 전체를 설교했다. 1549년~1565년에는 특히 요한계시록에 관해 100회, 다니엘에 관해 66회, 예레미야에 관해 170회, 이사야에 관해 190회를 설교했다고 다간은 전한다.

이 사람들은 설교에 대한 종교 개혁자들의 일반적인 태도를 대표한다. 독일, 스위스와 마찬가지로 영국, 프랑스, 스코틀랜드에서도 하나님 말씀의 설교는 성직의 주요 직무로 인정되었다. 교회에서 불법적으로 차지하고 있던 미사가 지위를 박탈당하고 설교가 그 자리를 대신하게 되었다. 제단 대신 강단이 루터파와 칼빈파, 영국 국교도의 교회에서 중심이 되었다. 설교는 형식과 내용 모두 성경에 한정되었다. 종교 개혁자들이 주장한 것처럼, 설교의 목적은 성경에서 하나님의 말씀을 해명하고 해석하는 것이다. 그러므로 그들은 성경을 모든 설교가 판단을 받아야 할 표준으로 확고히 하였다. 설교는 하나님께서 일찍이 '반포하신' 그리고 선지자들과 사도들의 말씀에 의해 증언된 영원한 말씀의 시녀였다.

제 2 장

설교자 칼빈

존 칼빈은 피카르디의 작은 마을 누아용에서 1509년 7월 10일에 태어났다. 지방 교회의 공증인이었던 그의 아버지는 아들이 교회에서 중요한 인물이 되기를 원하여 칼빈이 열네 살 때 프랑스에서 가장 오래되고 유명한 대학교가 있는 파리로 유학을 보냈다. 그러나 유감스럽게도 당시 그곳은 쇠퇴의 길을 걷고 있었다. 처음에 그는 라 마르세 대학에 들어가 마두랭 코르디에(Mathurin Cordier)에게 앞으로 그의 시대에 가장 뛰어나게 될 라틴어 문체의 기초를 배웠다. 그 다음에 몽테규 대학으로 옮겨 철학과 논리학을 배웠다.

그러나 그의 아버지가 누아용의 대성당 참사회와 관계가 잠시 틀어진 사이에 어떤 재정적인 다툼을 빌미로 파문을 당하자 몹시 화가 난 그는 아들을 성직자로 만들려던 생각을 바꾸어 법률가로 만들 결심을 하면서 이 공부는 중단되었다. 그래서 1527~1528년 겨울에 칼빈은 파리를 떠나 오를레앙 대학교로 가게 되었는데, 거기서 당시 프랑스의 뛰어난 법학자 피에르 드 레스투아유(Pierre de L'Estoile)의 강의를 듣고 법학을 좋아하게 되었다. 그러나 그는 이 도시의 기분 좋은 분위기를 1년 남짓 누리다가 중세 시대 학생들의 관습에 따라 부르주 대학교로 이적하게 되었다. 그곳에서 그는 이탈리아인 법률가 안드레아 알치아티(Andrea Alciati)의 명성에 매료되었다.

분명하고 확실하게 증명된 것은 아니지만 부르주에서 칼빈의 설교 역사가 시작된다. 그러나 그의 초기 설교에 대해서는 알려진 것이 거의 없다. 간단한 사실조차도 불확실할 정도다. 또 증거가 모호하고 세부적인 것에서 일치하지 않으며, 때로는 그 지방에서 전해오는 말에 지나지 않는 것도 있다. 하지만 칼빈의 친구이자 전기 작가인 베자(Beza)와 콜라돈(Colladon)이, 칼빈이 두 마을 교회에서 설교했다고 주장하는 것은 거의 맞는 것으로 보인다. 그들이 대성당의 강단에 그들의 영웅을 앉히려고 한 동기는 충분히 이해할 수 있다. 그러나 그들이 열거한 사례만으로는 그러한 영광을 부여하기에 조금 부족하다. 베자는, 칼빈이 선조들의 고향이자 아버지의 출생지인 퐁레베크에서 가끔 설교했던 것을 이렇게 말하고 있다.

"비록 사제 서품을 받지는 않았지만 칼빈은 분명히 프랑스를 떠나기 전에 이곳에서 여러 번 설교했다."[1]

그 당시 혼란한 상황에서 칼빈은 1529년 6월에서 1534년 5월까지 퐁레베크에서 성직을 수행했다. 따라서 만일 베자의 진술이 정확하다면 그는 이 기간에 그곳에서 설교를 했을 것이고, 그러면 1529년이나 1530년에 설교를 시작한 것이 된다. 비록 이 사실을 뒷받침해줄 만한 증거가 부족하지만, 아니라고 주장할 결정적인 증거도 없다. 만일 칼빈이 이 시기에 다른 곳에서 설교를 했다면, 가족이나 교회와 유대가 깊은 도시에서 설교를 하지 않을 이유가 전혀 없기 때문이다. 또한 그가 법학을 배우기 위하여 신학을 포기했기 때문에 설교를 하지 않았을 것이라는 주장도 어불성설이다. 그의 가족이 겪은 시련에도 불구하고 칼빈은 교회 당국자들과 좋은 관계를 계속 유지했고, 그들도 칼빈의 탁월한 능력을 인정했다.

부르주 근처 마을 리니에르에서 칼빈이 설교했다는 더 좋은 증거가 있

---

1) C. R. xxi, p. 121.

다. 부르주 태생으로 칼빈이 그곳에 있을 때 친분이 있었던 콜라돈이 자신의 개인적인 경험을 글로 쓴 것이다.

"부르주에 있을 때 칼빈은 때때로 리니에르라는 베리 지방의 한 작은 도시에서 설교했고, 당시 그곳 지주의 가정에서 환대를 받았다. 그 문제를 별달리 생각하지 않았던 그 지주는 다만 자기가 보기에 대체로 존 칼빈이 수사들보다 설교를 더 잘하고 왕성하게 활동하는 것 같다고만 말했다."[2]

이 설명과 질레 르 닥(Gilles-le-duc)과 레날(Raynal)의 이야기를 비교해보면, 칼빈은 부르주에서(1529~1531년) 공부하는 동안 가끔 리니에르의 교회에 가서 설교했고, 그곳 지주인 필베르 드 보쥬(Philbert de Beaujeu)가 칼빈의 웅변에 감탄하여 그가 마을에 올 때마다 자기 가정으로 초대하여 환대했다고 볼 수 있다. 우리는 이 이야기의 핵심 정도만 사실로 받아들일 수 있다. 나머지 이야기는 칼빈이 회심한 날짜의 문제와 긴밀히 관련되어 있다.[3] 그래서 콜라돈의 소견("그 문제를 별달리 생각하지

---

2) Ibid., p. 55. 두 명의 후기 역사학자들인 17세기의 질레 르 닥과 19세기 초의 레날이 콜라돈의 진술을 뒷받침해준다. 그들의 입증은 중요한데, 이는 독자적으로 권위 있는 근거가 그들에게 있기 때문이다. 질레 르 닥은 이렇게 말했다. "역사의 기록에 의하면 1532년경에 부르주에서 공부한 칼빈은 리니에르에 자주 가서 설교했으며, 그곳 지주가 그의 말을 경청하고 그를 환대했다고 한다. 그 지주는 새로운 것을 이야기해준 적이 없는 수사들보다 차라리 그에게서 듣고 싶다고 말했다. 그가 칼빈의 이단에 마음이 현혹되었던 것은 아니다. 아직은 그것이 공공연하게 표명되지 않았다. 그러나 그는 쉽게 이야기하는 칼빈을 매우 칭찬했다. 이 지역에서 전해오는 말에 의하면, 칼빈은 강가에 있는 헛간 같은 건물에서 설교했다고 한다. 그러나 그것은 사실이 아니다. 리니에르에서 설교했을 때 그는 다른 가톨릭 설교자들처럼 교회 안과 일반 강단에서 했다"[「Mémoires inédits」, p. 308. 두메르그의 인용, 「Jean Calvin. Les Hommes et les choses de son temps」. 로잔느(Lausanne), 1988 f. vol. I, pl 191]. 레날은 이렇게 말한다. "그는 리니에르에서 강가의 헛간 같은 건물에서 설교했다. 훌륭한 가톨릭 교인이었던 이 소도시의 지주인 필베르 드 보쥬는 그의 말을 즐겁게 경청하면서 이렇게 말했다. '어쨌든 이 사람은 색다른 것을 가르친다!'"(Raynal: 「Histoire de Berry」, vol. 3, pp. 308~309).

않았던 그 지주는 다만 자기가 보기에 대체로 존 칼빈은 수사들보다 설교를 더 잘하는 것 같다고만 말했다")과 질레 르 닥의 비슷한 구절("그가 칼빈의 이단에 마음이 현혹되었던 것은 아니다. 아직은 그것이 공공연하게 표명되지 않았다"), 레날의 말("어쨌든 이 사람은 색다른 것을 가르친다!")은 칼빈이 부르주에 있던 시기에 속하며, 이 말의 진실여부는 칼빈의 회심을 언제로 잡느냐에 의해서 결정된다.

1527~1528년에 칼빈이 회심했다는 주장을 뒷받침하기 위하여 콜라돈이 리니에르 이야기를 지어냈다고 논박할 사람이 있을지도 모르겠다. 그러나 그는 사람들이 자기 이야기를 믿지 않으리라는 생각을 전혀 하지 않았다. 또 칼빈이 설교를 하기 위하여 프로테스탄트이어야 할 필요는 전혀 없었다. 칼빈 역시 로마 가톨릭 교도이거나 인문주의자였을 것이다. 그 문

---

3) 여러 가지 비평이 아주 많지만 칼빈의 회심과 관련된 날짜는 크게 세 가지로 나뉜다. 첫째, 대략 그가 파리를 떠난 시기인 1527~1528년에 회심했다는 것으로 베자와 콜라돈, 두메르그, 홀, 페터 바르트가 이 시기를 주장한다. 르프랑은 중간 입장을 취하여 칼빈의 회심은 1528년에 시작하여 1532~1533년에 절정에 이르렀다고 말한다. 둘째, 콥의 총장 취임 연설 직후, 곧 1533년 11월 1일에 회심했다고 보는 사람들이다. 랑, 캄프슐테, 매키넌, 워커, 뮐러, 베른레가 여기에 속한다. 셋째, 칼빈이 성직을 사임하던 1534년 무렵까지 아직 회심하지 않았다고 주장하는 사람들로, 르쿨트르, 쉬태헬린, 임바르트 드 라 투르와 비에노 등이다. 셋째 견해는 별로 권할 만하지 않지만 다른 두 견해는 설득력이 있다. 이에 대해 논쟁할 뜻이 없다면, 그리고 이것은 우리가 다루는 주제와 별문제이므로 다음을 살펴볼 수 있다. (1) 페터 바르트가 「Religion in Geschichte und Gegenwart」 2, p. 1426, 그의 글 「Calvin」에서 초기 날짜를 부인할 결정적인 근거가 전혀 없다고 말할 때 그의 말에 동의한다는 것. (2) 홀이 보여주는 것처럼, 좀더 후기 날짜는 칼빈이 그의 위대한 교부의 학문을 습득할 시간적 여지를 약간 남기는데, 이는 「기독교 강요(the Instituto)」가 1535년에 씌었기 때문이라는 것. (3) 만일 초기 날짜를 인정하면 이후의 모든 사실들이 설명되지 않는다 하더라도, 1528년과 1533년 사이의 생애에 관하여 우리가 알고 있는 것과 대체로 상당히 만족할 만큼 일치한다. 따라서 이 사이의 시기는 그에게 불확실한 기간이라기보다는 오히려 준비하는 기간이 된다. (4) 만일 그가 1527~1528년에 회심했다면, 그가 후반기 신학적 입장을 갑자기 취한 것이 아니라 얼마 동안 정말 기독교인 법학도였을 뿐이고 그 다음에 기독교 학자가 되었다는 것.

제의 또 다른 면은 초기 회심을 증명하기 위하여 이 설교를 만들어 내야 할 필요가 전혀 없었다는 것이다. 물론 더 나은 논증을 뒷받침하려면 그것이 중요하다. 그러나 회심의 문제와는 별도로, 리니에르에서 칼빈이 설교한 것을 반박하는 것은 설득력이 없다. 그래서 우리는 콜라돈의 이야기가 사실이라고 결론을 내릴 수 있다.

칼빈이 부르주에서 설교했다고 말하는 사람은 레날밖에 없지만, 부르주에 머무는 동안 칼빈이 더 많이 설교했다는 기록이 있다. 그는 아니에르라는 마을에서 설교했는데, 칼빈에 관해 전해오는 이야기들이나 근처의 퐁뒤 칼뱅(Pont du Calvin) 등이 그것을 뒷받침한다. 카테리노(Catherinot)와 레날에 의하면, 아니에르가 칼빈을 통하여 개혁 신앙으로 개종하여 19세기 초반까지 신교를 신봉했다고 한다. 카테리노는 이렇게 말한다.

"이때에 칼빈은 독단적인 태도를 취했고 최초로 전도에 착수하여 부르주 근처 아니에르에서 설교했다. 그곳 사람들은 지금까지 거의 모두가 개신교인이다."[4]

그러나 만일 아니에르 주민들이 칼빈을 통하여 회심했다면, 칼빈이 아주 젊은 시절부터 열정이 있었다는 것을 보여줄 이 사건을 베자와 콜라돈이 절대로 놓쳤을 리 없다. 게다가 두 사람 모두 그와 같은 사건을 몰랐다는 것은 앞뒤가 맞지 않는다. 두 사람 모두 부르주에서 칼빈과 친분이 있었고, 특히 학생이었던 베자는 칼빈과 한 집에서 살았다. 그들이 침묵하고 있다는 것만으로도 그 이야기가 신빙성이 없다는 것을 충분히 입증한다.

1531년 5월, 아버지의 죽음으로 칼빈은 드디어 자기 뜻대로 할 수 있게 되었다. 법학에 별로 관심이 없었다는 듯 그는 서둘러 부르주를 떠나 파리

---

4) 두메르그가 인용한 대로, 「Le Calvinisme de Berry」, op. cit., vol. i, p. 189, n. 2. 참고, 레날, "그는 아니에르에서도 설교했는데, 거기에서 그의 말씀은 결코 질식되지 않는 씨가 되었다"(「Histoire de Berry」, vol. 3, p. 308).

로 돌아갔다. 1년이 채 못 되어 23세의 그는 첫 저서, 세네카의 「관용론(De Clementia)」에 대한 주해를 출판했다. 이후 그의 행적은 파리로 다시 돌아온 1533년 10월까지 거의 알려진 바 없다. 파리로 돌아왔을 즈음에는 파리의 개혁파 여러 사람들과 아주 가까이 사귀었다. 그러나 니콜라스 콥(Nicolas Cop)과 맺은 우정으로 고난의 길을 걷게 되었고 인생의 방향이 완전히 바뀌었다.

11월 1일 콥은 대학 당국 앞에서 총장 취임 연설을 하게 되었다. 칼빈이 그 연설문 작성에 관여했는지의 여부는 논란이 있지만 어떤 식으로든 관련이 있는 것은 분명하다. 그 연설은 사실상 루터파 교리의 해설이었다. 소송이 제기되었고, 콥은 재빨리 스위스 바젤로 도피했다. 칼빈도 서둘러 파리를 떠나 앙굴렘에 사는 친구 루이 뒤 티예(Louis du Tillet)의 집에 피신했다. 베자의 말에 의하면, 그는 그곳에 머물면서 종교 개혁의 영향을 받고 있던 그 지역 사제들을 위한 설교를 작성했다고 한다. 마침내 그는 그곳을 떠나 1535년 초 바젤에 도착했다. 그의 바젤 체류는 1536년 3월 「기독교 강요(the Institutio Christianae Religionis)」의 초판 발행이라는 기록을 남기게 되었다. 이 책을 씀으로써 그는 종교 개혁의 지도적인 신학자 중의 한 사람이라는 평가를 받게 되었고, 제네바를 위하여 파렐(Farel)이 칼빈을 붙잡을 만큼 큰 명성과 권위를 얻었다.

그 달에 그는 바젤을 떠나 이탈리아의 페라라로 갔다. 거기서 그는 루이 12세의 딸인 프랑스의 르네(Renée)의 궁정에서 살았다. 여러 가지를 고려해볼 때 이 방문의 목적은 불분명하지만 설교와 관계가 없다는 것만큼은 분명하다. 르네의 예배당에서 칼빈이 설교했다는 메를르 도비네(Merle D'Aubignée)의 말은 사실이다. 그러나 그의 열정적인 역사에서 그 밖의 많은 주장들과 마찬가지로 이 주장은 무시해도 좋다.[5] 칼빈이 1536년 2월에 아오스타 계곡에서 시작했을 것으로(성공적인 결실을 맺었을 것은 두 말할 것도 없다) 생각되는 설교 여행에 관해서는 더 많은 이야기가 있다. 비록 그것에 대해 두메르그가 자세히 언급하지는 않지만, 이는 그가 지나치게 칼빈을 숭배하여 역사적 판단이 다소 흐려진 것으로 보인다. 가장 최초의 증거가 18세기 후반의 것이며, 우리가 추정하는 날짜에 의하면 칼빈이 페라라에서 파리로 돌아가는 도중 아오스타를 거쳐가는 것 이상 더 무엇을 했다는 것은 사실상 불가능하다.[6] 그러므로 비록 칼빈이 유랑하는 동안 프로테스탄트들에게 설교를 했다고 추측할 수 있을지라도, 부르주와 퐁 레베크의 학생 시절에 그가 설교했다는 것이 가장 설득력 있는 유일한 증거다.

1536~1538년

집안일로 이탈리아에서 파리로 돌아온 칼빈은 조용히 은거하며 공부를 계속할 목적으로 스트라스부르로 떠났다. 사도레토(Sadoleto) 추기경에게 보낸 편지에서 말하고 있는 대로, 그가 가장 바라는 것은 '자유롭고 훌륭한 장소를 찾아서 편안하게 학문의 즐거움을 여유 있게 누리는 것'이었다. 그러나 전쟁 때문에 스트라스부르로 직행할 수 없어서 불과 두 달 전에 종교 개혁을 지지한다고 선언한 제네바를 경유하게 되었다. 그는 거기서 하룻밤을 묵을 계획이었다. 만일 그 계획의 귀결을 예견했더라면 그에게 맡겨진 일을 완수하느니 그는 차라리 유럽의 모든 전쟁과 싸우는 편을 택했을 것이다. 제네바 종교 개혁의 강력한 지도자인 윌리엄 파렐(William Farel)이 칼빈이 왔다는 말을 듣자마자(아마도 루이 뒤 티예에게서 들었을 것이다) 여관에 유숙한 그를 찾아갔기 때문이다. 매키넌은 그 만남을 이렇게 재현한다.

---

5) 그는 칼빈이 누아용, l'Angoumois, 푸아투에서도 설교했다고 한다.
6) 훈트(R. N. Hunt)의 「칼빈(Calvin)」, p. 54를 보라.

"그날 저녁 파렐은 칼빈이 머물고 있는 여관으로 급히 갔다. 파렐은 칼빈에게 교회의 형편을 설명하고 여기에 남아서 자기를 도와달라고 간청했다. 뜻밖의 간청에 깜짝 놀란 칼빈은 자기 계획과 소원을 이야기하며 그럴 만한 인물이 못 된다고 설명하면서 극구 사양했다. 파렐이 집요하게 붙들수록 칼빈은 자기 앞에 펼쳐진 광경이 점점 더 두려워졌다. 그때 파렐이 거룩한 분노를 발하면서 일어나 호통을 쳤다. '나는 전능하신 하나님의 이름으로 당신에게 그렇게 할 것을 선언한다. 당신은 학문을 구실로 변명을 늘어놓고 있다. 만일 당신이 우리와 함께 주의 일에 헌신하기를 거절하면 하나님께서 당신을 벌하실 것이다. 이는 당신이 그리스도께서 원하시는 일보다 자기 자신의 이익을 좇고 있기 때문이다.'"[7]

칼빈은 자신의 계획을 포기하고 목사가 아니라 신학 강사로서 제네바에 남겠다고 했다. 그러나 곧 그는 목사로 선임되었다.[8] 일단 선임되자 그는 아무런 의심 없이 제네바에서 정규적으로 설교했다. 안타깝게도 그가 설교한 주제에 대한 기록은 전혀 남아 있지 않다. 그는 설교 외에도 익숙하지 않은 새로운 일에 전심전력했는데, 그 일은 예상보다 훨씬 더 힘들고 어려웠다. 성 베드로 대성당에서 바울의 서신을 설교하고 목회를 하면서 로잔에서 열린 공식 토론에도 참여하고 베른의 대회에도 참석하는 등 바

---

7) 「Calvin」, p. 57.
8) C. R. xxi, p. 58. 목사로 선임되기까지 기간이 얼마가 걸렸는지는 알 수 없다. 워커는 "거의 1년 뒤였다"라고 말하며 다음의 말을 증거로 제시한다. "1537년 8월 13일에 베른 의회는 '설교자' 파렐과 '성경 강사' 칼빈을 구별했다(「John Calvin」, p. 182.). 그러나 이것에 대한 반대 견해는 다음과 같다.
 (1) 제네바 의회는 1537년 7월 3일에 '설교자, 파렐과 칼빈'을 말하고 있다.
 (2) 콜라돈은 1537년 1월 15일, 또 심지어 신앙 고백이 의회에 제출된 1536년 11월 10일에 그가 선임되었다는 것을 암시함으로써 위에 인용한 그의 진술을 따르고 있다. "따라서 교회에서 목사와 박사로 선언되었기 때문에 …… 그는 간략한 신앙 고백서와 권징 규범을 마련했다"(C. R. xxi. pp. 58~59).

쁜 일정 속에서도 그는 틈틈이 집필을 계속했다.

제네바에 개혁 교회를 설립하고자 하는 파렐과 칼빈의 시도가 성공하지 못했기 때문에 이 시기는 오히려 중요하다. 파렐의 성급함과 칼빈의 미숙함은 목적을 달성하기에 똑같이 부적절했다. 그들은 베이컨의 다음과 같은 지혜를 알지 못했다.

"그러므로 아무쪼록 혁신적인 일을 하는 사람들은 시간이 보여주는 모범을 본받는 것이 좋다. 시간은 실제로 위대한 혁신을 일으키지만 그 혁신은 거의 감지되지 않을 정도로 조용히 일어난다."

1537년 1월, 파렐과 다른 설교자들은 의회(Council)[9]에 교회의 재조직에 관한 계획표를 제출했는데, 거기에는 중요한 세 가지 제안이 들어 있었다. 첫째는 도시를 지구로 분할하는 것으로, 각 지구에서 사람들의 도덕성을 감독하고 목사에게 죄를 보고하는 감독관을 임명하자고 했다. 목사에게는 징계권과 최후의 수단으로 출교권이 있었다. 둘째, 의회부터 시작해서 모든 시민은 그들 중 누가 복음에 동의하는지, 누가 예수 그리스도의 왕국 백성보다는 교황의 왕국 백성이 되기를 더 좋아하는지 알기 위하여 신앙 고백에 동의할 의무가 있었다. 셋째, 종교 교육을 계획했다.[10]

이 조항들은 의회에 의해 채택되었지만, 그것을 실천하는 데는 어려움이 따랐다. 시민의 자유만큼 도덕의 자유를 원한 시민들의 반대뿐만 아니라, 제네바에는 제네바의 종교적인 성과보다 정치적인 성과를 위해서 프로테스탄트화를 더 가치 있게 보고 엄격한 권징을 전혀 원하지 않으며 칼빈과 파렐과 코로(Coraud)를 외부 프랑스인으로 보고 베른의 프로테스탄

---

9) 이 책 전체에서 나는 의회(Council)라는 낱말로 복잡한 제네바 의회들을 구분하지 않고 하나로 표기하였다.
10) "그 조항들은 교회의 자치권에 국가의 재가와 협력도 겸하는 시도다. 교회는 교리와 권징과 예배를 명확히 규정한다. 국가는 그것을 재가하고 잘 유지되도록 협력한다"(Mackinnon, 「Calvin」, p. 59.).

트주의를 칭찬한[11] 사람들이 있었기 때문이다. 종교 개혁자들에게 우호적인 사람들이 실권을 잡고 있는 동안에는 종교 개혁의 작업이 서서히 진행되었다. 그러나 1538년 2월 반대파 지도자들이 실권을 잡으면서 상황은 돌변했다. 정부는 종교 개혁자들의 계획에 반대했고 민중도 정부를 지지하여 감정이 폭력적인 양상을 띠었다. 칼빈은 그 광경을 결코 잊지 못했다. 말년에 그는 이렇게 말했다.

"나는 불가사의한 전투 속에서 살았다. 저녁마다 문 앞에서 오륙십 발의 탄알을 쏘아대며 조롱하는 소리를 들어야 했다. 소심한, 늘 내 입으로 소심함을 실토할 정도인 나 같은 가련한 학생이 얼마나 충격을 받았을지 상상해보라."

3월에 그들은 정치에 관계하지 말고 복음 전파에만 주력하라는 명령을 받았다. 그들로서는 이러한 적의에 수동적인 자세를 취할 수밖에 없었다. 그들은 그들의 생각을 분명하게 선포하며 믿음을 위하여 싸웠다. 3월 12일, 의회는 "칼빈이 설교에서 사용한 어떤 낱말, 곧 마귀의 의회(Council of the devil)라고 한 것에 대하여 그에게 문서를 발송하여 물어보기로 결정했다."[12] 그리고 4월 8일 비슷한 항의서를 맹인 목사인 코로에게 보냈다.

의회가 베른 예배 형식을 사용하겠다고 고집하자 문제가 불거졌다. 칼빈과 파렐은 단호히 거부하고 따르지 않았는데, 베른 예배 형식을 인정하지 않기 때문이 아니라 영적인 문제에 대하여 의회가 교회에게 명령할 권한을 인정하지 않기 때문이었다. 코로는 설교하지 말라는 명령을 받았으나 명령을 지키지 않아 즉시 구속되었다. 다른 개혁자들이 항의를 하자 그들에게도 설교를 하지 못하게 했다. 하지만 그 다음날 부활절에 칼빈은 성

---

11) 워커, 「John Calvin」, pp. 202~203.
12) C. R. xxi, p. 222.

베드로 성당에서, 파렐은 성 제르베 성당에서 설교했다. 교회 안에서 소동이 있었기 때문에 성찬식은 집행하지 못했다. 명령을 따르지 않자 의회는 파렐과 칼빈에게 3일 안으로 제네바를 떠나라고 했고 칼빈은 동의하며 이렇게 말했다.

"만일 우리가 사람의 종이었다면 우리는 당연히 상을 받을 수 없을 것이다. 그러나 우리는 크신 주님을 섬기고 있으므로 그분께서 우리에게 상을 주실 것이다."

1538~1541년

제네바에서 추방된 칼빈은 중단되었던 공부를 다시 하기 위해 바젤로 갔다. 소란스러운 제네바에서 벗어나 휴식을 취하고 싶었다. 그러나 그는 이미 프로테스탄트 대의에 정평이 나 있어서 사람들이 혼자 조용히 쉬도록 내버려두지 않았다.

마르틴 부처(Martin Bucer)가 맨 먼저 찾아와 칼빈의 사양에도 불구하고 스트라스부르로 가서 프랑스인 교회의 목사가 되어줄 것을 간곡히 청했다. 그리하여 칼빈은 18개월 뒤 스트라스부르에 도착해 프랑스를 떠난 뒤 그의 생애에서 가장 즐거운 시간을 보내게 되었다. 그는 마음이 맞는 절친한 친구들과 목회를 하며 저술할 수 있는 약간의 여유도 가졌다.[13] 그곳에서 그가 활동을 중단한 것은 아니었다. 그는 강한 의무감으로 계속 활

---

13) 이때가 칼빈의 생애에서 문필 활동이 가장 왕성한 시기였다. 나중에 똑같은 시간 안에 더 많은 글을 썼을지는 모르지만 결코 이 3년 동안에 쓴 글을 능가하지는 못했다. 이 시기에 글을 쓸 수 있는 여건이 좀더 완벽하게 마련되었다면 그가 이루었을 성과는 엄청났을 것이다. 문필의 관점에서 보면 종교 개혁은 가장 위대한 문필가의 시간을 빼앗은 셈이다. 스트라스부르에서 로마서에 대한 훌륭한 주석인 「사도레토에 대한 대답(Reply to Sadoleto)」이 출판되었고 1541년에 프랑스 번역본이 출판되었는데, 모든 판 중에서 가장 읽기 쉽고 매끄럽고 유려한 프랑스 산문의 모델이다.

동했지만 스트라스부르 사람들이 호의로 대해주고 제네바에서 거의 매일 겪다시피 한 고민과 핍박이 없었기 때문에 훨씬 덜 힘들었다.

프랑스인 교회의 목사로 활동하는 것 외에 그는 신학 강좌도 맡아 일주일에 몇 차례씩 강의했다. 그는 매일 강의나 설교를 했다. 콘스탄스의 츠비크(Zwick)는 그가 정규적으로 일주일에 네 번 설교했다고 한다.[14] 힘든 이 일을 그가 기꺼이 할 수 있었던 것은, 믿음 때문에 추방당한 교인들이 많이 출석할 뿐만 아니라 그의 설교에 감사했기 때문이다. 파렐에게 보낸 편지에 그가 얼마나 만족하고 있는지 잘 나타난다.

"저의 주일 설교를 모든 형제들이 찬사를 보내며 받아들였습니다. 더욱 감사한 것은 방청인에 불과했거나 구경꾼이었던 많은 사람들의 마음을 사로잡았다는 것입니다."[15]

그리고 또 이렇게 쓰고 있다.

"스트라스부르에서 저를 감시하는 사람은 거의 없습니다. 오히려 대부분의 사람이 제 말에 귀를 기울입니다. 제가 목사라서가 아니라 선생으로서 저를 배려하고 존경하기 때문입니다."[16]

이 교회를 위해 그는 예배 모범을 작성하고 클레망 마로(Clément Marot)의 압운의 시편들을 사용한 회중 찬송을 소개했다. 레이번(Reyburn)은 그 예배가 감동적이고 유쾌하다는 인상을 담은 한 회중의 편지를 다음과 같이 인용한다. "주일마다 우리는 다윗의 시편 찬송을 부르거나 신약 성경에서 발췌한 기도문을 찬송으로 부릅니다. 남녀 할 것 없이 누구나 찬송을 하는 참으로 아름다운 시간입니다. 서로에게 피해가 가지 않도록 각자가 찬송가를 손에 들고 하는데, 찬송이 이처럼 즐겁고 유쾌한 것인 줄

---

14) C. R. xa, p. 288.
15) Herminjard 5, pp. 111~112.
16) Herminjard 6, pp. 326~327.

전에는 미처 몰랐습니다. 처음 5~6일 동안 나는 각 나라에서 추방당한 이 작은 무리를 바라보며 눈물을 흘렸습니다. 그러나 슬퍼서 운 것이 아니라 그들 모두가 마음을 다해 찬송하는 것을 듣고 기뻐서 운 것이었습니다. 그들은 찬송하면서 하나님의 이름이 영화롭게 되는 장소를 주신 하나님께 감사했습니다. 그들이 여기서 찬송한 것처럼 모국어로 주님을 찬송하고 주님의 기적을 찬양하는 그 놀라운 기쁨을 아무도 믿지 못할 것입니다."[17]

칼빈의 좋지 않은 건강 상태 외에 그에게 가장 큰 걱정이자 유일한 걱정은 가난이었다. 신학 교사로 사례가 충분하지 못했기 때문에 그는 하숙인을 두어야 했고 심지어 몇 권의 책까지 팔아야 했다. 그의 어려운 형편을 보다 못한 친구들은 결혼을 권했다. 리처드 후커(Richard Hooker)처럼 그는 친구들에게 신부를 소개해달라고 부탁했다. 그러나 리처드 후커와는 달리 그는 친구들에게 맡기지 않고 스스로 아내를 구했다. 그녀는 이들레트 드 뷔르(Idelette de Bure)라는 과부로서, 칼빈이 시무하는 교회의 교인이었다. 그들은 1540년 8월에 결혼했다. 그녀는 '최고의 반려자'가 될 것이었다.

"그녀는 비록 나에게 더 큰 어려움이 닥치더라도, 투옥되고 빈궁하게 되는 것뿐만 아니라 죽는다고 해도 나의 헌신적인 반려자가 되었을 것이다."

그러나 그는 스트라스부르에 오래 머무를 수 없었다. 새로운 체제의 제네바는 미완의 상태였고, 칼빈이 떠난 뒤로 그 상황에 맞는 새로운 삶을 형성할 만한 훌륭한 지도자가 그곳에는 전혀 없었다. 자연히 이쪽으로 치우쳤다 저쪽으로 치우쳤다 허둥대는 가운데 시민들의 생활, 대외 관계, 교회 문제 등 모든 것이 불안하고 불확실했다. 칼빈이 무질서를 바로잡으려

---

17) H. Reyburn, 「John Calvin」, p. 85.

할 때 제네바 시민들은 자유를 그리워했다. 그러나 그가 쫓겨난 지금 시민들은 그의 멍에를 다시 원했다. 후커는 그 상황을 다음과 같이 묘사한다.

"(사람들의 성숙치 못한 행동의 결과로) 목회자 한두 사람의 자리가 비게 된 지 몇 년 뒤에, 그들은 학식 있는 목회자가 없어진 것에 대해 안타까워하며 이제 칼빈을 선대한 사람들에게서 그를 데려오기 위해 안달이었다."[18]

1540년, 그를 다시 제네바로 데려오는 일이 은밀히 진행되었지만, 칼빈은 스트라스부르에 남기를 원했고 되돌아갈 생각을 하지 않았다. 비레(Viret)에게 그는 이렇게 썼다.

"그곳에서 다시 고통당하느니 차라리 당장 죽는 것이 더 나을 것입니다."[19]

그리고 다시 1년 후 이렇게 썼다.

"제네바에서 겪었던 일들이 떠오를 때마다 내가 다시 그러한 다툼에 휘말려 들지 모른다는 것에 몸서리치지 않을 수 없습니다."[20]

그럼에도 불구하고 제네바 교회에 그가 필요하다는 친구들의 권유에 그는 돌아가기로 했다. 하나님의 뜻이라고 믿었기 때문이다. 칼빈의 삶을 살펴보면, 칼빈은 미래를 굉장히 두려워하는 소심한 사람이었지만 하나님께서 부르신다는 확신이 들면 최악의 상황에도 전혀 두려움 없이 용감하게 맞섰다. 이후로 그에게 휴식은 없었다. 그를 기다리는 것은 격렬한 투쟁과 실망과 과도한 일이었다.

"그의 복귀는 종교 개혁사에서 가장 중대한 사건이었다. 허약하지만 예리한 눈의 창백하고 야윈 그 인물이 성 베드로 성당의 강단에 다시 등장한

---

18) 「교회 정치(Eclles. Polity)」, 서문, ii. 3.
19) Herminjard, 6, p. 228.
20) Ibid., 7, 43.

것은, 이후 사반세기 동안 레만 호반의 작은 공화국을 지배하는 것뿐만 아니라 그 공화국을 영적 자치령으로 만드는 것이었기 때문이다. 그리고 그 경계는 북쪽 바다로 확장되어 마침내 대서양 너머로까지 이어졌다."[21]

1541~1549년
'복음 사역자 존 칼빈
······ 제네바의 거룩한 종으로 임명되었다.' - 시 회의록

1541년 9월 13일, 제네바로 되돌아간 즉시 칼빈은 이전보다 훨씬 더 강한 열정과 단호한 결단으로 일을 시작했다. 그는 미코니우스(Myconius)에게 이렇게 썼다.

"사역을 다시 시작한 처음 한 달 동안에 내가 출석할 일이 무척 많았고 인내의 한계를 느낄 만큼 골칫거리가 많았다."[22]

복귀하던 바로 그날 칼빈이 처리한 첫 번째 일은, 의회에 제네바 교회 '법령(the Ordonnances)'을 제정할 위원을 임명하도록 요구하는 것이었다. 그는 모든 힘을 동원하여 1538년 부활절의 사건과 같은 일이 재발하지 않도록 막을 결심을 했다. 그리고 동시에 이차적인 문제들에 대해서는 양보하는 한편 그가 목표하는 교회의 원칙들을 강력히 시행했다. '법령'은 11월 의회에서 통과되어 목사, 박사, 장로, 집사의 네 계급에 의해 제네바 교회법으로 인정되었는데 카를 홀(Karl Holl)의 말대로 하면[23] 교리, 자녀 교육, 권징, 사회 보장과 관련된 것이다.

---

21) Mackinnon, 「Calvin」, p. 75.
22) Herminjard, 7, p. 437.
23) 그의 책, 「Johannes Calvin」, in Ges. Aufs., vol.3, pp. 265ff에서 제네바 교회의 형태에 대한 유익한 설명을 보라.

지금까지 '개혁' 교회에는 계급이 거의 없었고, 누구나 쉽게 성직자가 되었다. 칼빈은 성직자의 규범과 표준을 세우고 모든 분파의 사람들을 모아서 교회를 형성했다. 제네바는 성 베드로, 성 제르베, 라 마들렌 세 교구로 나뉘어 있었고, 이 세 교구는 다섯 명의 목사가 세 사람의 협조를 받아 '섬기고' 있었다. 주일에 처음 두 교회에서 동틀녘에 설교(즉 예배에서 설교가 매우 중요했다)를 시작했는데,[24] 두 교회의 주임 목사는 칼빈과 비레였다. 9시에는 세 교회 모두 설교를 했고, 3시에 또 한 번 설교를 했으며 그 사이 정오에는 자녀들이 요리 문답 공부를 했다. 주중에는 월요일, 수요일, 금요일에 설교했다. 칼빈은 성찬을 매주 하기를 바랐지만 1년에 네 번 시행되었다.[25] 제네바 시와 주변 지역의 목회자들은 매주 성경 공부 모임을 가졌으며, 네 번에 한 번꼴로 서로의 삶을 점검하는 시간을 가졌다.

박사는 대학교와 학교에서 가르치는 선생들이었다. 칼빈은 학구적인 숭고한 목표에 관심이 많았다. 페어베언(Fairbairn)의 말을 빌리면 칼빈은 현대 교육의 창시자의 한 사람이다. 그는 과거 파리에서 그의 라틴어 선생이었던 마두랭 코르디에를 비롯하여 세바스티안 카스텔리오(Sebastian Castellio), 테오도르 베자(Theodore Beza)와 같은 유능한 교육진을 구성했다. 칼빈 자신은 신학 교수였다.

의회에서 선출된 장로는 사람들의 생활을 감독하라는 지시를 받았는데, 반드시 '치리회(the Consistoire)'에 보고해야 하는 것은 아니었지만 '잘못을 행한 사람들에게 사랑으로써 권면' 해야 했다. 목사와 장로로 구성된 치리회는 출교할 권한이 있었다. 그러나 죄에서 돌이키지 않는 자를 출교할 때에는 의회에 보고하도록 되어 있었다. 집사들에게는 가난한 자들을

---

24) 아침 일찍 예배드리는 시간은 계절에 따라 달랐다. 부활절에서 10월 1일까지는 오전 6~7시에 예배가 시작되었고, 겨울에는 오전 7~8시에 시작되었다(C. R. xa, p. 99).
25) 「기독교 강요」 제4권, 17, 43을 보라.

돌아보고 자선 시설을 관리하는 임무를 맡겼는데, 그 시설은 대체로 오늘날 병원에 해당한다.

교회 조직과 제반 사무 외에도 칼빈은 곧바로 성 베드로 성당에서 목사의 직무를 재개했다. 기록에 의하면 9월 16일 주일에 칼빈이 첫 설교를 한 것으로 되어 있는데, 그때 그는 3년 전인 1538년 부활절에 설교를 중단했던 부분에서부터 (성경 어느 부분에 대한 것인지는 모르지만) 강해를 계속했다.

"설교를 시작하자 모두가 흥분과 기대를 감추지 않고 주의를 기울였다. 그러나 나는 사람들이 듣고 싶어하는 문제들에 대해서는 전혀 언급하지 않고 우리의 임무에 대해서만 간략하게 이야기했다. 그런 다음에 덧붙여서 우리의 믿음과 고결성을 겸손하고 조심스럽게 권면했다. 이렇게 서두를 꺼낸 뒤에 나는 전에 중단했던 부분을 강해했다. 그렇게 함으로써 내가 설교의 직임을 완전히 포기한 것이 아니라 그 직무를 잠시 중단했다는 것을 나타냈다."[26]

그는 교인들의 출석과 태도에 만족했다(그는 이때에 관하여 파렐에게 이야기했다).

그러나 다음 해에 칼빈은 많은 어려움을 겪었다. 제네바에 전염병이 창궐했고, 어떤 동료들의 행동 때문에 무척 고민해야 했다. 7월에는 그의 부인이 사산아를 출산했고 부인도 완쾌되지 못했다.

바로 그 가을에 칼빈은 사람들에게 인정을 받아 설교의 횟수를 더 늘려야 했다.

"믿음의 진보를 바라는 사람들은 내가 평소보다 더 많이 설교하기를 원한다. 그것은 이미 내가 권하던 것이어서 다른 사람들이 인정을 받을 때까

---

26) Herminjard, 7, p. 412.

지 계속할 것이다."[27]

　설교자로서 칼빈의 능력과 복음을 전하는 능력을 인정한 것은 그를 환영한 증거가 분명하다. 그러나 그로 인하여 칼빈은 과중한 부담을 안게 되었다. 그리하여 두 달 뒤 의회는 그의 요구에 따른 것인지 아니면 자발적으로 한 것인지 알 수 없지만 "…… 칼빈 선생은 주일에 한 번 이상 설교하지 않기로 했다"[28]고 결정했다.

　칼빈이 제네바로 다시 간 것은 제네바의 강력한 요청 때문이었지만, 제네바의 시민들, 곧 의회와 대중들이 칼빈의 멍에가 그들에게 고통을 주고 있다는 것을 깨닫기까지는 시간이 그리 오래 걸리지 않았다. 칼빈의 복귀를 간절히 원했던 아미 페랭(Amy Perrin)과 같은 주요 인사들조차도 금방 후회하고는 점차 칼빈의 뜻을 따르지 않고 그의 적들과 합류하게 되었다. 이런 저런 이유로 아직 칼빈을 반대하는 사람들이 조직되지는 않았지만, 개개의 불만 요소는 그를 몰아낼 만큼은 아니더라도 방해하고 괴롭힐 정도는 되었다. 반감이 생긴 것은 권징을 싫어하고, 외국인인 그를 믿지 못하며, 그의 신학(특히 예정 교리)을 싫어하기 때문이었다.

　맨 처음 충돌은 1543년 3월에 있었다. 치리회에는 권고할 권한만 있을 뿐 출교할 권한은 없다는 의회의 주장이 발단이었다. 칼빈의 항의는 잠시 승리를 거두는 듯했다. 사실 이 문제는 10년 동안 논쟁의 요점이었고 최종적이고 결정적인 싸움의 원인이었다. 같은 해 12월에 대학 학장인 세바스티안 카스텔리오가 칼빈을 악의적으로 헐뜯기 시작하여 6개월 후 면직당할 때까지 계속했다.

　그 6개월 동안 칼빈은 크게 고심했다. 파렐에게 그는 다음과 같이 썼다. "저는 이제 제네바에 산다는 의미가 무엇인지 두 번째로 배우기 시작합

---

27) Herminjard, 8, p. 79.
28) C. R. xxi, p. 302.

니다. 참으로 저는 수많은 가시에 찔렸습니다."[29]

그의 지위는 아직 안전하다고 할 만했지만, 그 지위를 지키기 위하여 부단히 싸워야 했다.

이 기간에 그가 한 설교는 별로 알려진 것이 없다. 1545년 2월 12일, 제네바 정부와 도덕성에 관하여 그는 비레에게 다음과 같이 썼다.

"이미 나는 열 편의 설교로 그 도시의 내적인 상태를 파헤쳐 드러냈습니다."[30]

같은 해 후반(11월 4일) 그는 시편 115편의 전쟁에 관한 설교를 했는데, 그때 '가톨릭 교도들이 독일에서 그리스도인들과 전쟁을 시작했다'는 소식을 들었다. 이 '전쟁'은 브런즈윅의 헨리(Henrry) 공작과 색슨 동맹을 이끄는 헤세의 필립(Philip) 사이에서 일어난 것이었다. 칼빈은 그 다음 주에 이어서 시편 124편의 승리에 대한 설교를 했다. 이 두 편의 설교가 최초로 출판된 설교로서, 비서 역할을 한 사람들 중 하나인 장 쿠쟁(Jean Cousin)이 extraictz[31]한 것이었다. 니콜라 데 갈라르(Nicolas de Gallars)와 프랑수아 부르고앵(François Bourgoin) 같은 칼빈의 친한 친구들도 비서 역할을 했다. 그들은 열심히 칼빈의 설교를 기록했지만 원하는 만큼 능력 발휘를 하지 못했다. 그들이 한 일은 주요 제목을 쓰고 단락을 나누는 것이 전부였다. 콜라돈은 이렇게 말한다.

"사실 전에도(즉 1549년 이전) 여러 번 강의와 설교를 받아쓰는 작업을 시도했지만 단어 하나하나를 모두 다 받아쓸 수는 없었고, 주제의 연속적인 흐름을 따라잡지 못했으며, 중요한 점들을 메모하는 선을 넘지 못했다."[32]

---

29) Ibid. xi, p. 719.
30) Ibid, xii, p. 32.
31) 아마도 이것은 설교 시간에 받아쓴 것을 의미할 것이다.

비서의 문제로 연대기에서 두 가지 납득하기 어려운 점이 언급된다. 1545년 8월 31일 자를 보면 의회는 다음과 같이 기록하고 있다.

"칼빈 선생은 약간 불쾌하여 자기를 위해 대필해줄 사람을 원한다(soubluy). 트롤리에(Trolliet) 씨나 다른 사람 중에서 그가 원하는 대로 설교를 써줄 만한 사람을 보내달라고 지시했다."[33]

10월 10일 자를 보면 이렇게 기록하고 있다.

"칼빈이 몸이 좋지 않으므로 의회는 그에게 그의 설교를 써줄 비서를 허락한다."[34]

칼빈은 원고 없이 설교했기 때문에 설교하기 전에 그 설교를 쓸 비서는 필요 없었다. 만일 이 기록이 칼빈이 설교하고 있는 동안 받아쓰는 비서를 의미한다면, 비서와 그가 아프다는 사실이 어떤 관계가 있을까? 가능한 설명은 그가 설교한 뒤에 비서가 정서했다는 것이다. 그러나 만일 그렇다면 그 설교들이 남김없이 다 분실되었다는 것이 이상하다.

트롤리에에 대한 분명한 언급에서 의회의 음모를 읽을 수 있다. 트롤리에는 목사가 되기를 원했고 의회도 인정했지만 칼빈은 그를 동료 목사로 인정하지 않았다. 그래서 의회는 슬그머니 칼빈의 비서로 임용하는 것으로 응수하여 트롤리에를 고용하는 강구책을 모색했다. 1546년 한 해 동안 칼빈은 이사야서 한 구절 한 구절을 설교했고(불행히도 그 설교는 아직까지 대부분이 출판되지 않았다), 1543년과 1549년 사이, 좀더 정확하게는 1546~1548년에 이미 압운이 붙여진 시편들에 대해 설교했다.[35]

1546년, 피에르 아모(Pierre Ameaux)의 일로 인하여 그동안 잠복되어 있던 반목이 폭동으로 나타났다. 그는 "칼빈은 악인이다. 그는 피카르

---

32) C. R. xxi. p. 70.
33) Ibid., p. 361.
34) Ibid., p. 363.

(Picard)와 같은 사람이며 거짓 교리를 설교했다"고 말했다.[36] 아모가 붙잡혀 처벌을 받을 때 칼빈은 그 처벌이 가볍다고 이의를 제기하고 중형에 처할 것을 요구했다. 그것은 보복하기 위해서가 아니라 성직의 권위를 세우고자 함이었다. 하나님의 사자에게 도전한 아모의 행위는 바로 하나님께 도전한 것이었다. 이런 저런 반대에도 불구하고 칼빈은 그해의 싸움에서 유리한 위치에 있었다.

그런데 1547년 2월, 칼빈을 반대하는 사람들이 대거 의회에 선출됨으로써 싸움은 더욱더 격렬해졌다. 그들은 벽보에 반감을 게시하고 성직자를 모욕하는 글을 성 베드로 성당의 설교단에 붙였다. 전에도 문제를 일으켰던 그뤼(Gruet)라는 사람이 고문의 위협 아래 자기가 그 글을 설교단에 붙였다고 자백하고 7월에 처형되었다. 11월에는 자기 가족과 함께 오랫동안 칼빈의 옆구리의 가시였던 아미 페랭(Amy Perrin)이 모반죄로 기소되어 재판을 받고 직책을 박탈당했다. 이 일로 민중 폭동이 일어나 의회가 열리고 있는 공회당으로 군중이 몰려들었다. 여러 해 뒤에 칼빈은 동료 성직자들에게 그 광경을 다음과 같은 말로 자세히 이야기했다.

"내가 200명으로 구성된 의회에 갔을 때 그들은 싸우고 있었다. …… 내가 들어가자 그들은 이렇게 말했다. '선생님은 물러나십시오. 선생과 우리는 관계가 없습니다.' 나는 그들에게 말했다. '아니, 나는 절대로 물러나지 않을 것이오! 악당들이여, 어서 나를 죽이시오. 내 피가 당신들에 대

---

35) C. R. xxi, p. 71.을 보라. 프랑스 궁정 시인 클레망 마로가 1543년에 그의 49편의 압운 시편들을 출판했다. 시편 1~15, 18, 19, 22~25, 32, 33, 36~38, 43, 46, 50, 51, 72, 79, 86, 91, 101, 103, 104, 107, 110, 113~115, 118, 128, 130, 137, 138, 143편이다. 1545년에 스트라스부르 시편서에 120편과 142편이 첨가되었고, 동년에 34, 52, 62편이 실렸다. 두앙(O. Douen)의 「Clément Marot et le Psautier Huguenot」를 보라. Tom. I. ch. 12~16.
36) C. R. xxi. p. 368.

해서 증언할 것이오. 심지어 이 의자들조차도 증언할 것이오!'"

칼빈이 도덕적인 용기를 보임으로써 그 소동은 진정되었다. 그러나 비레에게 쓴 것을 보면 칼빈은 조만간 밀려나게 될 것을 알고 있었다.

"하나님께서 손을 내밀어주시지 않는 한 나는 낙담할 수밖에 없다."[37]

1548년, 의회는 더 대담해져서 세 번에 걸쳐 칼빈의 행동을 비난했다. 첫 번째 비난은 설교에 대한 것이었는데, 칼빈이 행정관들을 다음과 같이 비난했다는 것이었다.

"칼빈 목사는 …… 오늘, 아주 분노하여 행정관들이 갖가지 무례한 행동을 묵인했다고 설교했다. 그가 그와 같이 설교한 까닭을 의회에 출석해서 해명해줄 것을 그에게 지시했다."[38]

7월에 칼빈은 설교 때문에 또다시 비난을 받게 되었다. 이번에는 그의 대적들을 거슬러 설교했다는 것이 이유였다. 이것에 대한 결과를 의회는 다음과 같이 기록했다.

"목사들에게 항의서를 보내서 하나님의 말씀만 설교하도록 지시했다. 만일 어떤 식으로든 불복한다면 의회는 그에 대한 책임을 반드시 물을 것이다."[39]

그러나 칼빈은 교회의 영적인 일에 간섭하는 의회의 권리를 단호하게 거절했다. 세 번째로 비난을 받게 된 것은 9월에 칼빈이, 제네바가 의회의 수중에 떨어지게 된 것을 비난하는 편지를 비레에게 쓴 것 때문이었다. 의회는 칼빈에게 해명을 요구했다. 그해가 끝날 무렵에 칼빈은 한 주간도 충돌 없이 지낸 적이 없다고 썼다.

그 다음 해인 1549년은 내내 싸움이 끊이지 않아 괴로운 나날의 연속이

---

37) Ibid., xii, p. 633.
38) C. R. xxi, p. 426.
39) Ibid., p. 429.

었다. 만일 칼빈이 평범한 사람이었다면 그 세력과 교묘한 폭력 앞에 굴복했을 것이다. 이제는 반대 세력의 지도자로 나선 아미 페랭이 2월에 의회의 회장으로 선출되었다. 그러나 헌트의 말대로 "그는 권력을 쥐고 있었지만 칼빈에게 공개적으로 대항할 만큼 강하지 못했다. 하지만 그가 의회에서 장악한 투표 수를 이용하여 적대의 불길이 계속 타오르게 할 수는 있었다."[40] 3월에 칼빈은 아내의 죽음으로 잠시 낙담했다. 그는 이렇게 썼다.

"나는 슬픔을 억누르기 위해 안간힘을 쓰고 있다. 친구들도 나의 정신적인 고통을 덜어주기 위하여 무척 애를 쓰고 있다. …… 주 예수여, 제가 이 엄청난 고통을 감당할 수 있게 하옵소서."[41]

충돌로 인한 심란함과 좋지 않은 건강으로 인한 부담이 더하지 않았어도, 제네바 교회의 지도자로서 직무 수행에 따른 수고만으로도 버거울 지경이었지만, 칼빈은 묵묵히 믿음으로 목회를 감당했다. 이 일은 설교로만 끝나는 것이 아니라 목사가 해야 하는 모든 잡다한 업무 및 성찬을 집례하고 결혼식을 엄숙히 거행하고 병든 자를 돌보는 일까지 포함하는 것이었다. 이 모든 일 외에도 그는 매일 성경을 강론했고 시간이 허락되는 대로 계속 집필했다. 그러는 동안 칼빈은 편두통과 통풍으로 고생했고 발열, 이질, 출혈, 폐결핵으로 몸이 만신창이가 되어갔다. 병상에서 일어나 설교하러 가는 때가 많았다. 예수 그리스도와 교회의 종으로서 칼빈은 몸이 녹초가 되도록 일했다.

1549~1564년

"사탄과 싸우게 될 때 그리스도의 기치 아래 싸우십시오. 그리스도께서 당신에게 전신갑주를 입혀서 싸우게 하실 것이고, 당신을 승리하게 하실

---

40) 『Calvin』, pp. 188~189.
41) C. R. xiii, pp. 228~229.

것입니다." - 칼빈, 1541년 9월 16일, 파렐에게 보낸 편지.

1549년 10월, 의회의 지시에 따라 제네바에서 이틀에 한 번씩 하던 설교를 매일 한 번씩 하게 되었다.

"설교자들은 매일 아침 설교해야 한다고 지시했다."[42]

그러나 이것은 칼빈이 매일 설교했다는 뜻은 아니다. 콜라돈에 의하면 "그는 정규적으로 한 주 걸러 매일 설교했다."[43] 자주 설교하게 됨으로써 그는 엄청난 양의 설교를 남겼는데,[44] 이 설교가 보존될 수 있었던 것은 '난민 협회(la compagnie des étrangers)'로 알려진 한 단체 덕분이다. 난민 협회는 제네바에 살고 있던 외국인들로 구성된 단체였다. 주로 프랑스인과 발도파 난민들로 구성되어 있었지만 '사도 시대 이래 이 땅에 늘 있었던 그리스도의 가장 완전한 학교'에 관심이 있는 많은 사람들이 함께 했다. 그들은 교회 안에서 충돌이 있을 때 충실히 칼빈을 옹호했고 많은 제네바 사람들보다 훨씬 더 그를 걱정하고 좋아했다. 그것은 그들도 칼빈과 마찬가지로 추방당한 사람들인 것이 한 가지 이유였을 것이고, 또 다른 이유는 그가 시종여일 그들에게 친절했기 때문이었다. 이런 선함에 대한 보답으로 칼빈의 설교의 가치를 파악한 그들은 돈을 내어서 설교를 받아쓸 수 있는 비서를 구했다. 콜라돈은 이렇게 말한다.

"프랑스어를 하는 그들은 칼빈의 설교를 충실히 받아씀으로써 얻게 될

---

42) C. R. xxi, p. 457.
43) Ibid., p. 66.
44) 세네비에르(Senebier)는 그의 「Catalgue Raisonné des Manuscrits」에서 제네바의 the Bibliotheque Publicque에 2,023편에 달하는 수많은 설교 원고가 있다고 말했다. 이 설교들이 모두 출판된 것은 아니지만, 「Corpus Reformatorum(종교 개혁 전집)」에 750편의 프랑스어 설교와 라틴어로 번역된 107편의 설교가 있었다(암스테르담 판으로). 최근에 사무엘하에 대한 설교들이 처음으로 독일에서 출판되었다.

큰 유익을 알고 있었다. 그래서 숙련되고 민첩한 필기자를 구하여 그들이 할 수 있는 한 충분한 보수를 지급하곤 했다. 하나님께서 그들의 거룩한 열정에 복을 주셔서 그 이후로는 칼빈의 설교를 거의 모두 받아써서 잘 기록하게 되었다."[45]

드니 라그니에(Denis Raguenier) 또는 라그노라는 한 가난한 프랑스 난민이 가족과 함께 제네바에 살고 있었다. 1549년 초반, 그는 칼빈의 비서직을 수락하고 1560년 그가 죽을 때까지 계속해서 그 일을 훌륭히 수행했다. 그는 설교 전체를 충분히 받아쓸 만큼 손놀림이 빠른 필기자였는데, 스칼리제르(Scaliger)의 말에 의하면 그렇게 받아쓸 수 있었던 것은 칼빈이 천식으로 말을 천천히 신중하게 했기 때문이기도 했다. 라그니에는 자기 생을 바쳐 이 일을 했다. 그는 설교를 받아쓴 다음 다시 정서를 했고, 그런 다음에 설교를 전부 모아서 2절판 책으로 묶어 집사들이 관리할 수 있도록 맡겼다. 물론 그 책들은 '난민 협회'의 재산이었지만, 누구든지 그 책들을 읽고 싶으면 라그니에의 허락을 받아야 했다.

칼빈은 늘 고국인 프랑스 교회의 안녕을 걱정했다. 프랑스 교회는 통치자의 잔인한 박해를 받아 대부분 지하로 숨어야 했다. 시편 124편을 본문으로 1545년에 한 승리의 설교는 그가 프랑스 기독교인들이 당하는 고통을 얼마나 깊이 염려하고 있는지를 잘 보여준다.

"잔악한 폭군에게 고통받고 있는 우리의 불쌍한 형제들에게 자비를 베풀어주시기를 기도합시다. 사탄이 다른 나라들에서처럼 프랑스에서 사납게 날뛰지 않으리라고 생각하지 마십시오. 소식을 기다릴 필요도 없습니다. 그 문제는 아주 명백합니다. 야만적인 잔인성이 미치지 않는 지역이나 지방은 없습니다. 전혀 정의가 존재하지 않기 때문에 그들은 발언할 기회

---

45) C. R. xxi, p. 70.

가 없습니다. 입을 여는 자는 화형에 처합니다. 그렇지만 우리는, 우리 주님께서 강한 팔을 펴사 이 가련한 신자들이 사나운 원수들에게 굴복당하지 않도록 기도합시다. 그리고 그들이 피를 흘려 복음을 증언하는 것이 주님을 기쁘시게 하는 것이라면, 그들이 끝까지 믿음을 지켜서 예수 그리스도께 구원과 생명이 있음을 알고 죽음에서조차도 원수를 이기게 해달라고 기도합시다. 죽음에서 승리하는 것같이 소중한 복이 있겠습니까? 승리는 우리 대장의 것입니다!"[46]

프랑스 교회는 칼빈을 지도자로 생각했으며, 칼빈은 프랑스 교회가 바른 교리와 의식으로 올바르게 조직되고 확립되기를 간절히 바랐다. 이런 목적에서 1546년에 「기독교 강요」를 프랑스어로 번역했고, 프랑스의 그리스도인들을 권면하고 격려하기 위하여 여러 소책자들을 집필했다. 그리고 이런 이유 때문에 설교를 출판하게 되었다.[47] 1546년 10월 초에 친구인 드 팔레즈(de Falaise) 부인에게서 설교를 출판하자는 간곡한 청을 받았으나 그는 아직은 시기상조라고 대답했다. 설교는 라그니에가 비서의 일을 하면서 비로소 정기적으로 출판되었다. 그 설교들은 제네바에서 훈련받은 목사들에 의해 프랑스에서 회람되었는데, 칼빈은 어려움에 처한 교회를 돕기 위하여 프랑스로 그들을 많이 보냈다. 그리고 교묘한 방식으로 밀수입하는 서적 판매상들에 의해 프랑스에 그의 설교집들이 배포되었다. 때때로 설교할 목사가 없는 교회에서는 강단에서 그 설교들을 낭독했다.

이 기간에 그가 한 다른 활동들은 절대로 잊을 수 없다. 제네바에서 두 파로 나뉘어 계속 싸우는 동안 칼빈은 그의 신학에 대하여 두 번의 공격을

---

46) C. R. xxxii, p. 479.
47) 그러나 설교의 일부가 프랑스어 해적판으로 만들어지고(예를 들면 라 로셀르에서 만든 다니엘서에 대한 설교들), 때로는 현저한 오류가 있고 때로는 그의 가르침을 왜곡하고 불신하게 할 목적으로 일부러 오류를 범하기도 했던 사실을 간과해서는 안 된다. 신뢰할 만한 판을 통해 이런 것을 경계하게 된다.

받았다. 두 번 다 예정 교리를 겨냥한 것이었다. 첫 번째 대적자는 제네바 근처에 살고 있는 볼제크(Bolsec)라는 의사로서, 1551년 한 집회에서 칼빈을 공격했다. 목사들이 단호히 대처함으로써 그는 체포되어 심문을 받고 추방되었다. 그 다음 해에 칼빈의 숙적인 트롤리에가 재등장하여「기독교 강요」가 이단 사설이라고 공격했다. 사건을 심리할 때 의회는 결정을 내리지 않고 질질 끌었다. 8월에 칼빈이 다시 조인하라고 경고했는데도 그들은 결정을 내리지 않고 있다가 11월에 가서야 어쩔 수 없이 다음과 같이 선포했다.

"당해 책 곧「기독교 강요」는 선하고 거룩하며, 그 가르침은 하나님의 거룩한 교리다. 그리고 칼빈은 이 도시의 선하고 참된 목사다. 앞으로는 어느 누구도 당해 책이나 당해 교리에 대해서 함부로 비방하지 말라."[48]

그러나 이 결정은 의회가 트롤리에는 훌륭한 시민이라고 가결함으로써 이내 유명무실해졌다.

1553년에 세르베투스 사건이 벌어졌다. 여기에 관련된 어느 누구도 칭찬받을 수 없는 일이었다. 그러나 이 사건에서 칼빈은 다른 사람들보다 더 많이 드러나게 되었으며, 이것이 제네바에서 일어난 괴로운 싸움의 절정이었다. 2월 선거에서 다수당이 된 페랭 당은 이 기회를 이용하여 칼빈에게 고통을 줄 방법을 궁리하기 시작했다. 치리회에 의해 출교당한 베르틀리에(Berthelier)라는 사람이 페랭과 그의 동료들의 선동을 받아 자기를 성찬에 참여할 수 있게 해달라고 의회에 청원했다. 그는 훌륭한 제네바 가문 출신이지만 품행이 좋지 않은, 한마디로 난봉꾼이었다. 게다가 성찬에 관해서는 의회가 아닌 치리회에 청원해야 했다. 칼빈이 아주 격렬하게 반대했으나 그의 청원은 받아들여졌다. 9월 3일 성찬 주일에 칼빈은 성 베드

---

48) C. R. xxi, p. 525.

로 성당에서 출교당한 사람 어느 누구도 주의 만찬을 받으러 나아오지 못하도록 금했다. 베르틀리에가 겁을 먹고 나오지 않음으로써 칼빈이 결정적인 승리를 하게 되었다. 그러나 그때에는 그 승리의 사실을 깨닫지 못했다. 그는 조만간 제네바를 다시 떠나게 되리라는 생각으로 그날 오후에 고별 설교를 했다.

"바로 그날 저녁 설교에서, 그는 에베소 교회 장로들에게 바울이 설교한 사도행전 20장을 본문으로 택하여 사도의 말씀으로 온 교회에게 훌륭한 권면을 했다. '그러므로 너희가 일깨어 내가 삼 년이나 밤낮 쉬지 않고 눈물로 각 사람을 훈계하던 것을 기억하라 지금 내가 너희를 주와 및 그 은혜의 말씀에 부탁하노니.' 그는 항상 공적으로나 사적으로 온 교회를 섬길 각오가 되어 있다는 것을 강력히 호소했지만, 권세자들이 하나님 앞에 불법한 것을 하도록 강요하므로 이것이 제네바에서 마지막 설교가 될지 모른다고 보았다. 또한 그는 자기를 기억하도록 하기 위하여 권면한 것이 아니라 자기가 그들에게 전한 하나님의 말씀을 마음에 간직하도록 하기 위하여 권면했다. 그래서 그는 사도 바울이 말씀했던 것과 똑같은 방식으로 말한다고 했다. '형제들아, 내가 여러분을 하나님과 및 그 은혜의 말씀에 부탁하노니.'"[49]

그러나 2주일 후에 의회가 베르틀리에를 출교한 칼빈의 행동을 지지함으로써 형세가 완전히 뒤바뀐 것이 역력해졌다. 1554년 2월 선거에서 의원들 중 세 명이 칼빈 편이었다. 그 다음 해에는 모두 네 명이었다. 5월에 작은 폭동이 있은 뒤에 페랭과 그를 따르는 자들이 제네바에서 도주했다. 이것은 그들에게 다행한 일이었다. 의회에서 그들을 처형하라고 지시했기 때문이다. 반대파가 완전히 제거된 후 칼빈은 제네바에서 강력한 권위를

---

49) C. R. xxi, p. 78.

확보하게 되었다.

　그러나 근심과 과로로 인하여 그의 예민한 체질은 심각한 타격을 입었고, 1558년 가을부터 1559년 봄까지 몸져누웠다. 이 반갑지 않은 휴식 기간에 칼빈은 「기독교 강요」를 교정하여 1559년에 결정판을 출판했다. 콜라돈은 칼빈이 다시 설교하게 된 감동적인 장면을 이렇게 묘사했다.

　"그가 병든 이후 처음으로 설교하기 위하여 강단에 섰을 때 온 교회가 환호했다. 내 기억으로는 그날이 주일이었고, 우리는 시편 30편을 찬송했는데, 그것은 그의 회복을 감사하기에 가장 적절한 방식이었다. 그가 참되고 꾸밈없는 경건한 심정으로 얼마나 하나님께 감사하고 있는지는 그의 얼굴에 그대로 드러났다."[50]

　칼빈이 무척 야위고 기력이 쇠한 것을 알게 된 제네바 시민들은, 그에 대한 동정심과 존경심으로 그의 설교를 듣기 위해 성 베드로 성당으로 몰려들었다. 칼빈은 의회에 또 다른 교회를 건립하든지 아니면 옛날 교회를 복구할 것을 건의해야 했다. 성 베드로 성당에서는 그 많은 회중이 다 설교를 들을 수 없었기 때문이다. 다른 것은 몰라도 복도에 의자는 반드시 놓아야 했다. 그러나 이런 갑작스러운 폭발적인 인기는 오래가지 않았다. 1561년 10월경에 목사들은(칼빈도 그들 중 한 사람이었을 것이다) 회중들이 이전처럼 많지 않은 것을 염려했다.

　그런데도 그의 설교가 부분적인 패배로 끝났다는 인상을 남기는 것은 사실이 아닐 것이다. 살아 있는 동안에 칼빈은 그 결과를 보았다. 페어베언의 말대로 칼빈은 28년 동안 사역했고, 그로 인하여 기독교 세계의 모습이 바뀌었다. 종교 개혁 이전에 유럽의 부도덕한 도시 중 하나였던 제네바는 완전히 바뀌어서 한 세기 반이 넘도록 경건의 모델 역할을 했다. 물론

---

50) C. R. xxi, p. 89.

어느 정도 권징을 실시했기 때문이지만, 종교적인 터 위에서 도덕성을 나타내게 하고, 사람들에게 그들을 위하여 죽으신 예수 그리스도를 위하여 순결한 삶을 살도록 계속 설득하려고 할 때 설교가 없이 권징만 있었다면 별로 소용이 없었을 것이다. 다른 많은 도시들에도 권징이 있어서 다소간 엄격하게 적용했지만 그 도시들 중 어느 곳도 제네바처럼 삶에 변화가 온 곳은 없었다. 스위스, 프랑스, 잉글랜드, 스코틀랜드에서 칼빈이 전한 말씀은 거의 사도적인 권위를 가졌다. 마음을 사로잡는 이 설교자의 속삭임은, 존 뷰캔(John Buchan)의 표현을 빌리면 우렁찬 나팔 소리 같은 권위가 있었다.

1564년 2월, '천식으로 말을 할 수 없게 된' 칼빈은 복음서의 조화에 대한 마지막 설교를 했다. 그는 몇 달 동안 병으로 고생하다가 점점 쇠약해져서 마침내 5월 27일 저녁에 임종했다. 베자는 이렇게 애도했다.

"보라, 순식간에, 해가 지듯이, 하나님의 교회의 재건을 위해 힘쓰던 세상에서 가장 위대한 빛이 하늘로 올라갔다."

제 3 장

설교론

'하나님의 말씀'이라는 표현은 정확히 말하면 한 가지로만 해석될 수 있다. 그러나 저자의 독특한 신학적인 관점에 따라 아주 다른 의미가 부여된다. 슐라이어마허(Schleiermacher)와 설교에 대한 가톨릭 백과사전, 바르트가 사용한 예를 보면 세 경우 모두 같은 의미로 사용되지 않은 것이 분명하다. 신학에서 명확한 통일성을 보여주는 종교 개혁자들을 봐도 그 말을 상당히 다양하게 쓰고 있는 것을 발견할 수 있다. 그 말을 설교에 사용할 때도 성찬 교리에서처럼 긴밀한 관계가 있으면서도 견해가 확고하게 달랐다.

반대파들은 성찬 논쟁에서도 같은 입장이었다. 루터와 츠빙글리가 양극단의 견해를 나타냈고, 칼빈은 중간 입장에 있으면서 두 견해와 관련이 있으나 분리된 독특한 견해를 보였다. 논쟁에서 문제가 된 것은 성찬과 마찬가지로 말씀 즉 성경과 설교가 은혜의 방도인지 아닌지 하는 것이었다. 영적 광신자들(the Schwärmer)은 열렬하게 성령이 모든 은혜와 함께 영혼에 직접적으로 임한다고, 즉 말씀과 성례와 관계없이 임한다고 선언했다. 루터는 그들과 극단적인 대조를 보이면서 성령은 오직 말씀과 성례를 통해서만 임하며, 그렇게 해서 사람들에게 은혜를 전달한다고 가르쳤다. 츠빙글리파는 중도적인 자세를 취하려 했으나 완전히 성공하지 못했고, 원칙적으로 광신자들의 즉시성에서 벗어나지 못했다. 물론 말씀을 완전히 무시하는 자들과 같은 노선에 설 수는 없었지만, 성례 자체가 은혜의 도구가 된다는 루터의 교리에는 회의적이었다. 그들의 노력은 루터에게 가혹한 비판을 받았는데, 그 논쟁을 잘 살펴보려면 길게 인용해야 할 필요가 있다.

그들은 루터의 식탁에서 불링거에 관하여 이야기하고 있었다. 불링거는 열광주의자들을 하나님의 말씀을 멸시하는 자들이라고 강하게 비난했다. 동시에 말씀에 지나친 중요성을 부여하는 자들도 강하게 비난했는데, 이는 그들이 언약궤를 하나님이라고 부른 유대인들처럼 하나님과 하나님의 전능하심에 죄를 범하는 것이기 때문이었다. 불링거는 중용을 지키기 원하던 사람으로서 말씀과 성례를 올바르게 사용하는 것이 무엇인지를 가르쳤다.

이 말에 대해서 루터는 이렇게 대답했다.

"그는 잘못 가르치고 있다. 그는 자기가 주장하고 의미하는 것이 무엇인지 알지 못한다. …… 우리와 그들 양편은 서로 극단에 위치하고 있다. 그 사이에는 중도란 전혀 없고 있을 수도 없다. 그들은 설교된 하나님의 말씀과 성례의 효력과 효능을 완전히 배척하지만 우리는 그러한 것들을 아주 강조한다. 이제 그들은 중도적인 방법을 찾아서 말씀과 성례를 찬양한다. 우리도 (우리가 굳게 붙들어야 하는) 매우 엄격하고 정확한 의미를 버리게 하기 위해서다.

이전에 그들은 설교된 하나님의 말씀과 성례는 사랑의 표와 상징일 뿐이라고 가르쳤다. 그래서 츠빙글리와 오이콜람파디우스(Oecolampadius)는 훨씬 더 빗나갔다. 브렌티우스(Brentius)가 지금까지 그들의 주장을 반박했기 때문에, 그들은 몸을 낮추고 약간 후퇴하여 마치 그들이 설교된 하나님의 말씀과 다른 방도들을 배척한 것이 아니라 어떤 큰 남용을 비난했을 뿐인 것처럼 의미와 해석을 완화시키고 있다. 그리하여 그들은 말씀과 성령을 따로 분리시킨다. 하나님의 말씀을 설교하고 가르치는 사람과 그 말씀을 유효하게 하시는 하나님을 분리시킨다.

…… 이 말의 의미는 하나님의 말씀 없이 성령이 임하고 역사하신다고 말하는 것이다. 말하자면 단지 외적인 상징과 표와 인(印)일 뿐이고, 선포된 말씀은 마음에 이미 오셔서 항상 준비하고 기다리고 계시는 성령을 만난다는 것이다. 만일 그 말씀이 성령이 아닌 불경건한 사람을 발견하면 그 때는 그 말씀이 하나님의 말씀이 아니다. 이런 식으로 그들은 말씀하시는 하나님에 의하지 않고 말씀을 받아들이고 인정하는 사람에 의하여 말씀을 정의하고 평가한다. ……

따라서 그들은 외적인 말씀은 하나의 객체, 곧 상(像)이고, 그 상이 조명하고 증언하고 해석한다고 가르친다. …… 그들은 하나님의 말씀이 성령께서 사역을 진행하고 수행하며, 칭의를 시작하기 위하여 쓰시는 수단 곧 도구라는 것을 인정하지 않는다.

그러나 그리스도인은 하나님의 말씀은 변함없이 하나님의 말씀이라는 사실을 분명하게 주장하고 말해야 한다. 하나님의 말씀은 방탕아, 위선자, 불경건한 자에게 설교되고 낭독되든 경건한 그리스도인과 경건한 자에게 설교되고 낭독되든 간에 똑같이 하나님의 말씀이다. 그리고 그 말씀이 지금 열매를 내놓든 그렇지 않든 간에 하나님의 능력이며, 그것을 믿는 모든 사람을 복되게 한다. 또한 그 말씀은 경건치 않은 자들에게는 심판과 정죄이기도 하다. …… 말씀과 사면, 성례를 행하는 설교자는 실은 그 사람이 아니라 하나님의 말씀, 음성, 씻음, 묶음과 효험이라고 우리는 말하고 가르치고 고백한다. 우리는 하나님께서 그의 사역을 수행하기 위하여 쓰시는 하나님의 도구요 동역자요 조력자일 뿐이다.

우리는 그들에게 굴복하지 않을 것이고, 형이상학적이고 철학적인 구별과 차이를 인정하지 않을 것이다. 설교하고 경고하고 처벌하고 두려워하게 하고 위로하는 것은 사람이지만 거기서 역사하는 것은 성령이라는 주장은 이성에서 나온 것으로, 우리는 그것을 인정하지 않을 것이다. …… 당치도 않은, 어림도 없는 소리! 따라서 우리는 다음과 같이 결론을 내린다. 하나님께서 친히 설교하시고 경고하시고 처벌하시고 두려워하게 하시고 위로하시고 세례를 베푸시고 성찬상에서 성례를 집행하시고 죄를 사하신다. …… 따라서 나는 내가 강단에서 설교하거나 성경 봉독을 할 때, 그렇게 말하는 것이 내 말이 아니라 시편 45편의 말씀과 같이 내 혀가 글솜씨 뛰어난 서기관의 붓끝과 같다는 것을 확신한다. …… 그러므로 하나님과 사람은 따로 분리되지 않으며, 사람의 이성적인 이해와 판단에 의해 구분되지도 않는다. 우리는 반드시 다음과 같이 말해야 한다. 선지자, 사도, 정직한 설교자, 교사 등 이 모든 사람들이 하나님의 명령과 말씀에 따라 말하고 행하는 것은 하나님께서 친히 말씀하시고 행하시는 것인데, 이는 곧 그가 하나님의 대변자나 도구이기 때문이다. ……

따라서 우리는 분명하고 확실하게 결론을 내린다. 하나님께서는 그의 말씀을 통하여 일하시며, 이 말씀은 우리 마음속에서 하나님을 알도록 해주는 전달 수단이자 도구이다."[1]

상반된 두 견해를 요약하면, 루터는 '설교된 하나님의 말씀'을 '기록된 하나님의 말씀'과 동등하게 생각한다. 물론 때때로 루터가 성경보다 설교를 더 중요하게 생각했다는 매키넌의 말을 액면 그대로 받아들일 수는 없다. 설교와 성경에서 말씀하시는 분은 글자 그대로 하나님 자신이다. 성령 하나님께서 설교의 말씀을 하시기 때문에 성령 하나님과 말씀은 분리될 수 없다. 성령이 안 계시다면 그 말씀은 하나님의 말씀이 되지 못하고 '잠

---

[1] T. R. Ⅲ, pp. 672~674.

시 울리다가 공중으로 흩어져서 곧 사라져 없어지는' 사람의 말에 불과하기 때문이다. 설교자가 성경에서 발견한 복음을 선포할 때 그의 말은 하나님의 말씀이 될 것이다. 루터는 이렇게 말씀의 객관성을 바르게 주장했다.

그러나 그가 성령의 말씀을 사람의 설교의 말에 엄격하게 제한시킨 것은 잘못이며, 설교자를 하나님의 수동적인 사자(Passive oracle)로 만들어 버릴 수도 있는 위험한 생각이었다. 이것은 바로 칼빈이 성경의 영감론에서 했던 일이다. 루터의 이 교리는 그의 성찬 교리와 일치한다. 두 교리에서 루터는 하나님의 임재라는 객관적인 실재를 확실하게 하고자 했지만 기계적인 경향을 띠었고 하나님의 은혜의 자유를 제한했다. 그래서 그가 말씀과 성례는 분리될 수 없다고 주장했음에도 불구하고 실제로는 말씀과 성례를 분리시키고 있었던 것이 아닌가, 말씀과 성례를 본질적으로 통일된 것이 아닌 평행적이고 일정하고 상호 관련적인 두 개의 별개의 은혜의 방도로 만들고 있었던 것이 아닌가 하고 묻지 않을 수 없다.

츠빙글리와 그의 제자들은 루터가 생각하는 성령과 말씀의 친밀한 관계를 피조물의 신격화로 보고 거부했는데, 이 반발 속에서 지나칠 정도로 열광주의자의 입장으로 치우쳤다. 그들은 성령이 말씀 속에 있어서 마음을 통찰하시고 믿음을 일으키거나 확신시키신다는 것을 인정하지 않았다. 그들에게 말씀이란 단순히 예수 그리스도를 증언하는 것이었다. 그들은 말씀 자체에 어떤 본질적인 능력이 있다고는 생각하지 않았다. 도르너(Dorner)는 그들의 입장을 다음과 같이 진술한다.

"살아 있는 말씀은 우리가 그리스도를 찾도록 촉구할 뿐이다."

그리고 그 말씀의 목적은 "우리를 각성시키고 내면에서 진리를 찾도록 하는 것이다."[2] 외적인 말씀은 예수 그리스도를 가리키는 표지(a sign)에

---

2) J. A. Dorner, 「History of Protestant Theology」, 1871, vol, I, p. 297.

지나지 않는다. 그들에게는 말씀이 계시도 아니고 또 엄격히 말하면 은혜의 방도도 아니다. 따라서 츠빙글리는 이렇게 말한다.

"우리에게 십자가에 달리신 그리스도를 가르치고, 그리스도에게 향하게 하는 것을 우리는 하나님의 말씀이라고 주장한다."[3]

그러나 그들은 말씀과 성령의 모든 관계를 철저히 부인하거나, 성령이 말씀과 완전히 독자적으로 임하신다고 주장할 정도로 성경의 명백한 가르침을 포기할 수는 없었다. 츠빙글리와 오이콜람파디우스, 불링거는 특별히 광신자들의 거짓된 영성주의를 상대로 열심히 싸웠다. 그래서 그들은 외적인 하나님의 말씀과 내적인 하나님의 말씀을 구분했다. 외적인 하나님의 말씀이란 낭독되고 설교되는 말씀으로서, 그 말씀은 표와 증언일 뿐이므로 무효화될 수 있고 때때로 무효화되기도 한다. 그 목적은 교육하는 것이다. 마음을 조명하여 기독교의 진리를 깨닫게 하는 것이다. 내적인 하나님의 말씀은 마음속에서 회개를 일으키거나 확증하시는 성령이다. 츠빙글리는 이렇게 말한다.

"우리 귀에 들리는 것은 우리에게 믿음이 생기게 하는 그 말씀이 아니다."[4]

정상적으로는 성령이 말씀과 함께 역사한다고 그가 가르친 것이 사실이지만, 이것이 성령이 자신의 도구인 말씀을 통하여 역사하신다는 것을 말하는 것은 아니다. 더구나 그들의 견해에 의하면, 성령은 말씀을 통하여 임하시는 것이 아니라 말씀과 별도로 즉시 직접적으로 영혼에 임하신다. 불링거는 다음의 말에서 그의 마음을 잘 나타낸다.

"그가 지식과 믿음을 주고자 하는 사람에게 교사를 보내셔서 하나님의

---

3) R. Staehelin이 인용, 「Huldreich Zwingli」, 1897, vol. 2, p. 51.
4) 슈바이처(Alex. Schwizer)가 인용, 「Die Glaubenslehre der evanglischreformirten Kirche」, II, p. 579.

말씀에 의하여 참된 믿음을 설교하게 하신다. 이는 믿음을 주는 것이 사람의 능력이나 뜻이나 사역에 있기 때문이 아니고, 사람의 입에서 나온 외적인 말씀 자체가 믿음을 일으킬 수 있기 때문도 아니다. 사람의 목소리와 하나님의 말씀의 설교가 참된 믿음 곧 하나님께서 우리가 믿기를 원하고 명하시는 것을 가르치기 때문이다. 오직 하나님만이 그의 성령을 사람들의 마음과 생각 속으로 보내어 우리의 마음을 여시고, 우리 생각으로 납득하게 하시고, 그의 말씀과 가르침에 의해 믿어야 할 것을 전심으로 믿도록 하시기 때문이다."[5]

칼빈은 양쪽 학파들의 사상과 친밀하다. 사려 깊게 발췌한 인용문을 통하여 그가 양쪽을 진심으로 지지하고 있다는 것을 쉽게 입증할 수 있다. 한편으로는 루터와 마찬가지로 그도 말씀의 신성한 성격을 강력히 주장한다.

"가르치는 자들은 예수 그리스도께서 그들의 입으로 말씀하신다는 그 사실로써 항변할 수 있어야 한다."[6]

다른 한편으로는 철저하게 츠빙글리와 같은 방식으로 마치 말씀이 아무런 능력이 없는 것처럼 말하기도 한다.

"이는, 첫째로 주께서 그의 말씀으로 우리를 가르치고 교육하시기 때문이고, 둘째로 주께서 그의 성례로써 우리에게 확증하시기 때문이다. 마지막으로, 주님은 성령의 빛으로 우리 마음을 조명하시고 말씀과 성례를 위해 우리의 마음 문을 여시기 때문이다. 만약 그렇지 않으면 귓가에만 맴돌고 눈앞에만 어른거릴 뿐 마음에는 아무런 반응도 일으키지 못할 것이다."[7]

다시 말해 칼빈은 말씀 속의 성령의 실제적인 임재와 신자의 마음속에

---

5) 「Decade」 I, pp. 84~85(Parker Society)
6) C. R. LIII, p. 7.
7) Inst. IV, 14, 8. 참고. C. R. LIII, p. 157.

있는 성령의 내적인 증거를 모두 가르친다. 사실 칼빈은 루터파와 츠빙글리파의 생각에 내재되어 있는 오류를 명백히 보고 의도적으로 중도의 길을 걷기로 작정했다(「기독교 강요」 iv. I. 6). 그것은 한편으로 목사의 위엄을 지나치게 과장하는 자들과, 그에 반대하여 "목사와 교사가 마음과 생각 속으로 뚫고 들어갈 수 있다고 가정하는 것은 성령의 고유한 것을 일개 인간에게 넘겨주는 범죄에 해당한다"고 주장하는 자들 사이의 중도다. 그의 설교론은 이와 같이 중도적인 입장을 취한다.

첫째로, 설교는 성경의 주해와 해석이라는 의미에서 하나님의 말씀이다. 그리고 설교는 마치 사람들이 '하나님께서 친히 선포하시는 말씀을 들었다'고 할 만큼 하나님의 말씀이다.[8] 이런 점에서 설교는 파생적인 또는 관련된 하나님의 말씀이라고 불린다. 그리고 이 점까지는 칼빈과 츠빙글리가 일치한다. 그러나 그렇다고 해서 실제적인 점에서 설교가 하나님의 말씀보다 못한 것은 아니다. 설교가 성경의 복음을 전하는 것이라고 해서 중고품이 되지는 않는다. 릴리(Lilley)가 말한 것과 같다.

"증언과 그것이 증언하는 내용은 언제나 하나로 존재하는 하나님의 행동이다."[9]

설교와 성경의 관계는 매우 긴밀하며 분리할 수 없다. 성경은 설교의 근원이자 표준이요, 설교를 판단하는 근거다. 칼빈이 설교에서 수없이 말하고 있듯이,[10] 설교자는 성경에서 발견하는 것만을 선포해야 한다. 설교자는 강단에 올라가 자신의 생각을 주장하는 것이 아니라 교회의 모든 활동

---

8) Inst., I, 7, I.
9) A. L. Lilley, 「Religion and Revelation」, p. 85.
10) 예를 들어 "그러므로 우리가 강단에 올라가서 우리의 꿈이나 공상을 말하려는 것이 아니다"(songes et resveries라는 표현을 즐겨 썼다)(C. R. xxv, p. 646). 설교자들은 "그들 자신의 꿈과 공상을 말하는 것이 아니라 그들이 받은 것을 가감 없이 그대로 신실하게 전달해야 한다."(C. R. LIV, p. 8).

에서처럼, 교회의 선포의 행위에서 "항상 스스로 주 되심과 주권적인 우월성을 확보하시는"[11] 하나님의 생각을 주장해야 한다. 릴리의 진술은 아주 정확한 말이다.

"하나님께서 인간과 맺는 전체 관계로서 하나님의 성령과 하나님의 말씀을 거의 동일시하는 것, 이것이 바로 칼빈의 가르침의 독창성이다."[12]

칼빈은 자연 신학과 토마스 아퀴나스(Thomas Aquinas)의 계시와 이성의 종합을 부인하면서, 오직 성경 안에서만 하나님께서 사람에게 말씀하신다는 것과 성경 외에 세상에서 하나님에 관하여 더 보탤 진리는 전혀 없다는 것을 가르쳤다. 심지어 가장 지혜로운 사람의 생각도 결국 타락한 사람의 생각일 뿐이므로 하나님과 하나님의 생각을 알 수 없으며, 구원을 촉진시키기는커녕 오히려 방해가 될 뿐이라고 주장했다.

이것과 관련하여 종교 개혁자들이 주장하는 일반적인 신학 원칙은 다음과 같다. 성경이 가르치는 것을 우리는 이의 없이 축소하지 말고 받아들여야 하며, 성경이 침묵하는 곳에서는 우리도 반드시 하나님의 신비스러운 지혜 앞에서 겸손히 잠잠해야 한다. 따라서 설교자는 전혀 새로운 어떤 것을 선포할 수 없다. 이는 "하나님께서 우리에게 계시하기로 하신 비밀을 설교자가 그의 말씀에서 깨달으며, 설교자가 깨닫는 것은 우리와 관계가 있거나 우리를 유익하게 할 것으로 그가 예견한 모든 것"[13]이기 때문이다. 설교자의 임무는 하나님에 관한 새로운 진리를 드러내는 것이 아니라 예수 그리스도 안에서 단번에 주신 하나님의 계시를 그 세대의 필요와 관련하여 설명하는 것이다.[14] 가장 중요한 것은 성경이 일반적으로 설명되어야 할 뿐만 아니라 회중에게 적용되어야 한다는 점이다. 이런 일이 없다면 설

---

11) C. R. xxv, p. 646.
12) Op. cit., p. 88.
13) Inst. III, 21. i.

교자는 시간을 헛되이 낭비하는 것이다. 그래서 칼빈은 설교자들이 반드시 가르칠 수 있어야 한다는 것을 다음과 같이 강조하고 있다.[15]

"설교하고 하나님의 교리를 다루는 일은 모든 사람에게 허락되지 않았다. 신실하고 거룩한 삶을 사는 사람일지라도 하나님의 말씀을 잘 받아들일 수 있도록 말씀을 다루는 기능은 없을 수 있다. 참된 가르침이 모든 사람 안에 있는 것은 아니고, 그 교리가 있다고 하더라도 그것은 여전히 적용되어야 한다. …… 교리를 적용하여 사람을 유익하게 하고 교화시키는 은혜가 모든 사람에게 주어진 것은 아니다."[16]

성경이 하나님의 말씀이라면, 설교는 성경을 해명하는 것이기 때문에 하나님의 말씀이다. 그리고 하나님께서는 오직 이 해명을 통해서만 사람에게 말씀하신다.

둘째로, 설교자는 하나님의 대사, 곧 하나님의 이름으로 말하는 권위가 있는 사람으로서 하나님에게 보냄을 받고 명령을 받았기 때문에 설교는 하나님의 말씀이다. 칼빈은 목사직의 소명을 성령에 의하여 내적으로 의식함으로써 그의 대사직을 확신한다. 그리고 이 소명은 교회의 초빙에 의해 확증된다. 만일 그가 하나님께 부름을 받지 못했다면, 비록 그의 교리가 성경적이더라도 그의 설교는 하나님의 말씀이 아닐 것이다. 자기가 말

---

14) 참고. 브루너(E. Brunner): "우리는 독창적이고 규범적인 것으로서 성경을 가지고 있고, 각각의 새로운 시대를 위한 살아 있는 증거로서 교회의 말씀을 가지고 있다. 참된 설교는 두 요소, 즉 그 시대를 위한 생명의 말씀과, 성경 말씀의 참된 드러남으로써의 생명의 말씀을 포함한다. 교회의 말씀이 없다면 성경이 임할 수 없을 것이다. 그리고 교회의 말씀이 성경에 예속되지 않으면 그것은 기독교의 말씀이 아닐 것이다"(「The Word and the World」, p. 112.).
15) 설교자에 대해 루터는 이렇게 말한다. "일차적인 의무는 가르치는 것이다"(T. R. II, p. 531). 바르트는 교리가 칼빈에게 설교와 동의어인 점을 지적한다 (Dogmatics, I, I, pp. 78~79. Eng Trans.).
16) C. R. LIII, p. 261.

하는 것이 인간적인 상상의 산물이 아니라 하나님의 가르침이듯이 그의 말도 그가 스스로 말하는 것이 아니라 하나님의 사자로서 말한다는 것, 그래서 그가 말하는 것은 마치 하나님께서 친히 말씀하고 계신 것과 같다는 것을 주장할 수 있어야 한다. 칼빈은 이렇게 역설한다.

"그렇다면 우리는 이것을 이상하게 여겨서는 안 된다. 하나님의 종들이 말할 때, 그들은 자신의 말을 하는 것이 아니라 하나님께서 그들에게 위임하시고 위탁하신 것을 설명하는 것이기 때문이다. 그래서 그들은 자신과 하나님을 분리시키지 않는다. 한 사람이 군주의 특사로서 전권을 위임받았을 때, 그는 군주의 이름을 차용하는 것이다. 그는 이렇게 말할 것이다. '우리는 이것을 행한다. 우리는 임명한다. 우리는 명령한다. 우리는 그것을 끝내기를 바란다.' …… 하나님의 종들도 이렇게 말한다. 하나님께서 그들을 도구로 임명하여 하나님의 일을 하도록 하시기 때문에, 자신들의 힘으로 하는 것이 아무것도 없고 그들을 지도하는 분이 주님이시라는 것을 알고 있기 때문이다."[17]

목사가 하나님께 부름을 받았다는 사실은 하나님께서 그를 택하여 하나님의 말씀을 설교하도록 하셨으므로 그에게 설교할 말씀을 주실 것이라는 뜻이다. 바르트가 다음과 같이 진술하는 것과 같다.

"하나님의 말씀이 위임하는 바가 선포의 근거다."[18]

그러나 사람이 하나님의 말씀의 사역자로 부르심을 받았다고 해서 그가 설교할 때마다 하나님도 설교하신다는 뜻은 아니다. 이런 뜻으로 말하면 성령을 사람의 소유로 삼게 될 것이고 사람의 통제하에 두게 될 것이다. 즉, 마술사 시몬의 죄를 범하게 될 것이다. 바로 이 점에서 칼빈은 루터와 결정적으로 다르다. 루터는 이미 인용한 구절에서 다음과 같이 말했다.

---

17) C. R. xxⅥ, p. 66.
18) Op. cit., p. 99.

"나는 강단에서 설교를 하거나 성경 봉독을 할 때 …… 내 말이 아니라 내 혀가 글솜씨가 뛰어난 서기관의 붓끝과 같다는 것을 확신한다."

반대의 극단으로 가서 칼빈이 설교에서 성령을 '좀처럼 오래 머무르지 않는 변덕스러운 임재'로 간주한다고 비난해서도 안 된다. 만일 하나님께서 어떤 사람을 부르셨다면 그것은 분명히 설교를 위한 것이다. 따라서 설교자는, 하나님께서 그 기쁘신 뜻대로 하나님의 성령을 주셔서 설교자의 말을 하나님의 말씀이 되게 하리라고 확신하게 될 것이다. 그러나 설교자가 성령의 임재를 당연한 일로 생각해서는 결코 안 된다. 성령은 하나님께서 선하심과 은혜로 자유롭게 주시는 것이다.

셋째로, 가장 정확히 말하면 설교는 계시라는 의미에서 하나님의 말씀이다. 이 점이 칼빈의 설교 교리의 중심이요, 그의 전체 신학적 관점의 핵심이다. 「기독교 강요」에서 그가 대답하려고 했던 문제는 모든 종교의 밑바닥에 깔려 있는 문제다. 즉, 사람이 어떻게 하나님을 알 수 있는가?

인간에게 내재하는 지식이든, 피조물에 대한 명상을 통해서 얻은 지식이든, 하나님에 대한 자연스러운 지식이 타당할 수 있는 가능성을 그는 인정하지 않았다. 모든 사람의 마음에 종교의 씨앗이 있는 것은 사실이지만 그것으로는 하나님을 알 수 없다. 또한 사람이 창조주의 피조물에서 창조주의 경이로움을 볼 수 있지만,[19] "칼빈에게 창조주 하나님의 지식은 오직 하나님의 계시의 말씀을 믿는 믿음에 의할 뿐이다."[20] 하나님과의 사랑의 교제로 인도하는 하나님의 지식은 자연적으로 얻을 수 있는 것이 아니다.

---

19) 피조물에 대한 칼빈의 태도는 페터 바르트의 말을 참고하라. "자연에 대한 칼빈의 경건한 명상은 인문주의적인 개방된 마음과 자유로운 정신이 살아 숨쉰다"(Das Problem der natürlichen Theologie bei Calvin, p. 17. In Theologische Existenz Heute, Heft 18). 이 논문은 브루너가 「자연과 은혜(Nature und Gnade)」에서 칼빈이 그의 자연 신학을 뒷받침한다고 주장한 것에 대한 철저한 반박이다.
20) P. Barth, Op. cit., p. 18.

따라서 그는 '오직 하나님에 의해서만 하나님은 알려질 수 있다'에서 '오직 하나님의 말씀에 의해서만 하나님은 알려질 수 있다'로 계시를 제한한다. 사람은 하나님께서 예수 그리스도 안에서 자신을 계시하시는 정도 외에 하나님을 발견하거나 알 수 없다. 오직 그리스도 안에서 '숨겨진 하나님'은 '계시된 하나님'이 되신다.

"하나님께서는 그리스도 안에서 스스로 우리에게 계시하시지 않으면, 우리는 구원에 필요한 하나님의 지식을 가질 수 없다."[21]

그러나 하나님께서는 예수 그리스도 안에서 사람들에게 자신을 충분히 계시하셨다. 또 예수 그리스도의 순종적이고 희생적인 죽으심으로 말미암아 사람은 영원히 복된 생명에 필요한 모든 복을 받게 되었다. 즉, 죄의 노예 상태에서 해방되고 사죄를 받아 교회와 하나님 나라의 일원이 되고 하나님과 사귐이 있게 됨으로써 영생을 소유한다. 사람에게 이러한 복을 주시고 사람을 그리스도에게 연합시킴으로써 그 복이 사람에게 유익하게 하시는 것은 성령의 사역이다. 그리하여 하나님께서는 사람을 본래의 모습인 죄인으로 정죄하는 대신 그리스도와 함께 연합되어 그리스도의 인격 안에 있는 그를 보고 의롭다고 인정하신다.[22]

"성령은 보증이 되시며 이로 말미암아 그리스도가 효과 있게 우리를 주께 연합시키신다."[23]

그러나 이 말에서 어떻게 성령께서 우리와 소통하시는가 하는 의문이 생긴다. 영적인 광신자의 주장처럼 영혼에 직접적으로 곧바로 소통하시는가? 츠빙글리파들이 말한 것처럼 무엇을 믿어야 할지를 말씀에 의해 가르

---

21) Inst. II, 6, 4.
22) 참고. 루터 : "당신(그리스도)은 내 것을 취하셨고 당신의 것을 나에게 주셨습니다. 이전에 당신에게 없었던 신분을 취하셨고, 이전에 내게 없었던 신분을 나에게 주셨습니다." Briefe, W. A., I, p. 35.
23) Inst., III, I, 1.

침을 받은 영혼에게 직접적으로 곧바로 소통하시는가? 아니면 루터의 가르침대로 낭독되거나 설교된 말씀을 통하여 성령이 중계되는가? 칼빈은 취리히 개혁자들보다 루터와 훨씬 가깝다. 이 셋째 의미에서, 설교는 하나님께서 사람의 말을 통하여 말씀하심으로써 사람의 말을 통하여 자신을 계시하시고 사람의 말을 은혜의 방도로 쓰실 때에 하나님의 말씀이다. 몇몇 특징적인 구절들에서 칼빈이 하는 말을 들어보자.

- 신명기에 대한 설교 : "하나님의 입이 무엇입니까? 하나님께서 그의 종들에 의해서 말씀하실 때에 우리에게 하나님의 뜻을 선언하는 것입니다."[24]
- 에베소서에 대한 설교 : "[설교에서] 하나님께서는 우리에게 적합하게 자신을 보여주십니다."[25]
- 디모데전서에 대한 설교 : "바울은 사람이 자신을 향하여 '오, 참으로 훌륭한 연설이로다! 오, 그의 심오한 지식이여! 오, 참으로 신묘막측한 생각이로다!' 라고 말할 수 있도록 자신을 과시하지 않았습니다. …… 사람이 강단에 올라설 때, 사람이 높이 우러러 보이고 탁월하게 보여도 됩니까? 아니, 절대로 그래서는 안 됩니다! 하나님께서 사람의 입으로 말씀하시도록 설교해야 합니다."[26]

이것은 강단에서는 사용하다가 정확한 신학적인 언어가 필요할 때는 사용하지 않는 비유적이거나 다채로운 연설 방식을 가리키는 말이 아니다. 그의 학문적인 글들에서도 같은 생각이 표현되어 있다.

---

24) C. R. xxv, pp. 666~667.
25) Ibid. LI, p. 607.
26) Ibid. LIII, p. 266.

- 「기독교 강요」 제4권 I. 5 : "주님은 황송하게도 사람의 입과 혀를 성별하여 주의 일에 쓰셔서 주의 목소리가 사람의 입과 혀를 통하여 들리게 하신다."
- 「주의 성찬에 대한 단상」 : "영적인 생활을 유지하기 위하여 꼭 필요한 일은 …… 제일 좋은 음식으로 영혼을 살지게 하는 것이다. 모든 성경은, 주님께서 우리를 중생시키신 바로 그 말씀이 우리 영혼을 살지게 하는 영적인 음식이라고 말한다. 그리고 그 이유에 대해 성경 안에서 유일한 생명이신 예수 그리스도가 우리에게 베풀어지고 공급되기 때문이라고 한다. …… 하나님께서 말씀을 도구로 삼아서 예수 그리스도를 그의 모든 은혜와 함께 우리에게 베풀어주셨다."27)
- 베드로전서 1장 25절 「주석」 : "심는 이와 물 주는 이가 아무것도 아니라는 것은 참으로 확실하다. 그러나 그들의 수고에 복을 주기를 기뻐하실 때마다 하나님께서는 성령의 능력으로 그들의 가르침을 효과 있게 하신다. 그리고 그 자체로는 죽을 수밖에 없는 인간의 목소리를 영생을 전달하는 도구가 되게 하신다."28)

이 구절들에서 칼빈이 성령을 설교된 말씀과 동일시했다고 추정해서는 안 된다. 설교 그 자체는 순수하게 인간의 활동이며, 다른 인간의 활동과 마찬가지로 그 속에 신적인 것이 없다. 하나님을 섬기기 위하여 거룩한 삶을 사는 사람은 회중의 필요에 대한 심오하고 심리적인 통찰력이 적용된 흠잡을 데 없는 영적 교리를 설교할 수 있지만, 그것을 곧 하나님께서 교회에 말씀하고 계신 것으로 당연시해서는 안 된다. 오히려 칼빈은 설교에 성령을 더하시는 하나님에 의해 설교자가 계시된다고 말한다.

---

27) 「Tracts」, vol. 2, pp. 165~166, Calvin Society. C. R. v, p. 435.
28) Calvin Society, p. 60. C. R. LV, p. 231.

"우리는 하나님께서 설교된 말씀으로 사역하시는 것을 보는데, 그 말씀은 단지 공중에 울리다가 사라지는 목소리가 아니라 하나님께서 그 말씀에 성령의 능력을 더하신다."[29]

츠빙글리와 달리 칼빈에게는 성령의 내적 증거가 하나님의 말씀의 또 다른 더 높은 형식이 아니었다. 그리고 내적인 말씀은 외적인 말씀이 증명하고 설명한다. 히브리서 4장 12절에 대한 주석에서 이것을 부인한다.

"내적인 말씀은 효과가 있지만 사람의 입에서 나오는 말씀은 생명이 없고 아무런 능력이 없다고 생각하는 것은 정신없는 짓이고 매우 위험한 발상이다."[30]

하나님의 말씀은 나누어질 수 없다. 칼빈은 우리가 듣는 말씀이 우리를 구원하는 수단이 되는 그 말씀이라고 생각한다. 성령의 내적 증거라는 말을, 성령의 내주하심이나 츠빙글리처럼 '마음속에 이미 그리고 항상 대기하시는' 성령으로 이해해서는 안 된다. 성령은 말씀의 설교에 임하여 그 설교를 하나님의 은혜의 기관으로 만드는 영적인 능력을 부여하며, 그리하여 설교를 통하여 예수 그리스도가 제공되고 사람을 위해 예수 그리스도께서 행하신 사역이 제공된다. 설교된 하나님의 말씀은 불신자에게는 믿음을 일으키고 죄를 사하고 중생시키며, 신자에게는 확증하고 깨끗케 하고 믿음을 견고케 한다.

"성령은 설교된 말에서 그의 능력을 발휘하신다."[31]

둘째로, 성령의 내적인 증거란 복음을 깨닫도록 마음에 빛을 비추는 것으로 이해해야 한다. 복음은 설명이 필요 없을 정도로 명백하지만, 죄로 어두워져서 무지하고 어리석은 마음 때문에 설명이 필요하다. 이것이 성

---

29) C. R. LIV, p. 11.
30) Calvin Society, p. 103. C. R. LV, p. 51.
31) 히브리서 4장 12절에 대하여. Calvin Society, p. 103. C. R. LV, p. 50.

령의 사역이다. 성령은 '귀를 뚫어서' 말씀을 듣게 하시고, 마음을 조명하여 말씀을 깨닫게 하시며, 믿음을 일으켜서 말씀의 신적인 기원을 믿게 하시고, 그 말씀을 인정하고 순종하게 하신다.[32] 그러나 말씀과 성령을 갈라놓을 정도로 이것이 주장되어서는 안 된다. 바로 말씀을 통하여 성령께서 말씀을 증언하시기 때문이다. 릴리는 다음과 같이 말한다.

"계시에 대한 성령의 증거는 성령께서 계시 안에서 말씀하신다는 사실일 뿐이다."[33]

하나님의 말씀의 설교는 성부께서 그의 아들 예수 그리스도 안에서 단번에 주시고 성령을 통하여 전달하신 하나님의 계시가 늘 새롭게 되는 것이다.

"그러므로 복음 설교는 하나님께서 오셔서 우리를 찾기 위하여 강림하심과 같다."[34]

설교자

제네바 교회에서는 네 직분인 목사, 박사, 집사, 장로 중에서 목사가 제일 우선이었다. 목사만이 설교하고 성례를 집행할 수 있었고, 목사에게 교회의 정치가 위임되었다. 칼빈은 신약 성경에 나오는 감독, 장로, 성직자, 목사라는 호칭을 한 가지 직분을 가리키는 것으로 보고,[35] 목사라는 명칭으로 확립시켰다.

---

32) "설교를 듣거나 성경을 읽을 때, 듣거나 읽는 모든 것을 쉽게 이해할 것이라는 어리석고 오만한 생각은 버려야 한다. 오직 전적으로 하나님만 바라면서 공손한 태도로 나아가 성령의 가르침이 필요하다는 것과, 성령이 없이는 하나님의 말씀에서 우리에게 보여주시는 어떤 것도 이해할 수 없다는 것을 알아야 한다."(C. R. LIII, p. 300).
33) Op. cit., p. 86.
34) 「Predigten über das 2. Buch Samuelis」(1936), Bd. I, p. 136.

그는 바울에게서 '직무를 행하는' 다섯 가지 직분을 발견했다(엡 4:11). 곧 사도, 선지자, 복음 전하는 자, 목사, 교사(Doctors)다. 그의 말에 의하면 이 직분들 중에서 처음 셋은 사도 교회의 특징이었다. 물론 세워야 할 필요가 있다면 하나님께서 사람들을 세우셔서 어떤 시대에서든지 그 직분을 수행하게 하실 것이다. 목사와 교사는 모든 시대에 공통된 직분으로, 두 직분의 차이점이라면 교사는 전적으로 신학을 맡는('성경 해석') 반면에 목사는 설교를 하고 성례를 집행하며 권징을 시행하고 신학을 공식화 하는 것이다.[36]

그러나 비록 사도, 선지자, 복음 전하는 자가 사도 교회의 특징이기는 하나 "목사에게는 그에게 맡겨진 특정한 교회를 다스리는 것 외에도 사도와 동일한 역할이 있다."[37] 사도와 목사라는 두 직분의 차이점(아마 유일한 차이점일 것이다)은 그 직분의 영향력의 범위였다. 사도들은 한 교회에 매임이 없이 온 세상에 파송된 반면 목사들은 지교회에 대한 책임을 맡았다. 하나님의 참된 말씀을 설교하는 사람들은 진정한 사도의 계승자라고 칼빈은 주장한다.[38]

이러한 고고한 주장은 이에 상응하는 고고한 이상을 갖도록 만들었다. 이런 고귀한 직분을 무가치하고 부적절한 사람이 맡는 일이 없도록 방심하지 않고 경계해야 했다. 모든 면에서 목사로서 가장 적절한 사람들만이 선택되어야 한다.

"이 직분에 선택되기 위해서는 반드시 우수한 사람이어야 한다."[39]

---

35) "목사, 성직자, 감독, 장로는 모두 성경에서 동의어다. 즉, 이러한 말들은 하나님의 교회에서 가르치고 하나님의 집을 다스리도록 부름 받은 사람들에게 쓰였다"(C. R. LIII, p. 234).
36) 「기독교 강요」 제4권, 3, 4를 보라.
37) Ibid. IV, 3, 5.
38) C. R. LIV, p. 385.

분명히 모든 사람이 목사가 될 수 있는 것은 아니다. 성경 지식과 건전한 교리에 성실함과 열심과 거룩이 겸비되어야 한다. 그러나 이러한 것들 못지않게 중요하고 이것이 없으면 아무나 훌륭한 설교자가 될 수 없는데, 그것은 바로 가르치는 은사다. 성경의 생각을 시대에 맞추어서 회중의 필요와 조건에 관련시켜 설명하지 못한다면, 그 설교자는 허공을 치고 있는 것뿐이다. 그러므로 설교자는 이 세 가지 곧 복음, 사람의 본질과 필요, 가르치는 기술을 이해해야 한다. 마지막 자격 조건이 충족되지 못하면 성경에 대한 매우 심오한 지식과 인간 본질을 꿰뚫는 통찰력이 있는 사람이라도 설교의 직분을 감당하기에는 부족하다. 목사 후보생에게 직분에 필요한 이러한 자질들이 있는지 살피는 것은 선정하는 집단의 임무다.

목사 후보생은 자신을 바칠 뜻을 보이기 전에 먼저 이 일에 그를 부르신 분이 하나님이시라는 내적인 확신이 있어야 한다. 칼빈은 이것을 '은밀한 부르심'이라고 부른다. 즉, 그것은 "야망이나 탐욕 또는 어떤 다른 불법적인 동기가 아니라 하나님을 진정으로 경외함과 교회의 교화에 대한 불타는 열심으로 우리에게 제안하신 직분을 받아들인다는 마음의 정직한 증거"[40]다. 따라서 사람들에게 선택받아 임명을 받기 전에 하나님에 의해서 선택되고 임명되어야 한다. 하나님께서는 가장 적합한 자들만을 선택하시지만, 자유로이 이 사람은 택하고 저 사람은 택하지 않으실 수 있다.[41]

하나님의 택하심은 임명의 최종적인 요소다. 하나님께 보냄을 받지 않으면 아무도 하나님의 말씀을 설교하는 자가 될 수 없는데, 이는 하나님께서 자신이 보내신 사람들 곧 자신의 대사들에게만 그의 말씀을 주시기 때

---

39) Ibid. LIII, p. 233.
40) 「기독교 강요」 제4권, 3, 11.
41) "원하시는 누구에게든지 임명하는 이 직책을 독점하고 계시는 분이 하나님이다." (C. R. LIV, p. 7.)

문이다. 그 밖의 모든 사람은 참된 목사가 아니라 강도와 삯꾼이다. 하지만 목사 후보생이 하나님께 부름을 받았다는 내적인 확신이 있고 교회에서 정식으로 선택되면, 그는 안수("사람들에게 성직의 위엄을 제시하고, 임명된 사람에게 이제는 그가 자기의 주인이 아니라 하나님과 교회를 봉사하는 일에 바쳐진 자임을 권면하기 위하여 아주 유익한"[42] 사도적 관습)에 의해 목사로 임명된다.

설교에 대한 칼빈의 생각으로 인하여 이론적이나 실제적으로 목사가 사람들 위에 군림하는 오만한 권좌에 높이 올라앉게 되었다고 생각할지도 모른다. 또 새 감독은 옛 사제가 확대 재생산된 것이라고 생각할지도 모른다. 그러나 칼빈은 하나님의 부르심을 받았다는 사실이 목사에게 정반대의 생각을 일으켜야 한다는 것을 계속 강조했다. 중요한 것은 목사의 말이 아니라 하나님의 말씀이다. 그리고 하나님께서는 그 사람의 인간적인 자질에 상관없이 말씀하신다. 이러한 관점에서 설교자는 기본적으로 전혀 중요하지 않다. 그는 단지 종, 곧 대사다. 설교자의 모든 위엄과 권위는 모두 그의 비천함에서 나온다. 그는 탁월하신 주인을 증언하는 증인에 불과하기 때문이다. 그는 하나님과 그의 교회의 종일 뿐이다. 목사는 임무를 완수할 수 있는 자기의 능력에 결코 의지해서는 안 된다. 그에게 힘을 주시고 지도하시는 하나님만 바라보아야 한다. 직무의 고귀성과 요구되는 높은 자질 때문에, 그 직무는 어느 누구도 자기의 힘으로 완수할 수 없을 정도로 어렵다.

"하나님의 교회에서 목사가 되기를 열망하는 사람은 첫째 그 직무의 어려움을 신중하게 고려해야 한다. …… 어느 누구도 위로부터 능력과 은혜를 받지 않고서는 그와 같은 부르심을 따르지 못한다."[43]

---

42) 「기독교 강요」 제4권, 3, 16.
43) C. R. LIII, p. 235.

또 한편으로는 누구든지 자기 자신의 부족 때문에 실망해서는 안 된다. 하나님께서 정말로 그를 부르셨다면, 그 부르심은 무위로 끝나지 않을 것이고 하나님께서 그를 지도하고 그의 연약함을 사용하여 그의 일을 하게 하실 것이다. 설교자가 최선을 다했다 하더라도, 그는 여전히 스스로 어찌할 수 없는 상황에서 "오소서, 성령이여!" 하고 호소할 수밖에 없다.

설교자의 주된 어려움은 무엇을 설교할 것인가 하는 문제다. 칼빈은 강단에서 어떤 인간적인 생각도 해서는 안 된다고 함으로써 이 문제에 대해 답한다. 하나님께서는 오직 그의 말씀 곧 성경을 통하여 말씀하신다. 따라서 설교자는 스스로 성경의 가르침을 고수하고 아무것도 가감해서는 안 된다.

"그가 받은 것을 충실히 전해야 한다."[44]

"주께서 이와 같이 말씀하셨다"라고 말하기 전에, 설교자는 주께서 말씀하시는 것이 무엇인지 분명하고 확고하게 알아야 한다. 성경은 설교의 표준이자 감독자다. 설교가 성경에 예속되어야 함을 칼빈은 학교에 비유하여 표현했다. 설교자는 반드시 성경 학교에 가야 하는데, 그곳에서 교장이신 하나님께서 설교자가 배운 것을 다른 사람들에게 가르칠 수 있도록 설교자를 가르치실 것이다.

"먼저 학생이 되지 않고서는 어느 누구도 하나님 말씀의 훌륭한 일꾼이 되지 못한다."[45]

칼빈의 다음의 말은 오늘날에도 그대로 적용된다.

"성경을 제대로 배우지 못한 말씀의 일꾼들이 얼마나 많은가! …… 그들은 훌륭한 학생이 되어 자신을 성령의 언어에 완전하게 적응시키는 습관이 전혀 되어 있지 않다. 만일 한 학생이 자질이 있고 그의 스승 역시 훌

---

44) Ibid. LIV, p. 8.
45) Ibid. XXVI, p. 406.

류한 선생이라면, 그 학생은 자기가 배운 것을 반드시 기억할 뿐만 아니라 스승의 특징도 간직할 것이다. 그리하여 '그는 ㅇㅇ학교의 학생이었다' 라는 말을 들을 것이다."[46]

또한 설교자는 생활을 통해 자신도 자기가 설교하는 말씀에 복종한다는 것을 보여주어야 한다. 그의 생활이 그의 교리를 드러내야 한다. 실제로 맨 처음 복종은 그 자신에게서 나와야 한다. 자기 자신은 조금도 복종하지 않으면서 다른 사람들에게 명령할 권한은 어느 누구에게도 없다. 칼빈은 설교에서 '우리'라는 대명사를 사용함으로써 그가 회중과 마찬가지로 자신에게도 말하고 있음을 보여준다. 자기가 선포하는 하나님의 말씀에 거룩한 복종과 존중의 본을 보이지 않는 설교자에게 화가 있으리라. 칼빈은 강력하게 선언한다.

"만일 설교자가 먼저 하나님의 말씀을 힘써 따르지 않는다면, 강단에 오르면서 목이 부러져 죽는 것이 낫다."[47]

설교자는 그가 임명을 받은 이유, 곧 그는 예수 그리스도를 통하여 사죄를 선포하는 하나님의 대사, "영혼의 구원을 알려주기 위하여 파송된 자"[48] 임을 항상 기억해야 한다. 칼빈은 과거와 현재의 그의 대적들이 매도하는 것처럼 인도주의적인 감정이 전혀 없는 냉혈적인 이론가가 아니었다. 폴 헨리(Paul Henry)는, 칼빈은 "영혼에 대한 깊은 동정심과 타락한 인류에 대한 사랑"이 있었다고 선언한다.[49] 칼빈은 자신의 모범과 교훈으로써 설

---

46) Ibid. LIV, p. 68.
47) C. R. XXVI, p. 304.
48) Ibid. LIII, p. 235.
49) 「칼빈의 생애와 시대(Life and Times of Calvin)」, vol. I, p. 422. 그는 자기 말을 뒷받침하기 위하여 칼빈의 세 글을 인용하여 제시한다.
  "성례를 시행할 때마다 우리는 계속 걱정하고 괴로워했다."
  "하나하나의 영혼에 대해서 설교자는 책임을 져야 한다."
  "영혼들의 피를 목사의 손에서 찾을 것이다."

교자의 목표는 청중의 구원이어야 하고, 모든 주의를 기울여서 이 목표를 이루기 위하여 최선을 다해야 한다는 점을 강조했다. 그는 이렇게 말한다.

"길을 잃고 영원한 사망의 길로 가고 있는 불쌍한 영혼들을 구원으로 이끌기 위해 사력을 다하는 것보다 더 좋은 일은 없다."[50]

칼빈에게 구원이란 분리파주의자들과 달리 회심과 동의어가 아니었다. 즉, 구원은 단번에 완성되는 일회적인 행동이 아니라 회심할 때 시작되어 하늘에서 성취되는 것이다. 하나님께서는 설교를 통하여 사람에게 회개와 믿음을 불러일으키실 뿐만 아니라 영혼에게 확신을 주고 거룩하게 하셔서 항상 그 영혼이 구원을 향해 나아가도록 이끄신다.

목사의 이 모든 자질에서, 칼빈이 즐겨 말했던 것처럼 목사는 '신성한 말씀의 일꾼'임을 알 수 있다. 목사의 직무에 부여되어 있는 다른 임무들은 설교에 비교하면 부차적인 것이다. 성례의 시행보다, 조직과 권징보다 신성한 말씀의 설교가 앞선다. 성례는 그 존재를 위해 말씀에 의존하고, 교회의 조직은 설교를 가능하게 하고 권위 있게 하는 것이기 때문이다. 만일 목사가 설교를 할 수 없다면 그는 당연히 목사가 아니다.

"하나님의 말씀의 선포가 성직의 본질을 구성하는 것으로 믿어졌다."[51]

신성한 말씀을 진정으로 설교하고 있는 동안에는 목사가 땅에서 가장 고귀한 일을 수행하고 있다고 할 수 있다. 그는 하나님의 구속 사역에 협력하여 죄인을 구원으로 인도하고, 그리스도의 교회를 세우고, 무엇보다도 자기를 대사로 보낸 주님이신 하나님을 영화롭게 하고 있는 것이다.

---

50) C. R. LIII, p. 238.
51) J. L. Ainslie, 「The Doctrines of Ministerial Order in the Reformed Churches of the Sixteenth and Seventeenth Centuries」, p. 43.

회중

　설교학을 다룬 책들 가운데 설교에 관련된 회중의 자세와 의무에 대해서 이야기하는 책은 그리 많지 않다. 그러나 칼빈은 설교자의 사역과 마찬가지로 회중의 자세에 관해서도 많이 이야기한다. 칼빈은 사람들이 설교에서 무엇을 기대해야 하는지, 어떤 정신으로 말씀을 들으러 나와야 하는지, 말씀을 듣고 있을 때 그 말씀이 그들에게 기대하는 바가 무엇인지를 계속 가르친다. 그의 목적은 목사는 물론 회중이 설교의 참된 본질을 이해하고, 설교를 관용적으로 받아들일 뿐만 아니라 설교가 그들의 삶에서 가장 큰 복이 되기를 바라고, 목사와 마찬가지로 설교에서 회중이 능동적인 참여자가 되는 것이었다.

　설교된 하나님의 말씀을 듣는 사람들에게는 절대적이고 무조건적인 복종이 요구된다. 아무도 그 교리가 자기와 맞지 않는다고 말할 수 없다. 그 교리는 하나님께서 친히 사람들에게 가르치신 것이기 때문이다. 아무도 자기가 감당하기에 높은 표준이라고 거부할 수 없다. 그에게 온전하라고 명하신 분은 하나님이시기 때문이다. 자기는 스스로 성경을 해석할 수 있으므로 설교를 듣지 않아도 될 만큼 장성했다고 말할 수 있는 사람은 아무도 없다. 만일 설교가 단지 한 사람이 종교적으로 자기보다 아랫사람들에게 영적인 조언을 하는 것이라면 당연히 영적으로 장성한 사람은 더 이상 이런 도움이 필요 없다. 그러나 설교를 통해 하나님께서 친히 사람들에게 말씀하시기 때문에, 아무도 자기가 충분히 알고 있다거나 하나님의 도움이 필요 없을 만큼 거룩하게 되었다고 말할 수 없다. 칼빈은 이렇게 말한다.

　"가장 학식이 뛰어난 사람도 배워야 하고, 가장 정직하고 가장 종교적인 사람도 권면을 받아야 한다는 것을 우리는 안다. 만일 하나님께서 이미 선한 길로 인도하여 성령의 은사들을 주셨다면 설교가 필요 없다고 생각해서는 안 된다. 우리는 이 세상에서 완전하게 되는 것이 아니므로 끝까지 바르게 나아가야 하기 때문이다."⁵²⁾

사람들이 복음에 순종해야 하는 것은 설교자의 학문이나 어떤 다른 권위적인 것들 때문이 아니라 그가 대사로서 하나님의 이름으로 말하고 하나님의 뜻을 선포하기 때문이다. 그 자신은 '육체적으로 보잘것없는 하찮은 사람일지 모르지만, 만일 그가 순전한 교리를 설교하고 있다면 그의 말은 존경과 복종으로 받아야 한다. 신명기를 설교하면서 칼빈은 설교자의 무한한 권위를 선언했는데, 그 권위는 다음과 같다.

"특별히 '백성이 하나님의 입에 대하여 거역했다'고 되어 있다. 왜 그런가? 하나님의 모습이 나타났다거나 하늘에서 소리가 들렸다고 말하지 않았다. 그런 일은 없었다. 말한 사람은 모세였다. 백성이 하나님의 입에 반항했다는 것은 한 사람의 말을 거역한 것을 가리키는 말이다. 따라서 우리는 하나님께서 사람들을 보내 그들에게 명하시는 것을 선언하게 하실 때, 마치 하나님께서 우리 가운데 계신 것처럼 겸손히 하나님의 말씀을 받아들이기를 원하신다는 것을 알게 된다. 그렇다면 하나님의 이름으로 제시된 교리는 하늘의 모든 천사가 우리에게 강림한 것처럼, 하나님께서 친히 그분의 위엄을 우리에게 보여주신 것처럼 권위가 있는 것이 분명하다. 이런 식으로 하나님께서는 우리의 믿음의 순종을 시험하신다."⁵³⁾

목사의 권위에 대한 칼빈의 관점은 제네바에서 대적들에 대한 그의 태도로 설명되고, 그 태도는 또한 그의 관점으로 설명된다. 그는 한 사람으로서 칼빈을 향한 모욕은 어떤 것이든 고결한 아량으로 너그럽게 눈감아 줄 수 있었다. 그러나 모욕이 복음에 대한 것일 때면 그는 평소의 모습과는 전혀 다르게 상대방에게 가차 없이 맹공격을 퍼부었다.

---

52) C. R. xxv, p. 638.
53) Ibid., p. 713.

아미 페랭이 칼빈을 몹시 괴롭혔을 때 칼빈이 취한 행동은 사랑이 넘치는 편지와 호의가 전부였다. 그러나 그뤼에가 악의적인 벽서로 목사의 권위를 공격했을 때 그는 처형되었다. 카스텔리오가 예정 교리를 부인했을 때 그는 추방되었다. 피에르 아모가 칼빈이 거짓 교리를 설교했다고 선언했을 때 칼빈은 중형을 선고할 것을 요구했다. 복음을 배척하는 것은 하나님을 멸시하는 것이었고, 그 시대의 그리스도인들에게는 살인이나 강도보다 훨씬 더 큰 두려운 범죄였다.

그러나 비록 하나님의 말씀의 권위가 절대적일지라도 사람들에게 맹목적이고 비합리적인 순종을 기대하는 것은 결코 아니다. 오히려 사람들은 설교를 비판적으로 들으면서 하나님의 말씀과 하나님의 말씀이 아닌 것을 분별해야 한다. 그러나 어떻게 하나님의 말씀과 사람의 말을 분별할 수 있을까? 칼빈은 성경으로 설교의 진실성을 판단해야 한다고 말한다. 설교자가 복음을 성경에서 받고 모든 생각을 성경의 교리로써 비판하듯이, 설교를 판단하는 사람들에게도 성경이 유일한 표준이어야 한다. 비성경적인 것은 무엇이든지 배척되어야 한다. 성경적인 것은 모두 겸손히 순종하여 받아들여야 한다. 앞에서 인용한 구절 다음에 칼빈은 계속하여 다음과 같이 말했다.

"우리는 사람들의 말을 판단해야 한다. 만일 무슨 말이든지 다 받아들인다면 사람들의 영혼을 유혹하는 거짓말쟁이와 거짓 선지자, 하나님의 참된 일꾼 사이에 아무런 구별이 없을 것이다. 그러나 설교자 자신이 어떤 것을 창작하고 있는 것이 아니라 순전한 율법과 복음을 따르고 있다는 것을 성경을 들어 보여줄 때와 마찬가지로 우리에게 전해진 것이 하나님께로부터 나온 것이라는 확실한 증거가 있을 때, 그 말을 거역하고 받지 않는 사람은 피조물과 다투고 있는 것이 아니라 사람을 통해 말씀하시고 사람을 대리자로 쓰시는 하나님을 대적하고 있는 것이 분명하다."[54]

이러한 복종은 말씀하시는 두려운 하나님을 노예처럼 두려워하는 것이 아니라, 설교를 통해 주신 복을 감사와 겸손과 기쁨으로 인정하고 받는 것을 의미한다. 만일 하나님께서 자신을 사람에게 보여주신다면, 사람은 두려움을 이기지 못하고 하나님의 엄위에 소멸될까 봐 하나님께 다가가기는커녕 도망갈 길을 찾을 것이다. 그러나 자비로우신 하나님께서는 설교로써 사람들이 주께로 나아오게 하신다. 주님의 임재는 말하자면 평범한 사건, 곧 사람의 말이라는 매개 수단에 의해 굴절된다. 설교자가 비록 정죄하거나 책망하지 않을 수 없을지라도 그것은 사람들이 회개하도록 하기 위한 것이다. 본질적으로 복음은 위로와 은혜이기 때문이다.[55] 따라서 사람들이 하나님의 말씀에 표해야 하는 복종은 주의 크심에 대한 두려움에서 나오는 것이기도 하지만, 믿음 곧 전심으로 복음을 믿는 믿음과 그 복음이 증언하는 예수 그리스도를 믿는 믿음에서 나오는 것이다.

참된 말씀과 거짓된 말을 구별하는 최종적이고 결정적인 표준은 복음에 대한 성령의 증언이다. 성령께서 마음을 조명하고 설교에 생명을 불어넣으시지 않으면, 설교는 아무런 구원을 일으키지 못하는 사람의 말에 지나지 않는다. 그러나 성령께서 말씀에 대해 증언하시면, 듣는 사람에게 미치는 효과가 아주 강하여 하나님께서 정말 그에게 말씀하셨다는 것을 전혀 의심하지 않을 것이다. 그러므로 사람들은 그들에게 말씀하신 모든 것을 이해할 수 있다고 생각하면 안 된다. 성령께서 마음을 조명하시지 않으면 우리는 복음의 어떤 것도 전혀 이해할 수 없다. 그래서 성령께서 복음으로 예수 그리스도를 계시해 주시기를 교회에 와서 반드시 기도해야 한다. 그

---

54) C. R. xxv, pp. 713~714.
55) 참고. 협화 신조(The Formula of Concord): "따라서 우리는 복음이 온전히 죄를 책망하고 고발하고 정죄하는 회개의 선포이지 하나님의 은혜의 선포만은 아니라는 주장을 거짓되고 위험한 도그마로 거부한다"(「The Creeds of the Evangelical Protestant Churches」, p. 130. Ed. P. Schaff.).

리고 겸손히 신뢰와 복종의 자세로 하나님께서 말씀하실 것을 기대하고 기다려야 한다.

"우리에게는 영적인 하나님 나라에 관한 어떤 것도 이해할 수 있는 영이 없다. …… 그러나 우리 주께서는 그의 말씀을 주시는 것처럼 모든 것에서 깨달음을 주셔서 우리의 눈과 귀를 열어주시고 우리에게 지성을 주실 뿐만 아니라 주님께서 우리를 부르실 때 그분을 따를 수 있는 마음을 품게 하신다."[56]

---

56) C. R. LIV, p. 114.

제 4 장

설교의 기술

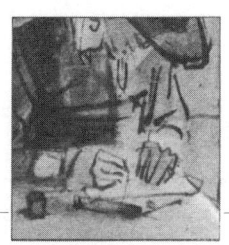

　설교자는 성령의 능력에 의지하여 청중에게 그의 가르침의 진실성을 확신시켜야 하기 때문에 수사학적인 기술, 즉 연설자가 설득할 목적으로 사용하는 기술은 필요 없다는 주장이 있다. 그러나 이런 주장이 일리는 있지만 다 맞는 말은 아니다. 그래서 그 문제의 양면성에 대해 분명하게 진위를 가리는 작업이 필요하다.
　설교자가 자기 힘으로 사람들의 생각을 돌이키게 하여 하나님을 사랑하게 할 수 없다는 것은 틀림없는 사실이다. 구원은 오직 하나님의 사역이다. 그러나 하나님께서 어떻게 사람들을 부르셔서 회개하고 믿도록 하시는지 묻지 않을 수 없다. 하나님께서는 하늘에서 사람들에게 직접 말씀하시는 것이 아니라 칼빈이 가르친 대로 설교를 통하여 사람들을 부르신다. 또한 하나님께서는 수동적인 말씀 전달자인 설교자를 통하여 말씀하시는 것이 아니라 설교자가 말하는 것을 통하여, 설교자의 순전히 인간적인 말을 통하여 말씀하신다. 정치적인 연설이나 법정의 진술이 사람의 말이듯이 설교도 사람의 말이기 때문에 설교는 수사학적인 기술에 의해 좌우된다. 고린도전서 1장 17절에 대한 주석에서 보는 대로 이것이 칼빈이 취한 입장이다.
　"웅변이 복음의 단순성에게 자리를 내어주고, 복음 아래 들어갈 뿐만 아니라 여주인을 섬기는 여종처럼 복음을 위하여 봉사할 때 웅변은 복음의 단순성과 갈등을 일으키지 않는다. …… 그렇다면 겉만 번지르르한 말로 그리스도인들의 마음을 사로잡거나, 공허한 기쁨에 도취하게 하거나, 듣기 좋은 소리로 귀를 즐겁게 하거나, 헛된 과시로 베일로 가리듯이 그리스도의 십자가를 덮는 경향이 전혀 없는 웅변은 단죄되어서도, 무시되어서도 안 된다. 도리어 웅변은 복음 그 자체의 단순성을 생각하게 하고, 자발적으로 스스로 비하함으로써 십자가의 단순한 설교를 강화시키는 경향, 요컨대 선구자의 역할을 하는 경향이 있다."[1]

여기서 칼빈이 말하는 웅변은 수사학이라는 의미다. 수사학을 단죄하기는커녕 그는 수사학을 성령의 은사라고 말하며 그 학문에 대한 찬사를 시작한다.

"사람을 다른 동물보다 뛰어나게 하는 이성보다 더 고귀한 것이 무엇이겠는가? 인문학은 충분히 존중할 만한 가치가 있다. 그 학문은 사람을 품위 있게 만들어 참다운 인간성의 위엄을 갖추게 한다."[2]

그러나 시와는 대조적으로 설교에서 기술은 항상 수단으로 남아 있어야 하고 결코 목적이 되어서는 안 된다. 설교를 만드는 것은 형식이 아니라 내용이다.

하지만 형식이 없는 내용이 있을 수 없기 때문에 설교도 웅변의 일종이다. 그러나 설교는 기술의 다른 모든 부문과 관계가 있으면서 그것들과 완전히 구분된다. 설교와 수사학의 공통점은 설득하거나 확신시키는 데 목적이 있다는 것이다. 일반적으로 웅변이 인간적이고 합리적인 사실이나 생각으로 사람들을 확신시키고자 하는 반면, 설교는 인간적인 견지에서 비합리적이고 인간을 초월한 사실과 생각으로 사람들을 확신시키고자 한다는 점에서 다르다. 아리스토텔레스가 수사학을 개연성과 관련시킨다는 사실을 말하면서 키르케고르(Kierkegaard)는 다음과 같이 말한다.

---

1) 고린도전서 주석. Works(Calvin Society), p. 77. C. R. XLIX, p. 322.
2) 고린도전서 주석. Works(Calvin Society), pp. 82~83. C. R. XLIX, p. 325.

"기독교의 웅변은 개연성이 없는 것을 다룰 뿐만 아니라, 그것이 개연성이 없다는 것을 보여줌으로써 사람으로 하여금 믿게 한다는 점에서 그리스의 웅변과 다르다."[3]

여기서 키르케고르는 설교와 웅변의 본질적인 차이를 말하고 있다. 설득하고자 하는 모든 시도는 반드시 확인할 수 있는 것에 근거를 두어야 하며, 알려지지 않은 것이나 의심스러운 것에 근거를 두어서는 안 된다. 전제가 불확실하면 결정적인 증거가 될 수 없기 때문이다. 이에 반하여 설교는 인간의 판단으로는 증명할 수 없는 것과 관계가 있다. 예를 들어 설교는 하나님의 존재와 섭리, 하나님의 아들의 성육신과 그리스도의 십자가와 부활의 의미를 주장한다. 이러한 것 중 어느 것도 확인할 수 있는 방법으로 입증될 수는 없지만 반드시 믿어야 한다. 따라서 설교는 논증에 의해 진술의 진실을 입증하는 일에 관심을 기울이기보다는 진리, 즉 예수 그리스도를 선포하는 것에 관심을 기울인다. 법률적으로 말하면 설교는 변호사의 변론이 아니라 증인의 증거와 유사하다. 비록 신앙의 진실성을 입증하려는 시도가 옳은 일이기는 하지만, 그것은 설교자의 임무가 아니라 변증자의 임무다. 케릭스(keryx: 사자)가 선포한 것을 증명하기 위해 아무런 논증도 하지 않는 것과 마찬가지로, 설교자도 소식을 알리는 것에 국한해야 한다.

신약 성경에서 케리그마는 논증의 대상이 아니다. 고린도전서 2장 1~5절에서 바울도 그 사실을 명백히 밝히고 있다. 그는 설교와 다른 형태의 웅변을 구별하고 설교의 참된 성격을 다음과 같이 보여준다.

"형제들아 내가 너희에게 나아가 하나님의 증거[4]를 전할 때에 말과 지혜의 아름다운 것으로 아니하였나니 내가 너희 중에서 예수 그리스도와

---

3) 「Journals」, trans. A. Dru, p. 138.

그가 십자가에 못 박히신 것 외에는 아무것도 알지 아니하기로 작정하였음이라 내가 너희 가운데 거할 때에 약하며 두려워하며 심히 떨었노라 내 말과 내 전도함(κήρυχμα)이 지혜의 권하는 말로 하지 아니하고 다만 성령의 나타남과 능력으로 하여 너희 믿음이 사람의 지혜에 있지 아니하고 다만 하나님의 능력에 있게 하려 하였노라."

이 구절은 아리스토텔레스의 말과 아주 흡사한데, 그중에서도 특히 사람의 웅변을 '권하는 말' 즉 아름다운 말이나 매력적인 말이 아니라 지혜로써 합리적으로 청중을 설득시키려고 하는 말이라는 점에서 그러하다. 5절에서는 웅변에 대한 아리스토텔레스의 생각을 떠올리게 한다. 아리스토텔레스는 증명된 사실로 확실하게 설득(πίστις)하는 것을 웅변의 목표로 삼았다. 그러나 설교의 특성은 사람이 스스로 알 수 없는 것 곧 하나님의 증거와, 사람이 생각할 때 참람하고 어리석은 것 곧 그리스도의 십자가(고전 1:18 이하)를 믿도록 하려는 것이다. 이 목적을 이루기 위하여 설교가 채택하는 수단은 논증하거나 증거에 호소하는 것이 아니라('지혜의 아름다운 것'과 '지혜의 권하는 말') 사실과 그 의미를 선포하는 것이다. 설교는 케리그마 곧 왕이 보낸 사자의 공적인 선포다. 이와 같이 인간적인 설득력을 모두 배제한 바울의 연설은 시시할 정도로 박력이 없고 세속적인 연설에 견줄 수도 없으며 연설이라고 할 수조차 없지만 '강단 웅변의 걸작'이다. 성령께서 설교에서 그의 능력을 나타내셨고, 복음을 믿는 믿음을 불러일으켜 청중이 알 수 없었던 것을 확신시키셨기 때문이다.

"성령의 임재는 …… 그 메시지의 진리를 절대적으로 확신하게 하였다."[5]

---

4) 나는 마르튀리온(μαρτύριον)보다 미스테리온(μυστήριον)을 더 선호하는데, 이것이 원문상 더 유력한 독법이며 그 구절의 어조와 더 잘 어울린다. 그러나 마르튀리온을 취한다 해도 내 주장은 전혀 영향을 받지 않는다.

설교의 기술은 다른 형태의 수사학에서 발견되지 않는 새로운 특성이 전혀 없지만, 다른 형태의 수사학에 있는 기본적인 특징이 없다는 사실 때문에 수사학과 구별된다. 그러나 복음의 진술과 적용을 위해 설교는 모든 수사학에 공통적인 기술을 사용해야 한다. 이것은 다음과 같은 아리스토텔레스의 포괄적인 격언으로 망라된다.

"스타일에 관해서 중요한 장점의 하나는 명쾌함이다. 연설이 만일 그 의미를 이해시키지 못한다면 고유한 기능을 다하지 못한 것이라는 사실이 이것을 말해준다. 즉 연설에서 기능은 주제의 품위보다 떨어져서도 안 되지만 뛰어나서도 안 된다. 다만 그 연설에 적합해야 한다."[6]

설교자의 일차적인 목적이 회중에게 이해되어야 한다. 그것은 분명하다. 설교자는 복음을 간절하고 절박한 심정으로 전해야 하며 과장하거나 허튼소리를 해서는 안 된다.

만일 수사학에 대한 아리스토텔레스의 생각에 따라 칼빈을 판단한다면, 적어도 설교와 관련해서 칼빈은 기술이 부족한 사람이라고 평가해야 할 것이다. 그의 설교는 형식에 약점이 있고, 철학자들에게 저급한 스타일이라는 혹평을 받을 것이다. 그는 자신이 다루는 것이 이성으로는 개연성이 없고 단지 믿음으로만 개연성이 있는 것이라고 선언했다. 성경이 하나님의 말씀임은 증명될 수 없으나, 그는 "성령의 내적인 증거에 의해 확신이 들 때까지는 사람들이 마음으로 절대 믿을 수 없다"[7]고 그가 말한 성경을 근거로 삼는다. 설교에 대한 그의 개념에 의해서 그가 채택한 수단이 결정된 것이다.

칼빈은 성경이 하나님의 말씀인 것을 믿었기 때문에 성경은 반드시 낭

---

5) H. L. Goudge, 「The First Epistle to the Corinthians」, pp. 15~16.
6) 「Rhetorica」, Book 3, chap. 2. 프리즈(J. H. Freese) 역. Loeb Library.
7) 「기독교 강요」 제1권 7, 4.

독되고 설명되어야 했다. 이렇게 할 수 있는 가장 분명한 방식은 주석의 형식으로 하는 것이었다. 그는 그 시대에 가장 세련된 라틴어 산문을 쓸 수 있었고, 그의 프랑스어는 다음 세대의 모델이 될 정도였지만, 그 자체만을 위한 세련된 문장에는 전혀 관심이 없었다. 칼빈은 단지 그의 뜻을 이해시키는 것에만 관심이 있었다. 바로 이 점에서 그는 아리스토텔레스의 아낌없는 칭찬을 받을 만하다. 설교 개념과 기술로써 그는 기독교 수사학의 참된 성격을 보여준다.

설교 형식

매키넌 박사에 의하면,[8] 칼빈은 시간이 없어서 강의와 설교를 준비하지 못했다고 한다. 폴 헨리는 욥기 설교가 준비 없이 전한 것이라는 사실에 감탄을 금치 못했다. 그러나 이러한 주장은 어느 것도 사실이 아니다. 칼빈은 미리 준비하는 것의 중요성을 기회가 있을 때마다 강조한 사람이었다. 자기도 하지 않는 일을 강요하는 위선자는 아니었을 것이다. 그에게 시간이 거의 없었다는 매키넌의 지적은 정확하다. 다른 직무들을 처리해 가면서 일주일에 여러 편의 설교를 준비하려면 무척 힘들었을 것이다. 그러나 다음의 구절에 비추어볼 때 그가 상당히 심혈을 기울여 준비했음은 의심의 여지가 없다.

"하나님의 복이 일하는 사람들의 손길에 있을 것을 하나님께서 약속하셨습니다. …… 만일 내가 감히 책을 훑어볼 생각도 없이 강단에 오르고, '아 그래, 할 수 없지. 설교할 때 하나님께서 나에게 할 말을 충분히 주실 거야' 하는 망상을 하고, 힘써 읽거나 내가 선포해야 할 것을 생각하지 않고 강단에 오르고, 사람들을 교화시키기 위하여 성경을 어떻게 적용해야

---

8) 「Calvin」, p. 287.

할지 신중하게 고려하지 않는다면, 나는 교만하고 건방진 녀석임에 틀림없습니다!"⁹⁾

여기서 보면 칼빈이 삼중적으로 준비한 것이 드러난다. 첫째, 그는 특정 본문에 대해 다른 사람들이 쓴 것을 읽고 보편적인 해석을 확증했다. 비록 그가 마르틴 부처의 주석을 많이 이용했다고 알려져 있지만 그의 독서는 동료 개혁자들에게 국한되지 않고 교부들 및 중세의 학자들까지도 망라했을 것이다. 그러나 설교나 주석들에서 그가 이미 다룬 구절들에 대해 전거가 되는 문서들을 항상 참고할 필요는 없었을 것이다. 둘째, 그는 본문에 어떤 가르침이 담겨 있는지, 어떻게 하면 명쾌하고 쉽게 기억되는 방식으로 표현할 수 있을지를 늘 생각했다. 셋째, 그는 본문을 교인들의 생활에 적용했고 교인들을 위해 본문에 담긴 교훈이 무엇인지, 어떻게 그 교훈을 교인들의 양심에 호소하여 납득시킬 수 있을지를 판단했다. 그는 준비할 때 전혀 기록하지 않았지만, 강단에서 그 내용들이 필요할 때까지 놀라운 그의 기억 속에 저장해두었다.¹⁰⁾

그가 택한 본문의 길이는 매우 다양했다. 때로는 지나칠 정도로 길었고(신명기에 대한 90회 설교에서는 한 본문에 해당하는 구절이 20절이고, 다니엘에 대한 50회 설교에서는 14절이었다), 때로는 불과 한 구절뿐이었다. 몇몇 구절이 아주 중요하다고 생각되면 같은 구절을 연속적으로 여러 번 설교하는 경우도 있었다. 예를 들어 디모데전서 2장 1~6절은 다섯 번, 디모데전서 3장 1~5절은 네 번 설교했다. 그러나 대체로 그가 택한 본문

---

9) C. R. xxvi, pp. 473~474.
10) 즉흥적인 설교만이 하나님의 말씀이라고 칼빈이 믿었다는 전설이 있다. 실베스터 혼(Sylvester Horne)은 서머싯(Somerset)에게 보낸 칼빈의 유명한 편지를 제시하며 그 이야기를 한다. 그러나 그것은 즉흥적인 설교를 언급하는 것이 아니다. 아마도 혼은 폴 헨리에게 그 이야기를 들은 것 같은데, 폴 헨리는 그에 대한 아무런 전거도 제시하지 않는다. 그것은 전혀 가능성이 없는 이야기다.

의 평균 길이는 구약 성경은 5절 이하, 신약 성경은 2~3절 정도였다.

「종교 개혁 전집」의 편집자들은 칼빈이 설교할 주제 선택에서 교회력을 전혀 참고하지 않았다고 언급한다. 대체로 맞는 말인데, 그렇게 하지 못한 것은 연속적으로 설교하는 방식 때문이었다. 그러나 중요한 절기에서는 대개 연속 설교를 중단하고 적절한 본문을 택해서 설교했다.

이미 살펴본 바대로, 칼빈은 설교적 훈계 형식을 사용하거나 한 구절 한 구절을 연속적으로 주석하는 방식을 취했다. 이 방법은 오리게네스가 처음 시도한 뒤로 대부분 위대한 교부들이 사용했으며, 위클리프와 종교 개혁자들에 의해 부활되었다. 그러나 어느 구절이든 놓고 그의 설교와 주석을 비교해 보면, 그의 설교는 단순히 주석만은 아니다. 주석은 설교와 달리 성경의 실천적인 적용을 강조하기보다는 주해와 엄밀한 해석에 집중되어 있다.

그의 설교에는 엄격한 형식적인 배열이 없지만, 그럼에도 불구하고 칼빈의 목적을 보여주는 고유한 형식이 있다. 비록 아리스토텔레스가 「시론」에서 규정하고 있는 서론, 본론, 결론의 산뜻한 균형은 없지만, 강설에 어지러울 정도로 형식이 없는 것은 아니다. 그는 한 구절의 의미를 확증한 다음 그 의미를 회중에게 적용하고 가르침을 따르도록 회중에게 권면한다. 예를 들어 성경 한 구절이 두 절로 구성된 경우 전형적인 설교를 다음과 같이 재구성할 수 있다.

1. 기도
2. 이전 설교의 요약
3. 1) 첫 번째 절의 설명과 주해
   2) 이것의 적용, 복종이나 의무에 대한 권면
4. 1) 두 번째 절의 설명과 주해

2) 이것의 적용, 복종이나 의무에 대한 권면
　5. 설교 후 기도, 기도에는 설교의 요약이 담겨 있다.

　물론 두 가지 주요 제목보다 상당히 더 많을 수도 있고, 주제에서 벗어나는 일이 좀처럼 없지만 때때로 본문에서 벗어나기도 했다. 그러나 설교의 구조는 그대로 남아 있다.
　이 형식은 설교를 성경에 연결시켰다는 데 가장 큰 가치가 있다. 칼빈의 형식을 사용하면, 설교자가 본문과 가깝거나 먼 어떤 주제에 대한 종교적인 연설을 하기가 거의 불가능하다. 무엇을 하든 설교자는 결국 회중에게 본문을 설명하지 않을 수 없다. 성경 전체를 처음부터 끝까지 설교하는 습관은 어떤 사적인 이유로 자신에게 매력적인 본문을 선택하는 설교자의 경향을 억제하는 방법이 된다. 그 많은 본문의 의미를 기독교의 보편적이지 않은 개념에 억지로 갖다 붙이려면 상당한 재간이 필요하다. 게다가 신명기와 에베소서, 욥기와 갈라디아서, 예레미야애가와 디모데후서 같은 다양한 책들이 설명되었다면 사람들이 믿음의 포괄적인 개념을 받아들일 수밖에 없었을 것이다.
　또한 이 형식으로 인하여 칼빈은 복음을 사람들에게 연결할 수 있는 상당히 자유로운 여지를 가지게 되었다. 만약 예술적인 형식을 채택했다면 그렇게 하기가 불가능하지는 않았을지라도 방해를 받았을 것이다. 그는 새로운 논의의 시작을 알리기 위해서 "그러므로 우리가 이 구절에서 배워야 하는 점은 이것입니다. 성 바울은 계속해서 말하기를……"과 같은 정해진 표현을 사용함으로써, 사람들이 새로운 개념에 적응하도록 준비시켰다.
　그러나 설교적 훈계에는 장점 못지않게 약점도 많다. 첫째로 칼빈의 강설은 본문에 나타나는 두 개나 세 개 또는 그 이상의 개념들 때문에 종종 주제의 통일성이 떨어진다. 욥기 강설에서 이런 예가 선명하게 드러나는데, 그 강설은 인내에 대한 훌륭한 강화로 시작하지만 천사들에 대한 연구에 깊이 빠지게 된다. 이것은 기술적인 결점에 그치지 않고 그에 따르는 실제적인 결과를 초래한다.

　사고의 훈련을 받지 않은 사람이 통일적인 설교의 요점을 기억하기는 무척 어렵다. 그 이상의 요점을 회중에게 제기하는 것은 적절하지 않다. 게다가 그 설교들은 서로 비슷해서, 읽다 보면 비록 실제 설교에서는 그렇지 않았겠지만 흥미를 잃게 하는 점이 있다. 그렇게 자주 설교하면서 새로운 주제의 도입은 고사하고 새로운 표현법을 시도하는 것도 불가능한 일이었을 것이다. 그래서 칼빈은 그렇게 시도한 적도 없었고 하려고도 하지 않았다. 그는 한 번 권고해서 사람들이 의무를 다하는 일이 좀처럼 없고, 계속적으로 의무를 촉구해야 하기 때문에 반복은 반드시 필요하다고 말했다. 그러므로 사람들은 믿음의 기초 도리를 때때로 상기해야 했다.

　만일 칼빈에게 흥미롭고 인정될 만한 설교자의 자질이 없었다면 매일, 매년 똑같은 방식으로 강설을 되풀이하는 것은 당연히 점차 지루해졌을 것이다. 그러나 그러한 한계와 약점에도 불구하고 설교적 훈계는 칼빈의 목적을 위해 최상의 형식이었다. 그리고 그 형식으로 칼빈이 어떻게 성경을 고수하면서, 사람들의 삶에 철저하고 적절하게 교리를 적용시킬 수 있었는지 다음의 분석에서 볼 수 있다.

욥기에 대한 80회째 설교
21장 13~15절

이전 설교에 대한 요약
"그날을 형통하게 지내다가 경각간에 음부에 내려가느니라"(13절).

- 시편 73편 4절과 비교, 그리고 그에 대한 주해
- 자주 보게 되는 경건치 않은 자의 편안한 죽음과 신자의 고통을 대조
- 그리스도인은 하늘에 있는 기업을 대망하기를 배워야 한다.

"그러할지라도 그들은 하나님께 말하기를 우리를 떠나소서 우리가 주의 도리 알기를 즐겨하지 아니하나이다"(14절).

- 악인은 하나님의 제한과 심판을 원하지 않는다.
- 이 구절은 하나님의 엄위에 적용되는 것이 아니다. 그리고 이 엄위는 피조물에게 보이지 않는다.
- 하나님을 가까이 하는 것은 주의 말씀의 가르침을 받는다는 뜻이다.
- 그 말씀을 듣지 않으려는 것은 하나님으로부터 떠나는 것이다.
- 이 구절에서 배우는 교훈
  ① 선한 삶의 뿌리는 우리 눈앞에 하나님을 두는 것이다.
  어떻게 사람이 그의 성향인 악을 버릴 수 있을까?
  그는 반드시 하나님에 의해 개선되어야 하는데, 이는 자기 스스로 개선할 수 없기 때문이다.
  하나님께서 우리에게 조명하시기 전까지는 우리에게 선악의 지식이 없다.
  하나님께서 지혜와 분별력을 주신다.
  ② 하나님께서 그의 말씀으로 우리를 판단하실 것이다.
  그러므로 우리는 반드시 하나님께 가까이 가야 한다.
  우리는 하나님의 말씀을 존중해야 한다.
  ㉠ 하나님은 우리에게 가까이 오셔서 말씀으로 나타내신다.
  ㉡ 하나님께서 우리를 말씀 없이 버려두실 때 우리는 가장 비참한 상태에 처한다.
  ㉢ 우리가 가장 행복하게 되는 것은 하나님께서 우리에게 말씀

을 주시는 때다.

ㄹ 말씀에 복종하지 않는 자는 하나님과 원수 된 자들이다.

ㅁ 그러므로 억지로가 아니라 자원하여 항상 순종하도록 하자.

우리는 하나님의 임재를 기뻐할 뿐만 아니라 간절히 사모해야 한다.

"전능자가 누구기에 우리가 섬기며 우리가 그에게 기도한들 무슨 이익을 얻으랴 하는구나"(15절).

- 악인의 교만
  ① 교만은 경건치 못한 자의 중요한 악덕이다. 그러나 겸손은 모든 미덕의 어머니다.
  ② 악인의 교만은 악인이 자신의 지혜를 믿는다는 것이다.
  ③ 따라서 그들은 쾌락에 빠진다.
- 전능자가 누구기에 우리가 섬기랴?
  ① 악인은 자신의 악함을 감추려고 하나 때때로 하나님께서는 그들의 악이 드러나게 하신다.
  ② 악인은 하나님의 존재를 인정하지만 그들에 대한 하나님의 권위는 인정하지 않는다.
  ③ 그러나 신자는 반드시 하나님께 복종한다.
  하나님의 형상으로 지음 받았기 때문이다.
  그리스도의 죽으심으로 구속되었기 때문이다.
  하나님의 자녀와 상속자가 되었기 때문이다.
  ④ 율법의 전문을 참고하라 – 나는 영원한 네 하나님 등등.
  영원한 – 즉, 창조주
  네 하나님 – 즉, 우리 아버지
  너를 인도하여 낸 …… – 즉, 지옥에서 구속한

⑤ 이 모든 것 때문에 우리는 우리 자신을 드려 하나님을 섬겨야 한다.
- 하나님을 섬김
    ① 이러한 섬김으로 하나님께서 우리에게 빚을 지지는 않는다. 그러나 하나님께서는 보상을 약속하신다.
    ② 노예 상태와 자유
    아무도 자유롭지 못하다 – 마귀와 욕망에 사로잡혔다.
    하나님을 섬기는 것에서 자유로움은 속박이다.
    하나님을 섬김은 자유다.
    ③ 악인은 하나님을 섬기는 것이 아무 소용이 없다고 생각한다. 하나님께서 처벌을 유보하고 계시기 때문이다.
    ④ 그러나 악인이 번성하고 신자가 고통당하는 것을 볼 때, 우리는 하나님께서 우리의 영원한 소망을 좌절시키지 않으실 것을 믿고 하나님을 의지해야 한다.
- 기도에 대하여
    "우리가 그에게 기도한들 무슨 이익을 얻으랴?"
    ① 사람을 섬기는 것이 하나님을 섬기는 것이라는 말은 참말이다.
    ② 그러나 우리는 기도와 찬송으로 시작해야 한다.
    ③ 예를 들어, 선량한 삶을 살고 친절하지만 믿음이 없다면 그 사람은 하나님께서 받지 않으신다.
    ④ 우리에게 중요한 일은 기도다.
    ⑤ 하나님을 섬기는 것은 주님의 선하심을 믿고 의지하는 것이고 우리 이웃을 돕는 것이다.

설교 후 기도

설교 스타일[11]

칼빈과 동시대 사람들이 대개 중세 후기에 속한다면, 칼빈은 본질적으로 근대 세계의 창시자이며 그 일원이다. 이를테면 설교자로서 그를 루터나 래티머와 비교한다면, 그들 사이에는 한 세기의 간격이 있다고 할 수 있다. 그의 사고 습관은 근대적이었다. 그리고 그 사고 습관은 그의 설교에서 나타난다. 그래서 페어베언은 다음과 같이 말한다.

"근대 웅변은 칼빈과 함께 시작되었다고 할 수 있고, 그의 창작이라고 할 수 있다."[12]

중세 설교는 우스꽝스러운 형식에 매여 있었을 뿐만 아니라 전반적으로 중세의 결점인 모호함과 어색한 표현으로 훼손되었다. 칼빈과 동시대 사람들의 스타일의 차이점은 그의 프랑스 원문 설교와 사람들이 엘리자베스 풍으로 번역한 것들을 비교해 보면 금방 드러난다. 칼빈의 프랑스어는 술술 읽히고 명료한 느낌을 주는 반면 그들이 번역한 것은 비비 꼬여 있다. 학생들은 때때로 칼빈의 프랑스어보다 아서 골딩(Arthur Golding)의 영어가 더 당혹스러울 것이다.

과장이 없는 칼빈의 산문은 아주 현대적이며, 그 자신의 눈부신 세계나 피비린내 나고 암울한 이전 시대와 이상할 정도로 대조를 이룬다. 에드워드 다우든(Eward Dowden)의 말처럼, 그는 '16세기의 가장 뛰어난 문필가'였지만 그의 위대함은 일관성과 명료성에 있다. 칼빈은 늘 침착하게 걸

---

11) 칼빈의 스타일은 여러 프랑스 문학사에서 다루었다. 영어권에서 가장 훌륭한 책은 틸리(A. Tilley)의 「The Literature of the French Renaissance」, vol. I. 프랑스어권에서는 다음을 보라. 랑송(Lanson), 「Histoire de la Littérature Française」, 프티 드 쥐레뷔(L. Petit de Julleville), 「Hisoire de la Langue et de la Littérature Française」, t, III. 그 주제에 관한 포괄적인 소개는 파니에, 「Calvin Écrivain」에서 보면 될 것이다. 기술에 대한 칼빈의 태도는 레옹 웽세리우스(Léon Wencelius), 「L'Esthétique de Calvin」에서 아주 풍부하게 잘 다루었다.
12) 「Cambridge Modern History」, vol. II, p. 373.

을 뿐 좀처럼 뛰어오르는 법이 없다. 중세의 설교는 항상 감동이나 시로 가득 차야 했다. 그렇지 않으면 목적을 이루지 못했다. 만일 설교가 밋밋했다면 빈약한 내용이 드러나게 되었을 테고, 그러면 사람들이 흥미를 잃었을 것이다. 칼빈은 주제에 관심을 집중시키는 정도로 만족했다.

또한 설교에서 중세 시대 사람들이 학문을 사용한 것과 칼빈이 학문을 사용한 것에는 현저한 차이가 있다. 이를테면 래티머의 책은 불가타 성경의 인용구 및 세속 작가들과 교부들의 인용문으로 가득 차 있다. 그러나 칼빈은 학문을 설교에 억지로 끼워 넣는 법이 결코 없었다. 칼빈이 20대였을 때 그를 대적하는 사람조차도 그를 가리켜 유럽에서 가장 뛰어난 학자라고 평했다. 그러나 그의 학문은 아주 잘 감추어져 있어서 한 달 동안 설교를 들어도 그가 성경 외에는 다른 책을 전혀 읽지 않는 것처럼 여겨졌다.

칼빈은 이교 작가의 글을 좀처럼 인용하지 않았다. 가끔 인용하는 경우는 현재 다루고 있는 문제를 이방인조차도 말했다는 것을 알림으로써 그 문제가 사람의 자연적인 지혜에도 알려졌다는 것을 보여주기 위함이었다. 때때로 교부들의 글을 인용할 때도 대부분 익명으로 인용했다. 칼빈의 학문은 그의 주해와 해석에서 느끼게 되지만, 그는 뼈가 살로 덮여 있듯이 설교에서 학문을 드러내지 않았다. 중세 설교자들이 훈화를 자주 사용했다는 점에서도 칼빈이 중세 시대와 한층 더 대조된다는 것을 알게 된다. 칼빈 시대의 전형적인 사례로 휴 래티머(Hugh Latimer)를 들 수 있는데, 그는 사람들의 마음을 유쾌하게 하기 위하여 이야기들을 사용했다. 그러나 칼빈의 설교에서 일화가 언급되는 경우는 좀처럼 없었다. 간혹 일화가 등장할 때면 늘 교훈적인 목적이 있었다.

칼빈 설교의 특징은 긴박한 상황에 대한 깊은 이해에서 비롯된 장중함과 진지함이다. 칼빈은 사람들이 그들의 죄에 대한 하나님의 진노로 두려워 떨거나, 하늘에서 그들의 소유가 된 구원에 이르기 위하여 모든 노력을 경주하도록 격려하고 강권해야 한다고 믿었다. 영원하신 주 하나님께서 회중에게 말씀하시는 것을 설교자가 열의를 다해 진지하게 선포하지 않을 수 없고, 이러한 일은 청중이 경외와 감사로 겸손하지 않을 수 없는 엄청난 일이다. 때때로 이런 진지함은 엄격함으로 바뀌고 심지어 분노로 표현되기도 했다. 두메르그(Doumergue)는 이것을 가리켜 '단순한 히브리적 가혹함'이라고 불렀다. 사람들은 칼빈이 분노하는 것에 대하여 "화내지 않고 설교할 수 없는가?"라고 불평했다. 칼빈은 다음과 같이 외친다.

"죽을 수밖에 없는 유약한 인간이 감히 엄위로우신 하나님을 대항하여 참된 진리를 짓밟는 것을 보면서 어떻게 참고 견디란 말인가? 분노하지 않는다면 그것은 하나님에 대한 열심이 없음을 나타내는 것이다."[13]

연대기에 기록된 대로, '크게 거치게 된' 사람들은 칼빈의 명백한 말에 경건한 충격을 받았다기보다는 그들의 양심에 상처를 입었다고 해야 옳을 것이다. 그는 때때로 아주 솔직하게 이야기했을 것이다. 당시의 설교자들처럼 추잡한 말이나 외설스러운 말을 사용했을 리는 없지만, 대적들에게조차 세련된 말을 하는 데 익숙한 현대인의 귀에는 거슬리는 욕설로 공박했을 것이다.

"오늘날 율법을 배척하고 더 이상 언급하지 않기를 바라는 자들은 개, 돼지와 다름없다고 생각한다. 그들은 얼마 전에 술집에서 '다 이루었다'고 토해낸 비열한 불량배들 같다. 그러므로 나는 설교로 그들을 아주 맹렬히 비난하지 않을 수 없다."[14]

그러나 칼빈이 독설을 말한 경우는 좀처럼 없다. 그의 설교의 어조는 긴박하고 고상하면서도 진지하다.

"아! 우리 주님께서 제네바 시민 여러분과 나에게 울며 애통하도록 하

---

13) C. R. xxxv, p. 12.
14) Ibid. LIV, pp. 283~284.

셨습니다. 교회 안에서 어떤 물의가 발생하든지 목사가 마땅히 제일 먼저 애통하며 하나님께 용서를 구해야 합니다. 그렇게 해야 모든 성도가 목사를 따라 그렇게 할 것이기 때문입니다."[15]

홀은 다음과 같이 정직하게 말한다.

"칼빈이 그의 대적들과 비교하여 항상 도덕적으로 훌륭한 것은 의심의 여지가 없다."[16]

그의 유머를 감지하기가 좀처럼 쉽지는 않지만 칼빈은 유머 있는 사람이었다. 모든 인간적인 기쁨을 거부하는 듯한 금욕주의적이고 성미가 까다로운 표정을 하고 있는 칼빈의 초상화는 사실과 전혀 다르다. 한가로운 때가 좀처럼 없었지만 칼빈은 뛰어난 재담으로 좌중을 사로잡았고, 저녁식사 시간 내내 사람들의 웃음소리가 그치지 않게 했다. 그러나 아주 정확히 말하면 그가 강단에서 유머러스한 모습을 드러내는 경우는 좀처럼 없었다. 강단에서는 눈에 띄는 유머가 아닌 아주 미묘한 재치와 풍자를 보게 된다. 예를 들어 교황을 조소할 때 그는 교황의 입에서 한마디도 교리를 들을 수 없는 것은 그런 교리적인 말이 "교황의 품위를 손상시켰을 것이기 때문이다"라고 했다.[17] 위선자의 기만을 폭로하면서 이렇게 말한다.

"성 바울이 '오, 나는 사람들 중에 가장 작은 자라!'고 말한 것은 오늘날 대부분의 사람들처럼 절대로 겸손한 체하는 것이 아닙니다. 정말 자기가 아무것도 아니라고 말하는 것입니다. 사람들은 대개 입으로는 그렇게 말하지만 마음은 교만으로 가득 차 있습니다. 그래서 실제로 만일 당신이 '정말 그래요'라고 맞장구를 친다면 그들은 당장에 불끈 화를 낼 것입니다."[18]

---

15) Ibid. LIII, p. 405.
16) Ges. Aufs. III, p. 271.
17) C. R. LIV, p. 385.
18) Ibid. LI, p. 451.

칼빈 스타일의 현저한 특징은 생각과 표현의 명료성이다. 생각이 뒤죽박죽됨이 없이 치밀하고 질서정연하게 전개되며, 각각의 생각이 명확하게 종종 다른 두서넛 방식으로 표현되어 회중 모두가 이해할 수 있다. 그 생각에 동의하지 않더라도 그 의미는 전혀 의심할 수 없다. 이러한 명료성은 낱말을 신중하게 사용하는 데서 비롯된다. "그가 말을 절제해서 썼다"고 한 베자의 평가는 1541년 프랑스어 판 「기독교 강요」에 딱 들어맞는 말인데, 더 이상 생략하면 뜻이 훼손될 수 있을 정도로 말을 삼갔다.

칼빈은 즉흥적으로 설교를 했지만, 그런데도 그런 현상이 나타났다. 그의 설교에는 일반적으로 형용사가 많지 않다. 서투른 작가는 산문을 쓸 때 형용사를 가득 써서 의미를 보강하지만, 칼빈처럼 문학적인 재능이 있는 사람은 동사와 명사로 의미를 충분히 살려낸다. 그가 언어를 꾸밈없이 전형적으로 단순하게 사용하는 것도 이것과 관련이 있다. 비록 회화체로 말하지만 그의 말에는 군말이 없었다. 다음 인용구는 군더더기가 없고 완전한 효과가 노골적으로 드러나지도 않으면서 단순하고 품위 있는 장엄함이 있다.

"하늘과 땅을 생각해봅시다. 우리는 어디서나 하나님을 봅니다. 땅은 성 바울이 말하는 대로 하나님께서 자신을 보여주시는 생생한 이미지가 아니고 무엇이겠습니까? 비록 하나님의 본질은 눈에 보이지 않지만, 하나님께서는 자신의 모습을 보여주셔서 우리로 하나님을 찬양하게 합니다. 그러나 성경에는 하나님께서 하늘이나 땅을 통해서 보여주시는 것보다 훨씬 더 자신을 잘 보여주시는 이미지가 있습니다. 비록 태양이나 달이 세상에 빛을 비추지만, 태양도 달도 율법과 선지자와 복음이 우리에게 보여주는 것처럼 그렇게 장엄하신 하나님을 보여주지는 못합니다."[19]

---

19) C. R. xxvi, p. 281.

칼빈 설교의 회화체풍은 그가 구어체와 잠언을 자주 사용하는 데서 보게 되는데, 그는 보통 다소 변호적인 '사람들이 말하듯이'를 끝에 붙였다. 또한 일정하게 늘 쓰는 단어와 구절들로 주장을 끝마치고 결합했으며, 이것을 사용함으로써 사람들로 하여금 잠시 여유를 갖고 생각의 전환에 대비하게 했다. 따라서 그는 대체로 "그러므로 여러분은 이 구절에서 무엇을 기억해야 할지 압니다"[20]라거나, "그러므로 이제 여러분은 선지자(또는 사도)가 말하고자 하는 뜻이 무엇인지 압니다"[21]라는 말로 단락을 끝맺었다. 종종 그는 주장하는 단락들을 "한 항목은 이로써 끝내자"[22]라는 말로 끝맺고, 그 다음 단락은 지루할 정도로 규칙적으로 "이제 ……"라는 말로 시작했다. 그는 "내가 이미 말한 바와 같이"[23], "아무리 그렇다 하더라도"[24], "이와 같기 때문에"[25], 단호하게 "천만에요!" 등의 표현을 일정하게 사용했다.

그러나 낱말이나 구절이 생생하게 두드러지기는 하지만, 대체로 칼빈은 루터 같은 설교자에 비해 활기와 개성이 없다. 그는 상상력이 크게 부족하여 그의 생각을 시적으로 표현하지 못했다. 하지만 그렇다고 해서 칼빈의 설교 스타일을 평범한 것으로 여겨서는 안 된다. 물론 그는 리처드 후커가 "땅이 진동하고, 세상의 기둥들이 흔들리고, 하늘이 놀란 얼굴을 하고, 태양이 빛을 가리고, 달이 무색해지고, 별들의 영광이 시들해질지라도, 하나님을 믿는 그 사람에 관하여……"[26]라고 쓴 것처럼 시를 쓸 수는 없었을 것

---

20) Voilà donc en somme ce que nous avons retenir de ce passage.
21) Voilà donc maintenant quelle est l'intention du Prophete.
22) Voilà pour un item.
23) Comme j'ay desia dit.
24) Mais quoiqu'il en soil.
25) Puis qu'ainsi est donc.
26) Works, vol. III, p. 481.

이다. 그러나 장엄한 주제에 사로잡혔을 때 칼빈은 다음과 같이 고상하고 장엄한 산문을 토해내지 않을 수 없었다.

"그렇다면 하나님의 형상으로 지음을 받은, 우리 주 예수 그리스도의 보혈로 구속을 받은, 천사들의 동무로 택함을 입은 사람이 제멋대로 짐승처럼 행하고 자기 신분을 망각하고, 심지어 자신의 구원을 위해 치른 그 희생조차 망각하고 있다면 어떻게 생각해야 할까요?"[27]

칼빈이 상상력이 부족하다는 것은 이미지를 사용하는 데서도 나타나는데, 도무지 그것은 꾸밈이라고 할 수 없었다. 그는 설교를 아름답게 꾸밀 의도는 전혀 없이 다만 뜻을 분명하게 전달하기 위하여 이미지를 사용했다. 뮐하우프트(Mülhaupt)는 이 주제에 관하여 스물네 쪽이나 할애하여[28] 상당히 포괄적으로 다루었다. 그는 칼빈의 이미지를 군대 이미지, 법률 이미지, 자연 이미지, 동물 이미지, 작업장 이미지, 학교 이미지 등 여섯 가지로 분류한다. 다시 말해 칼빈은 사람들에게 친숙한 것들로 친숙하지 않은 것의 묘사에 도움이 되게 했다.

이를테면 그는 우리의 공로로 구원받기를 바라는 것은 마치 백만 크라운(영국의 화폐 단위 - 옮긴이)의 빚을 갚기 위해 한 파딩(영국의 화폐 단위 - 옮긴이)을 가지고 오는 것과 같다고 말한다.

하나님께서 자신을 우리에게서 감추실 때 마치 태양이 구름 뒤에서 빛나고 있는 것과 같다. 아이는 빛이 완전히 사라졌다고 생각할 것이나 실제로는 빛이 가려진 것뿐이다.

하나님의 은밀한 경륜을 다 알고 있는 것같이 생각하는 사람들이 더러

---

27) C. R. LI, p. 714. 랑송은 그를 보쉬에(Bossuet)와 비교한다. 그의 스타일은 "보쉬에 스타일과 닮은 점이 한두 곳이 아니다. 내가 아는 바로는 보쉬에는 논리학자이지 시인이 아니다. 그러나 보쉬에의 경우도 마찬가지다."
28) 「Die Predigt Calvins」, pp. 39~63.

있다. 그들은 마치 성령을 소매 속에 보관하고 있는 것처럼 말한다.

"황소처럼 뿔을 세우고 하나님을 향하여 돌진하는"[29] 사람들이 더러 있다.

칼빈의 은유는 혼합되어 있는 경우가 많고, 때로는 사람들의 삶과 하나님의 뜻 사이에 조화가 있어야 한다고 권면할 때처럼 부정확하게 사용되기도 했다. 루터는 결코 그런 실수를 한 적이 없다! 그러나 그 모든 이미지는 단순하고 사람들의 이해를 돕기 위한 것이었다. 그런 이미지들이 칼빈 자신의 생각에 관하여 가르쳐주는 것이 거의 없기 때문에, 캐롤라인 스펄전(Caroline Spurgeon)이 셰익스피어의 이미지에서 셰익스피어라는 사람을 이해하려고 시도했던 방식으로 그러한 것들에서 칼빈의 생애와 성격의 참된 모습을 재구성한다는 것은 불가능하다. 칼빈이 사용한 이미지는 그의 설교를 듣는 청중이 어떤 사람들이었는지를 보여주고, 그가 어떻게 청중을 이해하고 그들에게 그의 가르침을 분명하게 해주었는지를 보여줄 뿐이다.

에드워드 다우든은 칼빈의 생각을 기본적으로 전혀 이해하지도, 공감하지도 못했지만, 「기독교 강요」에 관해서 그가 다음과 같이 말한 것은 칼빈의 설교에도 해당된다.

"명료함, 정확성, 전체적인 배열, 절제, 지적인 힘이 칼빈의 꾸밈과 상상력, 감수성, 종교적으로 감동적인 어조의 부족을 보충해 주고 있다. 칼빈은 그의 생각을 다른 사람들의 마음에 확신시키고 분명하게 하기 위하여 글을 썼고, 그의 엄숙한 목적은 달성되었다."[30]

칼빈에게 감수성과 종교적으로 감동적인 어조가 없었다고 한 것은 인정하지 않지만, 칼빈의 설교 스타일은 훌륭하게 묘사하고 있다. '위대한 설

---

29) C. R. LIV, p. 388.
30) 「프랑스 문학사(History of French Literature)」, p. 94.

교자'라는 말을 단지 '위대한 연설자'라는 뜻으로만 받아들이는 사람은 그의 설교를 결코 높이 평가하지 않을 것이다. 그러나 만일 베자의 표현대로 위대한 설교자를 '웅변에 불과한 것을 경멸하고' 그리스도를 사람들에게 나타내는 목적에 기술을 종속시키는 사람이라는 뜻으로 이해한다면, 칼빈이 기독교 교회사에서 소수의 위대한 설교자들 중 한 사람이라는 것을 인정하지 않을 수 없다.

제 5 장

칼빈의 복음

　　칼빈의 강설에서 표현된 전체 신학을 완전하게 설명하고 평가하는 것은 이 책의 범위를 훨씬 뛰어넘는 작업일 뿐만 아니라 불필요한 일이다. 칼빈 자신이 이미 「기독교 강요」에서 자세하게 설명했고 그것을 비판한 사람들이 많기 때문이다. 그러므로 이 책은 될 수 있는 대로 직접적이고 객관적인 방식으로 종교 개혁자 칼빈이 회중에게 전한 메시지의 요지에 한정해서 생각하려고 한다.

　　칼빈이 회중을 위해 요약한 글에서 복음을 어떻게 해석해야 하느냐 하는 지침을 발견할 수 있다.

　　"강설을 들으러 나아올 때마다 오직 하나님의 선하심과 인자하심을 의지해야 한다는 것과, 우리의 공로나 우리가 가져올 수 있는 어떤 것도 우리의 근거가 될 수 없다는 것과, 하나님께서 손을 내밀어 모든 것을 시작하고 이루셔야 한다는 것을 보여주는 하나님의 값없이 주시는 약속을 배우게 됩니다. 그리고 성경에서 보여주는 대로 그 은혜는 주 예수 그리스도에 의해 우리에게 적용되므로 우리는 오로지 주님만을 찾아야 합니다. …… 오직 예수 그리스도께서 우리를 인도하셔야 한다는 것을 알아야 합니다. 이 진리가 매일 우리에게 제시됩니다. 또한 하나님을 섬긴다는 것은 어리석은 종교적 열심을 꿈꾸는 일이 아님이 선포됩니다. …… 우리는 순종 가운데 하나님을 섬겨야 합니다. 그 다음에, 가장 먼저 우리가 마음과 애정을 다 바쳐 하나님께 헌신해야 한다는 것과 하나님께서 위선을 미워하신다는 것을 보여줍니다. 이 모든 것이 매일 우리에게 선포됩니다. 그 다음에 우리가 어떻게 하나님의 이름을 부를 수 있는지를 보여줍니다. 세례를 받은 것이 무슨 표시인지, 삶을 위해서와 심지어 죽음에 대해서까지 세례의 열매가 무엇인지 보여줍니다. 그리고 주의 만찬이 시행되는 이유를 보여줍니다. 그 모든 것이 매일 우리에게 선포됩니다."[1]

이 말에서 케리그마의 어조를 분명하고 명백하게 듣게 되는데, 이것은 중세 설교에서 오랫동안 상실되었던 것이다. 그의 설교는 기독교를 도덕적 교훈으로 만들거나 하나님의 진노를 달래는 방법에 대한 조언을 주는 것이 아니라, 예수 그리스도 안에 있는 하나님의 은혜를 선포하고 있다. 그러나 여기에는 케리그마 이상의 것이 있다. 또한 디다케(교훈)와 파라클레시스(권면)도 있다. 이렇게 사도들에게 없던 것이 혼합된 이유는 사도시대 이후 세상과 관련하여 교회의 위치가 크게 변했기 때문이다.[2] 회중이 오로지 신자들로만 구성된 것이 아니라 도리어 지금은 신자가 소수다. 시민이면 누구나 교회에 출석해야 했기 때문이다. 따라서 불신자들을 위해서 교회에 케리그마를 도입해야 했다. 하지만 신자들이 교화를 받아야 했기 때문에 디다케와 파라클레시스도 반드시 있어야 했다.

그렇다면 이 복음은 주로 사람에 대한 하나님의 관계 및 하나님에 대한 사람의 관계와 관련이 있다. 이 관계로부터 세상에 사는 신자들의 삶과 칼빈이 위의 말에서 단지 암시만 하고 있는 인간과 인간의 관계가 추론된다. 이 삼중 관계가 그의 전체 가르침을 포함한다.

---

1) C. R. XLIX, p. 661.
2) 16세기 교회와 4세기 교회 사이에는 어떤 유사성이 있다. 오늘날 상황은 16세기나 1세기 교회와 아주 다르기 때문에 새로운 방법이 필요하다.

하나님과 사람

칼빈이 생각하는 하나님은 기본적으로 주권자이신 주님이다. 즉 하나님은 변덕스럽거나 폭군적인 전제 군주[3]가 아니라 한 분 참 하나님이시며, 아무도 필적할 자가 없고,[4] 질투하실 만큼 그의 영광을 고수하시는 분이다. 하나님은 다 알 수 없고 불가해한 분으로, 그분 앞에서는 모두가 겸손히 잠잠해야 한다. 하나님은 사람의 행동 하나하나를 감찰하시고 죄에 대해 철저히 갚으시며 선을 사랑으로 보상하시는 심판자다. 하나님은 만물의 창조자요 보존자다. 의로우심에서 그의 뜻은 전혀 의문의 여지가 없다. 거룩하심에서 모든 죄인은 하나님 앞에 혼비백산이 되어 엎드러지지 않을 수 없다.

이렇게 된 까닭은 하나님과 사람이 원수이기 때문인데,[5] 물론 피조물인 사람과 원수인 것이 아니라 죄인인 사람과 원수다. 원수가 된 것은, 하나님께서 사랑의 대상으로 사람을 자기 형상대로 지으셨으나, 사람이 교만해져서 하나님께 의존하고 복종하는 피조물의 위치에서 벗어나기를 열망하여 하나님께 불순종했기 때문이다.

이것은 일견 사소한 듯이 보이지만 실은 파국적인 결과를 초래한 프로메테우스의 도전적인 행동이다. 선한 자연의 전체 질서가 파괴되고 모든 것이 혼란에 빠졌을 뿐만 아니라 인간 자신도 반역자와 원수로서 하나님 앞에서 쫓겨나게 되었다. 그러나 놀랍게도 반역자에 대한 하나님의 증오보다 인간에 대한 하나님의 사랑이 훨씬 더 컸다. 처벌하는 것은 다소 하나님의 본성에 거슬렸다. 이것은 자비를 베푸시는 것과 함께 하나님께서 정죄도 하신다는 것을 부인하는 것이 아니라, 하나님의 사랑하시는 자비

---

3) 참고. C. R. xxxiv, p. 345.
4) Ibid. xxvi, p. 253.
5) 칭의에 관한 셋째 설교를 보라.

가 훨씬 더 크다는 것이다.[6]

따라서 하나님과 사람의 본질적인 관계는 사랑과 미움의 역설적인 관계다. 동시에 칼빈은 하나님의 사랑을 의롭지 않고 지나치게 관대한 것으로 간주하는 감상주의적인 생각으로 빠져들지 않았고, 사랑이 없는 미움이 맹목적이고 비극적인 운명이 되는 절망적인 이교 정신으로도 빠져들지 않음으로써 사랑과 미움의 긴장 관계를 파괴하지 않았다. 하나님께서 사랑하시는 것은, 사랑이 하나님의 본성이기 때문이다. 하나님께서 미워하시는 것은, 죄를 사랑하는 것이 하나님의 본성을 거스르기 때문이다. 그러므로 미움은 오직 인간의 반역에 의해서만 촉발된다. 그럼에도 불구하고 사람들에 대한 하나님의 태도는 사랑이나 미움 둘 중의 하나가 아니라 사랑이면서 미움이다.

하나님께서는 죄인을 사랑하면서 미워하셨다. 하나님께서는 죄인에게 누릴 수 있는 물질적인 복을 주셨을 뿐만 아니라 무엇보다도 중요하게, 죄인에게 자비를 베풀고 불쌍히 여김으로써 주님의 사랑을 나타내셨다. 사람들을 온유하게 자신에게로 인도하시고, 사람들에게 하나님의 자비와 선하심을 베푸는 것 외에 아무것도 바라지 않는 것이 하나님의 본성이기 때문이다. 하나님의 사랑이 인간 구원의 근원이다.

교만하고 강퍅한 반역으로 인간은 자기가 원하던 대로 하나님처럼 되는 영광스러운 결과를 내기는커녕 자신을 비참하게 만드는 정반대의 결과를 가져오고 말았다. 사람이 창조될 때 가졌던 하나님의 형상은 돌이킬 수 없을 정도로 훼손되었고, 사람은 모든 악과 반역과 불순종의 구렁텅이가 되었다. "그렇다면 인간의 영혼은 무엇인가?" 하고 칼빈은 묻는다.

"온갖 사악함을 갖추고 있는 상점이다."[7]

---

6) 32회째 신명기 설교를 보라.
7) C. R. L, p. 547.

이것은 악명 높은 죄인은 물론 존경받는 사람에게도 해당된다. 세상에 태어난 사람은 모두 욕구와 의도와 생각과 행동이 죄로 오염되어 있다. 심지어 사람의 종교성, 하나님께 쌓은 제단까지도 하나님의 진노를 불러일으킬 뿐이다. 따라서 사람에게는 선한 것이 아무것도 없다.

"자연스러운 상태에서 우리는 하나님의 원수와 같고, 생각하는 모든 것이 하나님을 거스르는 것이며, 모든 삶에서 생각하고 말하고 행동하는 어느 것 하나도 우리 머리 위에 더욱더 심한 정죄를 쌓지 않는 것이 없다는 것을 알아야 한다."[8]

사람이 하나님을 보지 못하도록 사람을 질식시킬 만큼 휩싸고 있는 짙은 어둠과 같은 죄 때문에, 사람은 하나님의 은총에서 단절되어 회개와 믿음과 사랑으로써 하나님께로 돌이킬 수 없다.

바로 이러한 상태에서 사람은 하나님의 사랑과 미움에 직면해 있다. 반역으로 인하여 그에 합당한 정죄를 받아서 "우리는 모두 저주를 받았고 정죄를 받았고 타락했다."[9] 그러나 사람의 비참함이 하나님의 동정심을 불러일으켜서 그 선하심으로 인하여 하나님께서는 사람을 불쌍히 보고 긍휼히 여기신다. 이것은 선함이나 가치에 대한 보상의 문제가 아니다. 사람에게는 선함이나 가치가 전혀 없기 때문이다.

구원은 다만 하나님의 사랑에서, 오로지 하나님의 자비에서 비롯된 것일 뿐 다른 출처나 근거는 전혀 없다. 천성적인 선함이나 선행, 심지어 믿음으로 사람이 자기 구원에 도움이 되는 어떤 것을 내놓으려고 하는 것은 하나님께 받아들여지지 않는다. 은혜란 하나님께서 자비를 베풀지 않으면 안 된다거나 그럴 책임이 있다는 뜻이 아니라, 단지 하나님께서 그러기를 원하기 때문에 사람에게 자비하셨다는 뜻이다. 또한 은혜는 하나님께서

---

8) Ibid. xxiii, p. 699.
9) C. R. xxiii, p. 697.

사람을 사귐과 순종이 있던 이전 상태로 회복시키기 위하여 능동적으로 사람에게 사랑을 베푸신 것을 뜻한다.

여기서 우리는 칼빈의 예정 교리를 보게 되는데, 이 교리는 그의 은혜 교리와 밀접하게 관련되어 있다. 그는 서슴지 않고 강단에서 극단적인 형태로 예정을 선언했으나[10] 학문적인 의미라기보다는 종교적이고 실천적인 의미로 말했다. 예정 교리를 다루면서 칼빈이 사람들에게 '불가해한 비밀', '높고 심오한 주제'라고 경고했던 것을 명심해야 한다. 그는 교리는 성경에서 가르치고 있으므로 사람들이 인정해야 한다고 설득했다. 또한 예정 교리로 인해 사람들의 믿음이 방해를 받기는커녕 오히려 이 교리가 위로와 확신이 될 것이라고 확신했다.

선택의 궁극적인 원인은 하나님의 감추어진 뜻이다. "왜 하나님께서 야곱은 사랑하시고 에서는 미워하셨는가?" 하는 문제에 대한 최종적인 대답은 "그렇게 하는 것이 그를 기쁘게 했기 때문이다"일 뿐이다. 더 이상 말할 수 없는 것은, 우리가 "하나님을 해부해서 심지어 하나님의 심장까지 파고들어가 하나님의 모든 비밀을 타진"[11]하려고 해서는 안 되고, 터무니 없는 억측을 삼가고 하나님의 생각과 길을 우리가 헤아릴 수 없다는 것을 인정하고 겸손히 하나님을 찬양해야 하기 때문이다.[12] 이것이 왜 하나님께

---

10) 칼빈이 "이중의 예정 교리를 설교한 적이 없었다"고 한 에밀 브루너의 성급한 진술은 아주 잘못되었다(「the Divine-Human Encounter」, p. 91.). 예를 들어 야곱과 에서에 대한 일련의 설교들에서 그가 유기(遺棄)에 대해 가르친 것을 보게 된다(참고. C. R. LVIII). 카를 바르트가 칼빈의 교리에 대해 가장 잘 비판했다. 페터 바르트와 브루너처럼 유기가 성경적이라는 것을 부인하는 대신, 그는 유기를 긍정하지만 '절대적 작정'이 자연 신학이라고 공격한다(참고. F. W. Camfield's review of 「Dogmatik」 II, 2 in 「Theology」, XLVI, No. 271, pp. 3ff.).
11) C. R. LVIII, p. 50.
12) 참고. 1936년 국제 칼빈주의자 회의에서 오르뒤스 박사(Dr. G. Oorthuys)의 훌륭한 말을 발견한다. "칼빈은 경배로써 끝낸다"(「De l'Election Eternelle de Dieu」, p. 213.).

서 한 사람은 택하시고 다른 한 사람은 버리셨는가 하는 문제에 대한 칼빈의 대답이다.

왜 하나님께서 어떤 사람을 선택하셔야만 했는가 하는 문제에 관해서 우리가 할 수 있는 대답은, 하나님께서 죄인들의 비참함을 불쌍히 여기셔서 사랑이 많은 은혜와 자비로 그 죄인들을 택하여 그의 자녀가 되게 하셨다는 것이다. 그들의 공로나 그들이 하나님께 사랑받을 만할 것을 예견하셨기 때문에 하나님께서 그렇게 할 마음을 가지신 것이 아니었다. 하나님께서는 모든 사람이 부패한 것만 예견하셨으므로 그의 선택하심은 전적으로 은혜로 말미암은 것이었다.

지금까지 이야기된 것에서 볼 때 예정에 대한, 심지어 구원에 대한 칼빈의 생각은 하나님의 뜻의 문제일 뿐이고, 그리스도는 불필요하거나 혹은 단지 하나님께서 그의 뜻을 성취하시는 수단으로서 필요할 뿐이다. 여기에 칼빈의 신학에서 가장 심각한 어려움이 있는데, 다행히 그는 자신의 생각을 논리적인 최종점까지 밀고 나가지 않고 성경에 예속시켜 그 생각을 제한했다. 비록 계속해서 선택은 '그리스도 안에서' 이루어졌으며 그것을 그리스도와 분리하여 생각해서는 안 된다고 주장하지만, 칼빈은 그의 신학에서 처음부터 끝까지 명확하게 불편한 관계로 남아 있는 이 두 노선의 생각, 즉 하나님의 선택하시는 뜻과 그리스도 안에서 구원을 완전히 만족할 만큼 조화시킨 적은 없다. 따라서 칼빈이 취한 간격을 뛰어넘어 그의 기독론의 안전한 지대로 도약하기 위해서 필사적으로 노력한 과정을 따라가 보는 것이 필요하다.

라인홀트 제베르크(Reinhold Seeberg)에 의하면, 그리스도에 대한 가르침에서 칼빈은 교회의 정통 교리를 재현하여 구속의 개념과 긴밀하게 연관시켰다고 한다.[13] 강설에서 이러한 것이 분명하게 나타난다. 예수 그리스도는 여느 사람처럼 참사람이다. 그러나 그는 성부께서 하나님이듯이 글자 그대로 하나님이시기도 하다. 그가 하나님의 아들인 것은 보통 사람들처럼 은혜나 창조나 양자에 의해서 된 것이 아니라 원래 하나님의 아들이다. 그가 다른 사람들과 근본적으로 다른 것은 성령으로 잉태되었다는 것이다. 그러나 그는 우리의 형제며 죄를 제외한 인간의 모든 비참함을 함께 나누셨다. 그가 이렇게 하신 것은 모두 그 자신을 위한 것이 아니라 우리를 위한 것이다. 우리를 위해 그는 성육신하셨고, 우리를 위해 사셨고, 우리를 위해 죽으시고 다시 살아나셨다. 우리를 위해 엄위로우신 성부께로 승천하셨다. 칼빈의 사상에서 그리스도와 구속은 서로 분리될 수 없다.

하나님과 사람 사이에 죄로 인해서 무한히 큰 균열이 있게 되었으나 그것은 사람이 스스로 해결할 수 없었다. 그러나 사람을 긍휼히 여기신 하나님께서 예수 그리스도라는 사람으로 이 땅에 오심으로 이 분열을 제거하셨다. 세상에서 그의 영광은 감추어져서 자연적인 식별력으로 감지되지 않았다. 그에게는 사람들이 흠모할 만한 아름다움이 전혀 없었고, 그의 영적인 아름다움은 세상으로부터 감추어졌다.

"비록 우리 주 예수 그리스도께서 겸손하게 인성이라는 베일을 쓰심으로 그의 영광을 감추셨지만 그 자신이 비하된 것은 아니었다. 마구간에 나셨지만 천사들이 그가 그들의 군주이심을 인정했던 것을 우리가 알기 때문이다. 비록 그가 곤궁에 처하여 도움을 받지 못하는 피조물처럼 바닥에 내팽개쳐졌지만 하늘의 별들은 그를 증언했다."[14]

비록 세상의 눈에는 감추어졌을지라도 그는 어떤 사람들에게는 자신이 하나님의 아들이심과, 죄를 위한 유일한 희생 제물이심과, 사람을 하나님께 화해시키는 유일한 참제사장이심과, 하나님께 사람을 변호하시는 보혜사이심과, 아버지께로 가는 길이심을 보이셨다. 칼빈은 복음은 한마디 곧

---

13) 「Lehrbuck der Dogmengeschichte」, 4, 2, p. 582.
14) C. R. L, p. 284.

예수로 요약된다고 말한다. 이 중보직은 예수의 전체 삶에서 그리고 적극적 복종인 그의 죽으심에 의해 행해졌다.

칼빈은 신약 성경의 설교자들의 모범을 따라 속죄[15]를 복음의 핵심으로 삼고 있다. 십자가의 길은 유일한 구원의 길이다.

"우리 주 예수 그리스도께서 치르신 값 외에는 하늘이나 땅 어디에서도 하나님께 대한 우리의 빚을 청산해줄 어떤 수단도 없다. 그는 그 값으로, 즉 그의 죽으심과 수난으로 빚을 다 변상하셨다."[16]

칼빈은 그리스도의 죽으심을 하나님의 사역으로 보았다.

"하나님께서는 그리스도 안에서 세상을 자신에게 화목시키셨다."

십자가 처형은 하나님의 원수들의 뜻에 따라 일어난 것이 아니라 하나님의 뜻으로 말미암은 것이었다. 하나님께서는 십자가에서 죄인들에게 긍휼을 베푸셨다.

"우리가 해방될 수 있도록 우리 주 예수 그리스도께서 하나님의 매를 맞으셨다."[17]

칼빈은 속죄에 대한 견해를 다섯 가지 방식으로 표현했다.

(1) 그리스도는 구약 성경의 속죄 제물과 같이 세상 죄와 하나님의 저주를 짊어진 희생 제물이었다. 구약의 속죄 제물은 참되고 유일한 희생 제물의 모형이었다. 따라서 십자가에서 그리스도는 육체의 고통뿐만 아니라 영혼의 고뇌도 겪었다.

---

15) 칼빈의 속죄 교리는 대단히 많은 어려움을 일으킨다. 한편으로는 구스타프 아울렌 박사(Dr. Gustaf Aulén)가 '고전적' 이론이라고 부르는 것과 유사성이 있는 반면에(참고. 「Christus Victor」, p. 20ff.) 또 한편으로는 안셀무스의 용어를 채택한다. 신중한 연구를 통하여 아주 흥미로운 결과가 나올 수 있다.
16) C. R. xxxv, p. 627.
17) C. R. xxxv, p. 624. 참고. p. 623. "하나님께서 우리 주 예수 그리스도에게 엄하게 임하셨다. 하나님께서는 그리스도를 사랑하셨지만 그럼에도 불구하고 우리의 잘못을 인하여 그를 치기 원하셨다."

"왜 우리 주 예수 그리스도께서 죽음을 감수하고자 하시고, 아버지 하나님의 진노를 가라앉히기 위한 희생 제물로 자신을 드릴 뿐만 아니라 참으로 온전히 우리의 보증이 되기 위하여, 양심의 가책으로 하나님 앞에서 영원한 죽음과 파멸의 죄책감을 느끼는 사람들에게 예비된 고통을 거부하지 않고 그대로 받아들이셨다고 말하는지를 보라."[18]

하나님의 진노를 가라앉히심으로써 그리스도는 하나님과 사람을 화해시키셨다. 그러나 '아버지 하나님의 진노를 가라앉힌다'는 말을 그리스도의 죽으심 때문에 하나님께서 마지못해 마음을 돌려 사람을 사랑하게 되었다는 뜻으로 이해해서는 안 된다. 하나님께서는 이미 사람을 사랑하셨고, 십자가는 사람에 대한 하나님의 사랑을 보여준 행동이었기 때문이다. 이것은 "고전적 개념의 필수적인 양면성, 즉 하나님은 화해자이기도 하시고 화해되는 분이기도 하다"는 것이다.[19]

(2) 그리스도의 죽으심은 죄의 요구를 만족시키는 것이었다. 그러나 알브레히트 리츨(Albrecht Ritschl)이 보여준 것처럼,[20] 이 말을 안셀무스와 스콜라 신학자들의 말을 통하여 해석해서는 안 된다. 칼빈은 그리스도의 만족시키심은 인간 예수의 사역이었을 뿐이므로 하나님의 목적이나 활동과는 거리가 멀다는 생각을 한 적이 없다. 십자가의 만족과 하나님의 자비는 분리될 수 없다. 아울렌(Aulén)의 말을 다시 인용해 보자.

"만족시키심은 하나님에게만이 아니라 하나님에 의해 이루어졌다."[21]

그러므로 칼빈은 그리스도께서 "우리를 속죄하고 우리의 모든 빚을 청산하기 위하여 흠 없는 어린 양으로 오셨다"[22]고 말할 수 있다.

---

18) Ibid. XLVI, p. 834.
19) Aulen, op. cit., p. 132.
20) 참고. 그의 「칭의와 화해의 기독교 교리사(History of the Christian Doctrine of Justification and Recondiliation)」, pp. 206ff.를 보라.
21) Op. cit., p. 135.

(3) 그리스도의 죽으심은 순종이었으며, 그로 말미암아 우리의 악함을 덮고 죄를 속했다. 그리스도의 고난과 죽으심은 그의 전 생애를 통하여 보여주셨던 순종의 절정이었다. 여기서도 그리스도의 복종을 하나님의 은혜와 완전히 분리되는 것이 아니라 하나님의 뜻에 대한 복종으로 간주해야 한다. 그리고 이러한 복종에 의해, 죄인에 대한 하나님의 사랑으로 인하여 그리스도는 죽기로 예정되어 있었다.

(4) 그 속죄는 또한 죄, 곧 하나님께서 보시는 인간 영혼의 오염을 깨끗하게 하는 것이다. 이것은 그리스도께서 속죄 제물이시기 때문에 사람이 하나님께 사죄를 받았다는 것을 의미한다.

"고대인들에게는 일정한 예식들이 있었으며, 이 예식들은 우리 주 예수 그리스도께서 오시기 전까지 그들에게 필요했다. …… 오늘날 우리는 우리를 깨끗하게 하기 위하여 흘린 하나님의 아들의 보혈 속에서 안식해야 한다는 것을 알고 있다. 만일 우리가 하나님 앞에 깨끗함을 받고자 한다면 반드시 우리 주 예수 그리스도의 피를 의지해야 한다."[23]

(5) 마지막으로, 우리 주님의 죽으심은 승리다. 마귀에 의해 그들의 의지의 노예가 된 사람들은 하나님을 사랑하거나 섬길 수 없다. 십자가에서 죽으심으로 그리스도께서는 자원하여 몸과 영혼의 고통을 당함으로써 마귀와 죄와 죽음[24]을 이기고 승리하셨다.

"그리하여 투쟁 속에서 승리가 쟁취되었다."[25]

그러나 칼빈은 예수 그리스도의 죽으심과 수난을 분리하여 생각하지 않고 그의 생명과 부활과 승천과 연결하여 생각한다. 사람을 사로잡고 하나

---

22) C. R. LIV, p. 60.
23) C. R. xxxiii, p. 45.
24) 칼빈이 자주 함께 언급하는 이 세 가지는 아울렌 박사에 의하면 "초기 교회에 잘 알려진 트리오"다. 루터의 속죄 교리에서도 자주 언급된다.
25) C. R. XLVI, p. 922.

님과 사람을 갈라놓았던 부정적인 세력들(즉, 죄와 죽음과 사탄)이 그의 죽으심에 의해 정복되었다. 그리스도께서 부활하심으로 사람은 그리스도께서 사람을 위해 획득하신 생명과 의의 적극적인 복을 받게 되었다. 부활은 두 강도 사이에서 십자가에 못 박힌 그 사람이 하나님의 사랑하는 아들임을 하나님께서 선포하신 것이었다. 그리스도를 부활시킴으로써 하나님께서는 그리스도가 한 일을 확증하시고 그 일이 바로 자신의 일임을 선포하셨다. 더욱이 그 부활은 신자들이 부활하여 영원한 생명을 얻게 될 것을 약속하고 보증하는 것이다. 그리스도께서 승천하셨다는 사실의 의미는 그가 전능하며, 따라서 그가 세상의 통치자요 교회의 주이며, 사람들을 성부께 중재하여 그분께 기도하도록 한다는 말이다.

칼빈이 지칠 줄 모르고 이야기한 구원은 전적으로 하나님의 사역이지 인간의 사역이 아니다. 이것은 칭의뿐만 아니라 성화에도 해당된다. 칭의에 대한 네 번의 설교 외에 칼빈은 '믿음에 의한 칭의'라는 표현을 그다지 사용하지 않았다. 그럼에도 불구하고 그 개념은 칼빈 생각의 중심을 차지하고 있다. 그리고 그가 실질적으로 루터와 전혀 다른 교리를 주장하지 않았다는 것이 다음과 같은 구절에서 드러난다.

"의롭다 하심이라는 말은 의롭게 된다, 즉 하나님께서 새롭게 하셔서 우리가 천사처럼 된다는 것이 아닙니다. 이 말은 단지 불쌍한 죄인들이지만 하나님께서 그 선하심으로 인해 우리를 받아들이고 인정하신다는 것입니다"[26](죄인이면서 동시에 의인).

그러므로 칭의는 영혼의 경험이 아니라 사람에 대한 하나님의 태도다. 비록 사람 자체는 부패하지만, 하나님께서는 그의 죄악을 보지 않고 그리스도의 의를 바라보고 그리스도 때문에 그를 깨끗한 자로 인정하신다. 그

---

26) C. R. xxiii, p. 706.

러므로 사람은 죄악된 본인 그대로 하나님 앞으로 나아가려고 해서는 안 되는데, 그 자체로는 하나님과 원수가 되기 때문이다. 사람은 반드시 예수 그리스도를 힘입어 나아가야 한다. 다시 말해 사람은 믿음으로 그리스도께 연합되어야 한다.

"믿음으로 그리스도의 몸에 접붙여져서 그가 우리의 머리고 그리하여 그의 생명이 우리의 생명이 되지 않으면 아버지 하나님께서 우리에게 베푸신 그 복을 누릴 수 없다. 비록 우리 자신에게서는 파멸의 원인밖에 보지 못하지만, 그리스도가 우리의 의이므로 우리는 그리스도 안에서의 구원을 믿고 전혀 의심하지 말아야 한다."[27]

칭의는 사람의 선함이나 선행으로 얻게 되는 것이 아니다. 사람의 속과 사람에게서 나오는 것에는 선한 것이 전혀 없기 때문이다. 칭의는 믿음으로 받게 되는데, 이것은 예수 그리스도 안에 있는 하나님의 자비에 대한 '지식과 확신'이며, 오직 예수 그리스도만 의지하고 의에 대한 다른 모든 수단을 포기하는 견인불발이다. 믿음은 예수 그리스도께서 우리를 위해 희생 제물로 바쳐진 것을 알고 예수 그리스도 안에서 우리의 비참한 상태를 구제할 방법을 추구하는 것이다. 믿음은 복음을 이해하는 정도가 아니라 마음에서 우러나는 생생한 지식이며, 이 믿음에서 선한 삶이 나온다.[28] 그래서 비록 칼빈이 믿음을 그리스도께 나아오는 것, 구원을 얻으려고 하거나 받는 것이라고 말한다 해도, 그는 사람의 의지가 죄에 사로잡혀 있기 때문에 사람은 믿을 수 없다는 것을 항상 강조한다. 그는 이렇게 묻는다.

"믿음이 인간의 모든 감각을 뛰어넘는다는 것을 모르는가? 믿음은 사람

---

27) Ibid. XLVI, p. 258.
28) "우리는 거룩한 삶과 우리 주 예수 그리스도를 믿는 믿음을 분리할 수 없다" (C. R. LIV, p. 533.). 제베르크(R. Seeberg)는 칼빈이 루터와 멜란히톤(Melanchthon)에 아주 근접하게 "칭의와 성화의 구체적인 관계를 확립했다"고 지적한다.

이 본래 가지고 있는 기능이 아니라 사람의 본성을 고칠 때 하나님께서 사람에게 베푸시는 은혜이기 때문이다."[29]

하나님께서 부르실 때, 즉 하나님께서 사람에게 회개하고 돌이키라고 부르실 때 믿음을 주신다. 비록 하나님의 부르심은 선택의 다음 단계지만, 그 부르심은 예정보다는 화해와 관련하여 생각해야 한다. 여기에 이중의 부르심이 있다고 칼빈은 말한다. 하나님께서는 회개하고 믿도록 모든 사람을 복음으로(즉, 성경과 설교로) 부르시지만, 모든 사람이 이 부르심에 응하는 것은 아니다. 실제로는 대다수 사람들이 하나님의 은혜를 제멋대로 무시하고 "그들에게 제공된 구원을 알면서도 나아오기를 거부한다."[30]

또한 하나님께서 택하신 각 사람을 부르는 부르심이 있는데, 하나님께서는 그들 속에 은밀한 방법으로 역사하여 그들로 하나님의 성령의 능력을 경험하게 하신다. 「기독교 강요」에서 칼빈이 보편적인 부르심과 대조하여 말하는 이 특별한 부르심이 말씀을 통하여 역사하시는 성령에 의해 영혼 속에 믿음을 일으킨다. 주관주의적인 현 시대에서 회심이라 칭하는 것을 칼빈은 성경의 정신에 좀더 충실하게 객관적으로 '부르심' 이라고 칭했다. 하나님께 부르심을 받은 사람이 믿게 될 때, 그는 사죄를 받고 하나님께 의롭다 함을 받아서 하나님의 자녀가 되고 교회의 일원이 된다. 정상적으로는 세례를 받을 때 이 일이 일어난다. 그러나 세례를 받은 사람이 모두 다 그리스도인이라고는 할 수 없다. 세례 받은 이후의 삶을 통하여 세례를 더럽히는 사람이 더러 있기 때문이다. 그러나 세례를 받을 때 하나님과 우리 사이에 믿음의 조화가 있으면 우리는 사죄를 받게 된다. 이는 세례를 받을 때 하나님께서 우리를 성령으로 그리스도에게 연합시키시기 때문이다.

---

29) C. R. XLVIII, p. 617.
30) Ibid. xxxv, p. 608.

구원의 목적은 하나님의 형상을 회복시키는 것이다. 이 형상은 사람이 타락함으로 상실했으나 그리스도 안에서 회복되었다. 칼빈이 말하는 대로 구원은 "우리 안에 하나님의 형상이 회복되는 문제요, 우리가 하늘의 영광을 입게 되고 천사와 동등하게 되고 심지어 우리 주 예수 그리스도의 영광과 불멸에 이르게 되고 그의 신성에 참여하는 자가 되는 썩지 아니할 씨를 받는 문제다."[31] 그리스도는 하나님의 참형상이시고, 그와 연합함으로써 우리도 그의 모양으로 바뀌게 된다. 우리 스스로 개혁하는 것은 불가능하지만, 십자가로 말미암은 화해와 거룩하게 하시는 성령에 의해 우리는 하나님의 형상을 회복하게 된다. 하나님과 화해할 때, 하나님께서는 우리 속에 하나님의 형상을 새겨서 우리를 새로운 피조물로 만드신다.

그러나 신자들에게조차도 많은 악함이 있으며, 한순간에 완전하게 하나님의 형상으로 바뀌는 것이 아니라 점진적으로 영광에서 영광에 이른다. 이것은 하나님께서 단번에 그렇게 하실 수 없기 때문이 아니라 그렇게 하기를 원치 않으시기 때문이다. 정결케 하심은 성령의 내적인 사역이며, 성령께서는 신자의 의지와 감정을 변화시켜 죄에서 해방되게 하고 유혹을 이기게 하며 선한 일을 하도록 격려하신다. 칼빈에게 성화는 비록 사람의 노력이 배제되지는 않을지라도 구원의 다른 모든 면과 마찬가지로 오직 하나님의 사역이다.

사람과 하나님

칼빈은 사람과 하나님의 본질적인 관계가 공경의 관계라고 가르친다. 그럼으로써 그는 두 가지 거짓된 생각을 부인하고 두 가지 진리를 확증한다. 칼빈은 사람이 하나님을 직접 알 수 있다거나 하나님께 직접 나아갈

---

31) Ibid. XLVIII, p. 626.

수 있다는 것을 부인한다. 하나님께서 사람이나 사람의 일에 전혀 관계하지 않는다는 것도 부인한다. 그리고 사람이 자기 목숨을 다해 하나님을 사랑해야 하는 것과, 하나님과 사람 사이에 엄청난 간격이 있는 것을 힘주어 강조한다. 그는 성 베르나르두스풍으로 사랑을 이야기하는가 하면, 키르케고르의 '하나님과 사람의 무한한 질적인 차이'라는 유명한 말을 인정하는 듯한 투로 설교하기도 한다. 사람과 하나님의 관계를 이중적으로 보는 이 관점은 칼빈의 설교 전체에 흐르고 있는 '공경으로 가득 찬 사랑'이라는 단 하나의 생각에 포함되어 있다.

사람은 하나님과 사람을 갈라놓는 간격을 결코 잊어서는 안 된다. 그 간격을 줄이려는 어떤 시도도 하나님의 영광을 강탈하는 것이다. 이것은 형이상학적인 생각이기도 하고 종교적인 생각이기도 하다. 하나님은 인간의 생각으로 이해할 수 없다. 하나님을 이해하려 하거나 하나님을 찾으려는 시도는 사람을 큰 혼란에 빠지게 할 뿐이다. 또 하나님은 대주재이시므로 사람이 함부로 하나님의 전에 나아가서 그의 엄위에 의해 소멸되는 일이 없도록 해야 한다.

그러나 더 많이 강조하는 것은 하나님과 사람 사이의 종교적인 간격이다. 사람은 불쌍하고 비참하고 반역적인 죄인인 데 반하여 하나님은 완전히 거룩하시고 의로우시다. 그래서 사람은 하나님께 나아갈 수 없다. 사람이 나아가기를 원하지 않기 때문이 아니라(사람은 항상 불법적으로 그 간격을 무시하거나 없애려고 한다) 하나님 자신이 사람으로부터 이 간격을 유지하시기 때문이다. 사람이 이제 사귐과 기도로써 하나님 앞에 나아갈 수 있다는 점에서 화해가 그 간격의 다리가 된다. 사람이 악한 양심에 의해서 하나님께 나아가는 길이 막히는 일은 더 이상 없다. 그러나 형이상학적인 간격은 해결되지 않았다. 그러므로 사람은 하나님을 친숙하게 여길 수 없다.

예수 그리스도가 하나님과 사람 사이에 가로막힌 것을 제거하신 중보자이므로, 만일 누가 하나님을 알고자 하거나 하나님께 나아가려고 하면 반드시 예수 그리스도 안에서 하나님을 찾아야 한다. 하나님은 불가해한 분이시기 때문에, 예수 그리스도께서 하나님의 본성과 뜻을 보여주고 해석해주셔야 한다. 대주재이신 하나님께서 보이는 형체로 나타나면 하나님의 우레 같은 목소리에 사람이 혼비백산할 것이므로, 그리스도께서 온유하고 다정하게 중보자로서 우리를 하나님께로 이끄신다.

하나님을 발견하기 위하여 우리는 먼 길을 여행하지 않아도 된다. 하나님께서 우리에게 오셨고, 예수 그리스도 안에서 우리와 아주 가까이 계시기 때문이다. 특히 하나님은 거룩하시기 때문에 우리 주님께서 죄를 멸하기 위하여 오셨다. 그리하여 우리는 두려움 없이 하나님께 나아갈 수 있다. 따라서 하나님을 생각할 때 하나님의 본질과 본성에 대해서 허황된 사색으로 제멋대로 상상해서는 안 되며 반드시 예수 그리스도를 생각해야 한다.

"그렇다면 성 바울이 말하는 그 하나님은 누구신가? 그분은 동정녀 마리아의 아들이시고, 그분 안에 생명이 있지만 죽임을 당하셨다. 모든 권세가 있는 그분은 누구신가? 그분은 바로 연약하고 무력하게 되신 분이다. 우리가 받아야 할 죄의 형벌을 대신 받으신 그분은 생명의 근원이다."[32]

예수 그리스도 안에 있는 우리는 불신자들과 똑같이 하나님을 두려워해서는 안 된다. 하나님께서 더 이상 우리에게 공포의 대상이 아니라 우리의 아버지이심을 밝히 말씀하시기 때문이다. 그러나 이미 살펴본 바와 같이 칼빈은 가볍고 감상적인 생각에서 하나님의 사랑을 이야기하지 않는다.

---

[32] C. R. LIII, p. 326. 참고. 루터도 다음과 같이 아주 비슷한 말을 했다. "나, 루터는 십자가에 달리신 그분 곧 하나님과 동정녀 마리아의 아들인 예수 그리스도 외에는 어떤 다른 신도 알지 못하노라."

하나님의 사랑으로 나아가는 길은 그의 진노를 통과해야 하며, 먼저 하나님을 심판장으로 알아야 비로소 하나님을 우리의 아버지로 알게 될 것이다.

하나님께서는 율법을 통해 심판장임을 나타내신다. 율법은 우리의 잘못을 보여주어서 우리로 하여금 급히 하나님께 자비와 용서를 구하게 하는 거울이다. 시내산의 저주를 받은 후 우리는 골고다의 은혜에서 피할 곳을 찾는다. 따라서 그리스도께 나아가기 전에 먼저 우리가 죄악에 눌린 존재임을 알아야 한다. 절망하지 않는다면 나아가야 할 필요를 전혀 느끼지 않을 것이기 때문이다. 회개란 우리가 우리 자신을 정죄하고 미워하고 복수해야 한다는 말이다.

"우리의 상태를 조사하지 않으면 우리는 결코 절실하게 느끼거나 열렬히 하나님을 찬양하지 않을 것이며, 지옥에 삼킨 바가 될 것이다. 우리의 상태로 인하여 하나님의 진노를 불러일으키게 되었고, 우리가 하나님의 엄위를 거스를 때 그 엄위에 가까이 가기보다 차라리 하늘과 땅과 모든 피조물이 공모하여 우리를 대적하는 것이 더 나을 만큼 하나님께서 무섭고 두려운 불구대천의 원수와 심판자가 된 것을 알기 때문이다. 그러므로 죄인들을 긍휼히 여겨 절망 가운데 있는 그들을 보고 구하기를 원하시며, 그들에게 있는 어떤 가치를 보는 것이 아니라 오직 그들의 비참함을 주목해 보시는 하나님께 자신들이 얼마나 큰 은혜를 받았는지 알기 위하여 죄인들은 자신들의 잘못을 의식하고 염려함으로 괴로워하고, 그들의 상태에 전율할 만큼 그들이 처한 비참한 처지를 아는 것이 반드시 필요하다."[33]

하나님께 대한 그와 같은 두려움은 온당하다. 이 두려움을 억누를 것이 아니라 이 두려움으로 인하여 하나님께 자기 죄를 고백하고, 자기를 위하

---

33) C. R. XLVI, pp. 833~834.

여 십자가에 못 박히신 예수 그리스도 안에서 용서를 구해야 한다. 이러한 경험은 부르심에 응답하는 반응이며, 부르심의 결과로 생긴 것이다.

이렇게 사람이 하나님의 은혜를 경험하게 될 때, 그는 자기를 사로잡았던 모든 세력에서 해방되어 하나님을 아버지라고 부를 수 있다. 아버지와 자녀의 관계 속에 충만한 행복과 완전한 영광이 있고, 이 관계에서 지금까지 자기 속으로만 향하던 사랑이 하나님께로 흘러간다. 하나님께 대한 그리스도인의 태도, 칼빈이 '노예적인 두려움'이라고 불렀던 것 중의 하나로 생각했다는 항간의 오해는 칼빈을 아주 잘못 판단한 것이다. 그와 같은 생각은 다음과 같은 열정적인 말과는 너무도 다른, 전혀 가당찮은 것이다.

"이 모든 것을 보면서 불타는 사랑으로 우리 하나님을 찬미하고 서원하여 모든 것을 하나님께 바치지 않는다면 우리가 목석보다 나을 것이 무엇인가?"[34]

또 이렇게도 말했다.

"우리는 하나님의 사랑으로 불타올라야 한다."[35]

칼빈은 "삶에서 중요한 것은 우리가 하나님을 사랑해야 하는 것이다"[36] 라고 강조한다. 이 말을 감상적인 경건이나 신비주의적인 감격을 의미하는 것으로 받아들여서는 안 된다. 칼빈은 성격상 누구보다도 덜 감상적이고, 누구보다도 더 이성적이다. 그에게 하나님을 사랑하는 것은 하나님에 대한 확고부동한 마음 자세다. 하나님은 예수 그리스도 안에서 우리에게 은혜로우시며, 이 은혜로 말미암아 사람의 삶은 하나님을 섬기며 하나님을 영화롭게 하는 온전한 삶이 된다. 더구나 그 사랑은 아버지에 대한 사랑이다.

---

34) Ibid. xxvi, p. 255.
35) C. R. XLVIII, p. 628.
36) Ibid. xxiii, p. 774.

"하나님을 사랑하는 것은 공경 없이는 있을 수 없다. 우리가 하나님을 사랑하는 것은 우리보다 못한 존재나 우리와 동등자와 친구로서 사랑하는 것이 아니라 우리의 아버지로서 사랑하는 것이다."[37]

하나님의 은혜는 하나님께 신자의 의무를 행하게 하는 원동력이다. 하나님께서는 오직 그의 선하심으로 사람을 위하여 예수 그리스도를 주심으로써 사람에 대한 자비와 사랑을 나타내셨다. 따라서 그리스도인은 감사하는 마음으로 자신을 다 드려 하나님을 섬기고 사랑하고 영화롭게 해야 한다. 이것은 기쁨의 문제가 아니라 의무의 문제다.[38] 신자는 마땅히 하나님을 사랑하고 섬겨야 한다. 그렇게 하지 않는 것에는 변명의 여지가 없다. 그것은 그가 전혀 신자가 아니라는 표일 수도 있다. 무엇보다 필요한 것은 삶 전체를 하나님께 드려야 한다는 것이다.

"하나님께서 나에게 생명을 주셨다. 나는 내 생명을 하나님의 손에 맡겨야 한다. 게다가 하나님께서는 나 자신을 다 바쳐서 죽으나 사나 하나님을 섬기기를 원하신다. 만일 나의 죽음으로 하나님의 이름이 영화롭게 된다면 나는 죽어야 하고, 나는 그렇게 할 것이다."[39]

그러나 이것은 결코 쉬운 문제가 아니다. 사람의 본성은 하나님께 복종할 뜻이 없고, 하나님을 기쁘시게 하기보다는 자기 좋을 대로 하기를 원한다. 그러나 우리가 하나님의 형상으로 창조되었고, 그의 아들의 죽으심으로 구속함을 입어 하나님의 자녀가 되었기 때문에, 우리는 계속 복종하기를 배워서 우리의 완고한 본성과 싸워 우리 자신을 하나님께 복종시켜야 한다.

"우리 각자는 자신을 억누르고 자기 본성과 모든 감각과 욕구를 강하게

---

37) Ibid. xxiii, p. 775.
38) "칼빈에게 신앙이란 의무 곧 복종의 개념에 해당한다"(「Ges. Aufs」, III, p. 263.).
39) C. R. xxiii, 772.

다루어야 한다."⁴⁰⁾

　하나님께 전적으로 헌신하지 않고서는 우리 삶 속에서 하나님을 영화롭게 하지 못할 것이며, 따라서 우리 삶의 목적도 이루지 못할 것이다. 하나님께서는 우리를 이 세상에 보내셔서 하나님을 영화롭게 하도록 하셨기 때문이다. 우리 삶의 가장 중요한 목적은 "이 세상에 있는 동안 하나님을 영화롭게"⁴¹⁾ 하는 것이어야 한다. 이것은 곧 모든 생활 형편 속에서 마음과 입과 행동으로 하나님을 찬양해야 한다는 뜻이다.

　하나님은 모든 점에서 곧 창조자로서, 섭리에서, 구속자로서 영광을 받으시기에 합당하다. 우리가 하나님을 기쁘시게 하는 수단들을 만들어낼 때가 아니라 그의 말씀에 복종할 때 우리는 하나님을 영화롭게 한다. 하나님께서는 성경을 통해 말씀하심으로 사람들로 회개하고 믿게 하며 생명의 길을 보여주신다. 하나님을 거역하는(즉, 성경과 설교를 거역하는) 주장은 결코 용납될 수 없다. 우리는 말씀에서 가르치고 명하는 모든 것에 겸손하고 자발적인 복종을 나타내야 한다. 성경의 교리는 반드시 받아들여야 하고, 생활은 성경이 명하는 바에 따라 다스림을 받아야 한다. 그러한 복종이 있는 곳에서 하나님은 순례와 봉헌에 의한 것보다도 훨씬 더 영화롭게 되신다.

　교만이 모든 죄의 근원이요 다른 모든 악덕보다 하나님을 더 불쾌하게 하는 것처럼, 복종은 모든 미덕의 어머니인 겸손을 전제로 한다. 우리는 선한 것이란 도무지 없이 오직 악할 뿐이고, 하나님과 우리 자신을 아는 지혜가 전혀 없으며, 하나님을 기쁘시게 할 만한 삶을 영위할 수도 없다는 것을 겸손히 인정할 때, 비로소 우리는 스스로 복종하여 하나님께로부터 가르침과 지시를 받아야 한다는 것을 알게 될 것이다. 우리가 교만으로 가

---

40) Ibid. xxvi, p. 377.
41) Ibid. xxxv, p. 566.

득 차 있다면 하나님께서 영광을 받지 못하실 것이고 우리는 구원에 이를 수 없다. 그러므로 하나님께서 늘 아버지로서 사랑으로 대하시며 우리의 유익을 위해 행하신다는 것을 알고 하나님의 말씀에 언제나 복종하려고 애써야 한다.

하나님의 자녀로 부름을 받은 것은 우리 자신의 유익을 위한 것도 아니고 편안한 생활을 영위하기 위한 것도 아니다. 우리는 하나님을 섬기기 위하여 이 세상과 우리의 죄악으로부터 부름을 받아 구별되었다. 하나님께서는 우리나 우리의 도움을 필요로 하지 않으신다. 그러나 하나님께서는 값없이 주는 선하심 때문에 우리를 사용함으로써 우리를 영화롭게 하시고 놀라운 사랑으로 보상을 약속하신다. 하나님을 섬기는 것은 모든 신자가 마땅히 해야 할 일이며, 하나님의 자비와 은혜로 인하여 우리는 당연히 그렇게 하게 된다.

하나님을 섬기는 것에 관한 칼빈의 관점은 로마 가톨릭의 생각과 완전히 다르다. 그는 밀턴(Milton)처럼 "도피적이고 은둔적인 미덕, 곧 나타나지 않고 살아 숨쉬지 않는 미덕, 기운차게 나가서 대적을 만나기는커녕 오히려 고투가 없이는 얻지 못하는 영원한 면류관을 얻기 위해 달려가게 되어 있는 경주에서 슬그머니 도망치는 미덕을 찬양"할 수 없었다. 종교 개혁자 칼빈은 세속적인 삶과 영적인 삶의 잘못된 구별을 타도하고, 만일 세속적인 삶이 하나님을 섬기는 삶이라면 그 삶이 바로 영적인 삶이라고 선언했다. 따라서 그는 하나님을 섬기는 것은 기도(이것이 주된 섬김이다)하고, 바르고 순결한 삶을 살며, 다른 사람들을 섬기는 것이라고 말한다.

어떤 곳에서 칼빈은 하나님께서 요구하시는 섬김이란 우리가 전적으로 하나님의 소유여야 한다는 것과, 잘되든지 못 되든지 하나님을 영화롭게 해야 한다는 것과, 우리 각자가 부르심에 순종해야 한다는 것과, 우리에게 교만이나 헛된 영광이나 질투가 있어서는 안 된다는 것이라고 말한다. 또 다른 곳에서는 하나님을 섬긴다는 것은 하나님을 믿고, 하나님께 간구하고, 자신을 하나님께 드려서 올바르게 사는 것이라고 말한다. 그는 하나님의 종의 특징을 아주 잘 묘사했다.

"그는 생계를 꾸리기 위하여 정직하게 일하고, 호밀로 만든 흑빵조차도 배불리 먹지 못하지만 그래도 아침에는 하나님께 쉬지 않고 구하고 밤에는 하나님을 찬양하는 사람이다. 만일 그에게 자녀가 있다면 만사를 제쳐 놓고 그 자녀를 먹이고 입힐 것이다. 만일 하나님께서 그의 가정에 고통을 허락하신다면 그는 그 고통을 감내할 것이다. 만일 그가 장인이거나 어떤 장사를 하고 있다면 이웃을 속이는 일을 하지 않을 것이며 차라리 죽을지언정 남에게 해를 끼치지 않을 것이다."[42]

이렇게 칼빈은 모든 정직한 일을 거룩하게 구별했고, 일반인도 일상적인 일에서 하나님을 섬김으로써 하나님을 영화롭게 할 수 있다고 했다.

사람과 사람

카를 홀은, 칼빈이 제네바에서 힘쓴 것은 "종교적인 정신을 전 국가 생활에 침투시키는 것이었다"[43]고 말한다. 사람과 사람의 관계를 살펴보면, 칼빈은 그의 교리를 일상생활에 적용시키면서 예수 그리스도 안에서 그들에게 보여주신 하나님의 은혜를 삶의 모든 영역에서 표현하도록 가르쳤음을 알게 된다.

칼빈은 하나님의 자비를 알고 있는 사람은 불신자처럼 행동할 수 없다고 단언한다. 복음은 반드시 그에게서 선함과 친절과 정직함이라는 열매를 맺는다. 그리고 먼저는 하나님과 바른 관계, 그 다음에 사람과 바른 관계가 발생하는 순서가 반드시 유지된다. 하나님을 사랑할 때 사람은 비로

---

42) 1 C. R. LI, p. 43.
43) Ges. Aufs. III, p. 278.

소 그의 동료인 인간도 사랑할 수 있다. 칼빈은 인본주의자의 생각의 바탕을 이루는 물질주의에 반대하여 사회에 대한 영적 개념을 주장했다. 모든 삶은 하나님께로부터 나오고, 그 삶 전체가 하나님을 떠나 살 수 없으며, 그 삶은 하나님을 기쁘시게 하고 영화롭게 하려는 소원에서 동기 부여를 받아야 한다. 사람의 모든 관계는 신성하고 영적인데 이는 그 관계를 하나님께서 정하셨기 때문이다. 르네상스에 꽃피웠던 인문주의와는 전혀 다르게 그는 사람의 삶을 하나님과 관련시키고 하나님께 의존하게 했다.

칼빈은 루소나 월트 휘트먼(Walt Whitman) 같은 사람들만큼 열정적으로 모든 사람은 형제라고 외쳤다.

"세상에서 가장 멀리 있는 낯선 사람들 사이에도 형제애가 있다."[44]

"모든 사람은, 비록 천한 계급으로 세상에서 멸시를 받는다고 해도 우리의 형제다."[45]

그러나 칼빈의 형제애는 일반적인 필라델포이(philadelphoi)와는 근거가 다르다. 사람들은 자연적인 친족 관계뿐만 아니라 하나님의 아들들로서 그들의 신적인 기원 때문에 형제다. 우리는 모두 한 분 하나님의 자녀이기 때문에 형제며, 서로 형제의 예로 대해야 한다. 창조자와 구속자이신 하나님께 대한 사람의 관계라는 중심적인 사실이 칼빈이 생각하는 개인 윤리와 사회 윤리의 기초다.

칼빈의 말에 의하면, 설교자는 좋은 교리를 설명하는 것에 만족하지 말고 그 교리를 사람들의 삶에 적용시켜야 한다. 강설에서 칼빈은 이렇게 하고 있다. 우리는 사람과 하나님의 관계에서 한쪽의 의무가 얼마나 크게 작용하는지를 보았다. 사람 사이의 관계에서도 역시 그 의무는 아주 중요하다. 사람은 자기 마음대로 살아도 되는 것이 아니라 하나님과 동료에게 빚

---

44) C. R. LI, p. 735.
45) C. R. xxxiv, p. 655.

진 자로 살아야 한다. 하나님과 사람에 대한 이 두 의무는 아주 밀접하게 관련되어 있어서, 사람을 섬기는 것이 또한 하나님을 섬기는 것이기 때문에 만일 우리가 한 의무를 부정하면 다른 의무도 부정하는 것이다.

대체로 이웃에 대한 의무를 말하는 칼빈의 가르침의 근거는 둘째 계명이다. 율법의 예식들이 그리스도 안에서 완성되어 폐지되었다고 해도 '율법의 교훈과 본질'은 그대로 유효한데, 이는 율법이 인간의 도덕성에 관한 하나님의 영원한 생각을 나타내기 때문이다. 율법을 대하는 태도에서 신자와 불신자가 서로 다를지라도 율법은 모든 사람에게 구속력이 있다.

불신자들은 율법을 하나님을 기쁘게 할 수 있는 하나님께로부터 나온 복으로 생각하는 것이 아니라 두려워하고 불쾌하게 생각한다. 요컨대 종교 개혁자 칼빈의 윤리적인 가르침은 부모를 공경하고, 살인하지 말고, 간음하지 말고, 도둑질하지 말고, 거짓 증언을 하지 말고, 탐내지 말라는 것이었다. 그런데 그는 그 문제에 그치지 않고 제네바에서 이러한 죄가 구체화된 형태들을 공격했다. 그리하여 예를 들면 그는 여섯 가지 다른 유형의 도둑질을 열거했다. 첫째, 공공연하고 명백한 강도짓, 둘째, 사업상 사기, 셋째, 조야한 제품이 우수한 제품처럼 팔리는 것, 넷째, 법률의 허점을 부도덕하게 이용하거나 노골적인 부정직한 수단으로 소송에서 부당하게 재화를 취하는 것, 다섯째, 권력의 남용, 여섯째, 일을 게을리 함. 그리고 또 그는 제9계명은 어떤 식으로든 말을 오용하는 것, 즉 중상, 거짓 보고, 뒤에서 하는 험담, 심지어 분노까지도 금지하는 것이라고 가르쳤다. 칼빈에 의하면 사적인 문제에서 분노를 드러내는 것은 용인할 수 없으며, 하나님의 대의를 위한 열심에서 드러내야 비로소 정당하다.

칼빈은 사랑의 교제를 나누도록 하나님께서 혀를 주셨다고 말한다. 우리는 말하는 기능을 잘못 사용하여 교제가 끊어지지 않도록 해야 하며 말을 자제해야 한다. 기본적으로 긍정적인 면에서 율법이 암시하는 것은 이웃을 사랑해야 한다는 것이다. 즉, 이웃에게 사랑으로 예절 바르게 행동해야 한다. 어떤 것으로도 이 사랑의 의무는 저버릴 수 없다. 친절에 대한 응답이 악행이나 배은망덕의 행위로 돌아온다거나 선의가 이용당하는 일이 있더라도, 사랑의 의무는 없어지지 않고 그대로 남아 있다.

사랑의 기준은 자신의 안녕보다 이웃의 안녕을 먼저 생각하는 것이다. 우리는 본성상 자신을 가장 사랑하고 다른 사람보다 자신을 더 고귀하게 생각한다. 그러나 이런 생각을 떨쳐버리고 겸손하게 다른 사람들을 존중해야 한다. 이웃에게 상냥하고 친절하고 다정하게 행동하면서 최선을 다해 기회가 닿는 대로 이웃을 돕고, 만일 이웃이 압제를 당하면 그들 편이 되어주고, 그릇된 길로 가는 사람들이 있으면 불쌍히 여겨서 바른길로 인도하려고 애써야 한다.

또한 사람들이 잘못된 행동을 하는데도 모른 척하고 전혀 책망하지 않는 잘못을 범해서도 안 된다. 두 가지 큰 잘못이 있는데, 하나는 다른 사람의 과실을 보고서도 잘 보이려고 지적하지 않는 것과 다른 사람의 과실을 꼬치꼬치 캐서 비난하는 것이다. 악을 행한 것을 보고 침묵하지 말고 죄인들에게 분명하게 말해야 한다. 그러나 분명하게 말할 때에도 온화하고 부드럽게 말해야 하며, 귀에 거슬리는 말을 하여 오히려 악행을 더 조장하게 되어서는 안 된다.

그리스도인의 궁극적인 목적은 항상 죄인이 회개하여 구원을 얻도록 하는 것이어야 한다. 하나님께서 그리스도를 주신 것은 성도들만 아니라 온 세상을 위한 것이다. 복음을 받은 신자에게는 복음을 널리 전파해야 할 의무가 있는데, 그 일에 힘쓰지 않는 자는 형제가 곤경에 처한 것과 교회의 부흥과 하나님의 영광을 무시하는 것이다.

교인에게 인류에 대한 일반적인 의무를 가르치는 것 외에도 특별히 칼빈은 "부부의, 부모와 자녀의, 상전과 종의, 다스리는 자와 신하의, 노인과 젊은이의"⁴⁶⁾ 의무가 무엇인지를 가르쳤다. 사회 구조는 하나님께서 제정하신 것이다. 모든 사람에게 하나님을 섬길 수 있는 기회를 주신 것과 무정부 상태에 빠지지 않게 하신 것은 더없이 귀중한 복이다.

이 문제에 대한 칼빈의 생각의 가치를 인식하는 것은 매우 힘들다. 노동자 파업에 익숙하고 권위주의가 부분적으로 사라진 20세기에 사는 사람에게 종교 개혁자 칼빈의 말은 심지어 이해하기도 힘들다. 예를 들어 인내가 하나님을 기쁘시게 한다는 것을 알고 아내는 남편이 가하는 어떤 부당한 행위, 심지어 구타까지도 참고 견뎌야 한다는 칼빈의 말은 현상 유지에만 관심이 있는 극단적인 보수주의자의 말처럼 들린다. 그가 다음과 같이 말할 때에도 그렇게 들린다.

"우리를 다스리는 어떤 사람이 그 자리에 부적격한 이유를 충분히 댈 수 있을 만큼 악하거나 잔인하거나 매우 부도덕할지라도(심지어 칼빈은 다른 곳에서 '비록 그 통치자가 부패하거나 폭군이라 할지라도' 라는 말까지 한다), 우리는 하나님께서 정하신 것을 존중하여 그를 존중받아야 할 자로 생각해야 한다. 하나님께서 그를 다스리는 자로 세우셨기 때문이다."⁴⁷⁾

이것이 바로 칼빈주의를 자본주의와 아주 밀접하게 연관시킨 한 단면이지만, 동시에 우리는 그에게서 프랑스와 네덜란드와 스코틀랜드에서 종교의 자유를 쟁취하게 한 정반대의 경향을 보게 된다. 이것은 오늘날 '바르멘 교회회의 선언' 에서 현저하게 나타난다. 그 경향이란, 권력자가 우리로 하여금 하나님께 복종하지 못하게 한다면 그 권력자에게 복종하지 말아야 한다는 것이다. 그들의 권세는 하나님께로부터 나오기 때문에 그들이 하나님을 거역하면 우리를 지배하는 그들의 권세는 폐지된다.

현대의 관점과 칼빈의 관점이 본질적으로 다른 것은, 칼빈의 관점에서

---

46) C. R. LIV, p. 499.
47) Ibid. LIII, p. 549.

는 삶 전체가 하나님의 뜻의 영역 안에 있기 때문에, 이 영역 안에서 하나님께 대한 인간의 관계와 하나님의 영광이 반역의 동기와 목적이 되어야 한다고 생각했다는 점이다. 현대의 관점에서는 인간의 삶이 고유한 자율적인 영역이 있다고 생각하기 때문에 인간의 복지를 반역의 동기와 목적으로 간주한다. 칼빈의 생각에 나타난 두 측면이 융합되어(그의 저술들에서처럼) 그가 제네바에서 거의 실현시켰던 고도한 사회적·정치적 이상을 만들어내고 있지만, 이것은 아마도 오늘날에는 실현 불가능할 것이다.

또 한편으로 칼빈은 권세에 반항하는 것은 반드시 불필요한 것이 되어야 하는데, 만일 양쪽이 서로에 대한 의무를 다한다면 불필요할 것으로 보았다. 모든 사람이 자신의 행복보다는 다른 사람의 행복을 먼저 생각함으로써 인생 행로가 아무런 장애 없이 순탄하게 흘러가야 한다는 것이다.

"하나님께서 사회를 이루어 공동생활을 하게 하셨기 때문에, 우리는 각자 자기 자신을 위하여 태어난 것이 아니라는 것과, 자기 자신의 이익을 위하여 이 세상에서 사는 것이 아니라 이웃을 섬기고 돕기 위하여 산다는 것을 능히 생각해야 한다."[48]

통치자는 하나님께서 세우신 관원이므로 하나님을 섬기고 하나님을 영화롭게 하는 일을 추구하고, 백성들을 공의로 다스리고 백성들에게 선정을 베풀어야 한다. 백성들은 통치자에게 복종하고 하나님께서 세우신 자로 알아서 즐거이 복종해야 한다.

아버지는 자녀를 훈계와 관대함으로 다스려야 한다. 징계를 늦추어서 자녀가 완고하고 방종하지 않도록 해야 하지만, 자녀가 낙담하거나 경직되지 않도록 관대함으로 다스려야 한다. 자녀는 부모를 공경하고 순종해야 하는데, 이는 자녀가 날 때부터 이렇게 하도록 가르침을 받았기 때문이고,

---

48) C. R. LIV, p. 440.

자녀가 부모를 공경하는 것은 바로 하나님을 공경하는 것이기 때문이다.

혼인은 하나님께서 정하신 것이므로 간음으로 인한 것이 아니면 깨어지거나 취소되어서는 안 된다. 아내는 머리인 남편에게 복종해야 하는데, 남편에게 복종함으로써 하나님께 대한 복종을 보여주기 때문이다. 만일 아내가 남편과 다툰다면 하나님을 무시하는 것과 같다. 남편도 해야 할 의무가 있다. 남편은 자기 권위를 지배하기 위한 것이 아니라 교제하기 위한 것으로 생각해야 하므로 아내에게 친절해야 하고, 아내에게 불평의 빌미를 주어서는 안 된다. 따라서 혼인은 하나님을 섬기는 것이다. 혼인은 욕망을 채우기 위한 제도가 아니라 혼인한 사람들이 헌신적으로 하나님을 섬길 수 있는 기회이다. 그는 이런 생각을 다음과 같이 아름답게 표현하고 있다.

"매우 가난하고 보잘것없는 가정일지라도, 남편과 아내가 헌신적으로 의무를 다한다면 하나님께서 그 가정을 다스리신다. 이런 가정이 수도원보다 훨씬 더 거룩하고 훨씬 더 하나님 나라에 가깝다."[49]

상전들의 의무는 주로 교만하지 않고 겸손해지는 것이다. 상전들은 이 해심을 가지고 지혜롭게 다스려야 한다. 상전들은 일꾼들에게 장시간 일을 시키거나 인색하게 적은 임금을 주어서는 안 된다. 그렇게 하는 것은 하나님을 욕보이는 것이고 하나님의 형상(일꾼)이 멸시를 당하는 것이기 때문이다. 상전들은 자기들이 최고의 상전이 아니라 그들의 행위대로 갚으실 하나님을 상전으로 모시고 있다는 사실을 기억해야 한다. 종의 의무는 복종하고 존경하고 최선을 다해 자기가 맡은 일을 수행하는 것이다.

칼빈은 이른바 '혼돈된 동등함' 즉 사람은 너나없이 다 '유능하다'는 말을 아주 싫어했다. 각 사람은 하나님께서 특별히 명하신 부르심에 충실

---

[49] C. R. LIII, p. 492.

해야 한다. 다른 사람에게 종속당하는 것을 좋아할 사람은 아무도 없겠지만, 사람을 섬기고 있을 때 자신이 하나님을 섬기고 있다는 것을 기억해야 한다. 칼빈이 노동자에게 제시한 이상은 '하나님을 위하여' 일하는 것이었고 하나님을 섬기는 것처럼 섬기는 것이었다. 그렇다면 무슨 일을 하든지 정직하게 하는 한, 일한 만큼 보람을 얻지 못하고 제대로 보상을 받지 못하든지 혹은 제대로 보상을 받든지 간에 그 좋은 하나님께서 그의 복종을 기뻐하신다는 것을 알므로 만족하게 될 것이다. 칼빈에게 "정직한 노동은 아름다운 얼굴을 갖게 해주는 것"이었다.

순례

칼빈의 복음에서 종말론보다 더 강력한 요소는 없다. 종말론은 그의 가르침의 거의 전부다. 마르틴 슐츠(Martin Schulze)는 「내세에 대한 묵상(Meditaito futurae vitae)」에서 종말론을 "칼빈주의 사상의 기본 개념"이라고 묘사하며 종말론에서 "기독교에 대한 그의 모든 해석이 결정된다"고 주장한다. 후자는 좀 믿기 어려울지라도 종말론이 칼빈의 복음에서 가장 중요하다는 것에는 동의하지 않을 수 없다.

칼빈은 실현되지 않은 종말론을 가르친다. 즉, 그리스도와 교회의 최종 승리는 아직 도래한 것이 아니라 미래에 있다. 그러므로 이 세상에서 사는 그리스도인의 삶은 완전과 안식과 승리를 이룬 삶이 아니라 소망과 투쟁이 가득한 부족한 삶이다. 그리스도인은 세상의 죄뿐만 아니라 자기 본성과도 싸우고 있다는 사실 때문에, 악한 세상과 마귀가 그를 대적하여 싸우고 있다는 사실 때문에 더욱더 힘들다. 비참하고 슬픈 세상을 보고 깊은 인상을 받게 되었을 때, 칼빈은 그 현실을 얼버무려 넘기거나 과소평가하지 않고 적대적인 환경을 뚫고 나아가는 그리스도인의 삶의 과정과 그리스도인에게 약속된 소망을 보여주고자 했다. 그리스도인의 순례는 십자가를 지는 삶이다.

칼빈은 신자가 현재 살고 있는 삶을 순례로 묘사하기를 좋아했다. 신자는 하나님께 영원한 생명으로 초청을 받았다. 그러나 지금 그 실체를 가진 것이 아니므로, 그 실체를 가지게 될 것이라는 소망을 품고 하늘의 유산을 얻기 위하여 구원을 향하여 서둘러 나아가야 한다. 이 순례는 결코 쉬운 일이 아니므로 투쟁하고 인내하고 자제해야 한다. 모든 것이 신자를 대적하기 때문이다. 신자가 살고 있는 세상은 악하며, 세상의 악함 때문에 그리스도인이 되기가 어렵다. 하나님께서 원하셨다면, 신자들을 세상에서 데려다가 신자들만 있는 곳에 두실 수도 있었다. 그러나 하나님께서는 그렇게 하지 않고, 신자들의 믿음을 확증하고 시험하기 위하여 세상에 그대로 두셨다.

그리스도인은 외적인 대적뿐만 아니라 항상 자신의 본성과도 맞서야 한다. 이는 그 본성이 매우 게으르고 소극적이며 하나님께서 약속하신 나라를 원하지 않기 때문이다. 우리는 세속적인 감정에 사로잡혀 있고 세속적인 일을 염려한 나머지 하늘의 것을 거부하게 되었다. 우리 모두는 하나님을 따를 것처럼 말하지만, 막상 따라야 할 때가 되면 하나님의 뜻을 거역한다. 말하자면 "아무도 자기 자신의 행복 외에는 바라지 않는다. 그리고 우리의 본성은 그렇게 하게 되어 있다."[50] 그러나 무엇보다도 그리스도인은 이 세상에서 육체적인 고통과 영적인 고통을 많이 겪을 것이다.

칼빈은 사건들이 우연히 일어났다거나 하나님께서 불행을 허락하신 것에 지나지 않는다는 자연 발생적인 설명을 받아들이지 않았다. 세상에서 일어나는 모든 일은 하나님의 직접적인 뜻에 의한 것이다. 하나님께서 사람들을 대하시는 방식이 변덕스럽거나 잔인해서가 아니다. 하나님께서는

---

50) C. R. L, p. 287.

사람들을 죄에서 깨끗이 하고 세상의 지배력을 끊어버림으로써 그들을 구원으로 이끌고자 하신다. 신자들이 환난을 당할 때 하나님의 노여움의 표시로 생각하거나 낙망하거나 하나님께서 신자들의 아버지가 아니실까 걱정할 필요가 없다. 하나님의 목적은 그들을 억압하려는 것이 아니라 그들의 삶을 개선하여 하나님께서 약속하신 안식을 간절히 바라도록 하려는 것이기 때문에, 하나님께서는 결코 감당하지 못할 불행을 주시지 않으며 항상 환난 가운데서 그들을 건져주신다.

어려움을 당할 때 신자가 할 첫 번째 일은 삶을 돌아보고 하나님께 불순종하고 있었던 것은 아닌지 살피는 것이다. 만일 불순종한 것을 깨닫게 되면, 그들이 당한 고난이 회개하고 죄를 버리라는 하나님의 경고이므로 겸손히 하나님께 죄를 고백하고 사죄를 구해야 한다. 고난을 통하여 우리는 인내를 배우고 하나님의 도움을 구해야 한다. 이 세상에 사는 동안 우리는 고난을 겪게 되어 있다. 그러므로 인내할 결심을 하고 하늘의 상속만을 생각하며 모든 시련 가운데 하나님의 도움을 간절히 구하고 하나님의 부성애를 믿고 의지해야 한다. 그 나라에 들어가기 위해 고난을 감수해야 한다.

그리스도인의 생명은 이 세상에서 감추어져 있고, 신자는 아직 복음에서 약속한 복을 소유하고 있지 않다. 우리는 땅에서 하늘을 기대하거나 승리의 결실을 수확하거나 편안한 삶을 살기를 소망해서는 안 된다. 이 세상에서 우리는 부족하고 불완전하며 고난스러운 삶을 살고 있고, 외적으로 신자와 이방인이 아무런 차이가 없다. 그러나 약속된 생명은 실제이며 결코 그림자가 아니다. 겨울철 나무의 생명처럼, 그리스도인 속에 있는 생명은 감추어져 있지만 때가 되면 그 모습을 나타낼 날을 기다리고 있다. 칼빈은 이렇게 말했다.

"우리의 생명은 다른 곳에 있다. 그 생명은 지금은 감추어져 있지만 구속주가 오실 때 모습을 드러낼 것이다."[51]

그러므로 순례는 소망의 삶이다. 그리스도께서 우리와 하나님을 화해시키는 데 필요한 모든 것을 행하신 점에서 구원은 이미 완전하다. 그러나 여기에서는 우리가 단지 그 구원을 소망으로 가지고 있을 뿐인데, 이는 하나님께서 이 세상에서 하늘의 상속으로 보상하시는 것이 아니라 우리에게 그 상속을 약속하시기 때문이다. 이것은 구원이 의심스럽다거나 그리스도인들이 사죄를 알지 못한다는 말이 아니다. 구원의 보장은 어떤 세속적이거나 인간적인 근거에 있는 것이 아니라 하나님께서 예수 그리스도 안에서 우리에게 보여주신 은혜에 있을 뿐이다. 신자는 자기가 사죄를 받았다는 것을 확신하는데, 이렇게 확신하는 까닭은 그가 사죄를 받아야 할 어떤 이유를 자기 자신이나 자기 행동에서 보기 때문이 아니라 그리스도 예수께서 죽으시고 다시 살아나셨기 때문이다.

"예수 그리스도께서 사람들을 구속하기 위하여 오신 것을 알 때 구원을 확신하게 된다. 이런 소박하고 신실한 믿음을 가지고 있을 때, 그 믿음은 지옥의 모든 공격 곧 사탄의 모든 공격을 능히 물리치고도 남을 것이다."[52]

그러나 그리스도를 믿는 우리의 확신은 우리가 느슨해도 된다는 말이 아니다. 오히려 "믿음은 싸우지 않을 수 없다"[53]는 것을 알기 때문에 훈련과 기도로써 부단히 죄와 싸워야 한다. 소망은 불멸에 대한 막연한 가정이 아니라 성령께서 주셔서 마음에 품게 하신, 예수 그리스도 안에서 하나님께서 주신 신실한 약속에 대한 확신이다. 욥기에 대한 20회째 설교에서 칼빈은 믿음의 연약함과 위대함을 보여준다.

"그것은 명백히 '내세에 대한 소망'이라고 합니다. 왜 그렇게 말합니

---

51) C. R. XLVI, p. 82.
52) C. R. XLVI, p. 253.
53) Ibid. LIII, p. 595. 참고. 리처드 후커, "그의 기도가 우리의 노력을 배제해서는 안 된다"(설교 I. Works, ed. Keble 1845, vol, III, p. 480.).

까? 우리는 바랄 수 없는 중에 바라야 하기 때문입니다. 만일 진심으로 하나님을 믿는다는 것을 보여주고자 한다면, 세상에는 우리가 신뢰할 만한 것이 하나도 없고, 죽음이 사방에서 우리를 에워싸며, 우리를 위로할 수 있는 어떠한 빛도 없는 어둠으로 둘러싸여야 합니다. 예를 들어 하나님께서 우리에게 등을 돌리고 우리를 포기하고 심지어 우리의 원수들을 편들어 그들로 하여금 매로 우리를 때리게 하고 하나님께서 철저히 우리를 대적하실 때조차도, 단지 '내가 네 구주가 되리라' 는 하나님의 약속 외에는 아무것도 우리에게 남아 있어서는 안 됩니다. 다시 말하면 이 모든 일이 일어나더라도 우리는 계속해서 하나님을 신뢰해야 합니다. 그것은 마치 엘리파스(Eliphas)의 말과 같습니다. '하나님의 자녀는 인내의 한계에 이르러 사면초가에 빠져서 도무지 피할 길이 없다는 것을 알더라도, 하나님께서 그들의 아버지와 구주이심을 나타내실 것이라는 소망을 절대로 버려서는 안 된다. 억압에도 불구하고 내세에 대한 소망이 있으리라는 약속을 믿는다면, 하나님께서 그들을 결코 저버리시지 않을 것이라는 소망을 절대로 버려서는 안 된다. 당장 죽게 된다는 것을 알지라도 그들을 위하여 예비된 생명을 바라보지 않으면 안 된다.'"[54]

   그 나라에 이르기를 원한다면 어떤 장애에도 좌절하지 않고 불굴의 정신으로 마지막까지 인내해야 한다. 훌륭한 출발만으로는 부족하다. 경계를 늦추지 않고 끝까지 인내해야 한다. 그러나 신자들이 자기 자신의 힘으로 견딘다는 것은 불가능하다. 신자를 겨냥하고 있는 세력은 그들보다 훨씬 더 강하기 때문이다. 그들이 구원을 받으려면 하나님께서 지켜주셔야 한다. 하나님께서는 그것을 약속하셨다. 그리스도인들이 구원에서 떨어질 수는 없다. 그들의 보호자인 하나님은 무적이시기 때문이다.

---

54) Ibid. XXXIII, pp. 256~257.

"하나님께서 우리를 부르셨기 때문에 하나님께서 시작하신 일을 완성하실 것이라는 것 말고 우리가 내일에 대해서, 우리 전 생애에 대해서, 심지어 우리의 사후에 대해서 어떤 확신을 가질 수 있겠는가?"[55]

그러나 하나님께서 그들을 잃어버리는 일은 없을 것이므로 신자들이 구원을 얻기 위한 노력을 게을리 하거나 아무런 싸움 없이 구원에 이를 수 있다고 생각해서는 안 된다. 비록 칼빈은 어느 누구보다도 더 '오직 은혜'를 강조하지만, 결코 그리스도인이 그저 가만히 있어도 된다고 인정한 적은 없다.

"우리가 아무것도 하지 않는다 하더라도, 하나님께서는 우리가 나무토막처럼 되기를 원하는 것이 아니라 우리의 믿음이 발휘되기를 원하는 방식으로 우리를 사용하여 일하신다. 또 우리가 늘 가던 길을 계속 가면서 우리를 공격하는 모든 복병과 습격을 견디어낼 수 있을 만큼 훌륭한 전사가 되어서 싸우면서 하나님을 섬기는 방식으로 우리를 사용하여 일하신다는 것을 알기 때문에 우리는 분투해야 한다."[56]

그러므로 우리는 마귀가 우리를 함정에 빠뜨려 파멸시키려는 모든 유혹에 맞서 싸워야 하며, 자신의 생각과 감정을 통제하여 하나님께서 우리를 다스리시도록 해야 한다. 그러나 이 싸움으로 결코 교만해져서는 안 되는데, 우리의 싸움은 하나님께서 우리에게 힘을 주셔서 하는 것이기 때문이다. 그래서 우리는 이 싸움에서도 하나님께 영광을 돌려야 한다.

지금까지 그리스도인의 개인적인 성격에 대하여 생각했다. 그러나 웨일 박사가 강조한 것처럼, "칼빈의 생각은 일관되게 공동체적이다. 그의 생각은 개인보다는 예정된 무리, 곧 교회인 하나님의 거룩한 백성에게 강조점을 두고 있다. 그 교회 건설의 원리는 고교회주의적(High Churchmanship)이다."[57] 사람이 하나님의 자녀가 되는 것은 설교된 말씀과 세례라는

---

55) C. R. LIII, p. 153.
56) Ibid. LI, p. 825.

형식으로 드러나는 교회를 통해서 이루어진다. 사람이 인내로써 구원을 이루는 것은 성찬식에 초점이 맞추어진 교회의 사귐에 있다. 개인적으로 기도하고 하나님을 찬양하는 것은 필요한 일이지만 그것만으로는 충분하지 않다. 사람은 교회의 사귐 속에서 하나님께 예배드려야 한다. 그 사귐 속에서만 사람은 구원을 받을 수 있다.

교회는 선지자와 사도의 터 위에 세워졌고, 그리스도는 모퉁잇돌로서 전체 건물을 지탱하신다. 교회는 하나님께서 제정하신 제도이기 때문에, 하나님께서 친히 제정하지 않으신 로마 가톨릭의 예배와 같은 예배는 어떤 것이든 하나님께서 받지 않으실 것이다. 일요일은 게으름을 피우는 날처럼 방치되어서는 안 되고, 하나님의 말씀을 듣고 함께 기도하고 성찬에 참여하고 신앙을 고백하는 날이 되어야 한다. 일요일을 하나님을 찬양하고 찬미하는 날로 삼음으로써 사람들은 나머지 한 주일도 일요일의 도움을 받고 있다는 것을 나타내야 한다.

"일요일은 우리가 탑을 우러러 바라보듯이 다른 어떤 것에도 방해를 받거나 마음을 빼앗기지 않고 하나님께서 하신 일만 깊이 묵상하는 날이 되어야 한다."[58]

교회의 중요한 의식은 말씀과 성례다. 말씀과 성례는 분리된 두 개의 독립된 예배 행위가 아니라 긴밀하게 연결된 한 의식이다. 말씀은 제3장에서 길게 생각했기 때문에 여기서 더 이상 이야기하지 않겠다. 성례는 믿음이 연약한 우리에게 말씀으로 선포된 약속이 진실하고 믿을 수 있다는 것을 보증하는 것이다. 그 약속은 우리가 다른 방법으로는 충분히 이해하지 못할 것이다. 성례는 우리에게 예수 그리스도 안에서 행하신 하나님의 일

---

57) 「기독교 예배(Christian Worship)」, "칼빈(Calvin)", p. 157. 미클렘(N. Micklem) 편집.
58) C. R. xxvi, p. 293.

을 가리키는 표징이다.

"성례에 의해 우리는 예수 그리스도께로 향하게 된다."[59]

츠빙글리의 합리주의에서처럼 성례에 특별한 은혜나 그리스도의 임재가 전혀 없을 수 없듯이 보증과 약속, 표징과 그 표징의 대상이 되는 사람은 분리될 수 없다. 칼빈이 볼 때 은혜를 강조한 나머지 성례를 도외시하는 것은 잘못이며 그 반대도 마찬가지다. 우리는 성례에서 끝내는 것이 아니라 성례가 가리키는 길로 나아가야 한다. 그러나 성례부터 시작해야 하고 하나님께서 허락하지 않으신 것은 아무리 '영적'이라 할지라도 어떤 지름길도 시도해서는 안 된다. 따라서 성례가 은혜의 방도다.

세례로써 하나님께서는 성령에 의해 우리를 그리스도에게 연합시키시고, 그리하여 우리는 사죄를 받는다. 성찬으로써 주님은 우리에게 주님을 주셔서 "우리가 쉬지 않고 하늘의 생명을 바라보며 더욱더 나아갈 수 있고, 사탄과 죄와 죽음의 속박을 끊을 수 있도록"[60] 우리의 믿음을 강하게 하신다.

아직은 교회조차도 순례자에게 안식처가 아니다. 약속은 받았으나 경험하지 못한 승리와 안식을 하늘에서 얻기를 기대하면서 그의 눈을 하늘의 기업에 고정시켜야 하기 때문이다. "그들의 존재는 땅에 있으나 시민권은 하늘에 있다"고 한 「디오그네투스 서신(The Epistle to Diognetus)」의 말처럼, 세상에 대하여 나그네처럼 처신하며 우리를 위하여 구원을 이루고 성부께 올라가신 그리스도를 생각하며 살아야 한다. 여기서는 역경과 전투와 소망과 부족과 십자가가 있다. 그러나 거기서는 완전하게 되고, 안식을 누리며, '이 저주스러운 속박'에서 벗어나고, 영생의 약속이 그리스도와 그의 교회의 영광스러운 승리로 완성된다.

---

59) Ibid. XLIX, p. 587.
60) Ibid. XLVI, pp. 258~259.

제 6 장

영국 설교에 미친 칼빈의 영향

"복음의 설교는 영원하고 영속적인 교리가 아니라 여기저기 다니면서 쏟아져 내리는 비와 같다. …… 비는 되돌아가거나 머물지 않고 태양이 내리쬐면 그 열에 다 말라버린다. 복음도 마찬가지다. 복음은 한 사람의 기억 속에 순수하고 순결한 그대로 남아 있지 못했다. 다만 그 복음을 선양한 사람들이 살아 있는 동안에는 지속적으로 향상하지만, 그들이 떠나고 나면 복음은 쉽게 사라져 없어졌고 금방 그 자리에 분란을 일으키는 자들과 이단자들이 잇따라 일어났다."

– 루터

영국 설교의 형성

에드워드 6세 이전까지 칼빈이 영국의(여기서 말하는 영국은 잉글랜드를 가리킨다 – 옮긴이) 종교적인 삶과 사상에 직접적으로 영향을 끼친 일은 거의 없었다. 이 시기까지 영국의 개혁 운동에 영향을 끼친 것은 부분적으로는 루터의 가르침이었고 부분적으로는 영국 내부의 것이었다. 그러나 에드워드 통치 기간과 엘리자베스 여왕의 통치 초기에 칼빈은 영국 교회에서 큰 명성을 얻게 되었다. 그후에 칼빈은 주로 청교도 신앙과 관계되었다. 이는 여러 가지 일들의 압력, 성공회의 성격, 칼빈주의의 한계에 대한 잘못된 해석 때문에 생긴 결과였다. 영국의 설교에 미친 칼빈의 영향력을 보면 이런 관계가 매우 분명하게 드러난다. 1547~1553년까지 칼빈은 영국의 개혁에 지대한 관심을 보였으며, 개혁 문제에 관하여 섭정 서머싯(Somerset)에게 조언을 많이 했다. 그러나 그의 영향력이 가장 강력했던 것은 1558~1559년 대륙으로부터 피난민들이 귀환했을 때였다.

영국 개혁주의 설교의 발전에 칼빈이 유일한 요소는 아니었다. 그리고 그가 비교적 종교 개혁 역사의 후기에 영국 무대에 등장했다는 사실은, 영국에서 칼빈의 설교와 평행한 관계에 있으면서 어떤 점에서 아주 강한 공통점이 있는 토착적인 설교가 생겨나고 있었다는 것을 의미한다. 영국 설교의 형성에 영향을 미친 것은 크게 네 가지였다.

첫째, 유럽의 다른 곳과 마찬가지로 영국에서도 16세기의 설교는 중세와 같은 부류라는 것을 반드시 기억해야 한다. 대륙의 종교 개혁 설교와 영국의 초기 종교 개혁 설교 사이에는 차이가 있었다. 대륙에서는 구식 설교가 종교 개혁자들에 의해 철저히 무시되었다. 예를 들면 루터의 종교 개혁의 역사는 중세 사조에서 벗어남에 대한 이야기다. 아우스트 박사는 그의 말을 다음과 같이 인용했다.

"내가 젊었을 때 …… 나는 주로 풍유, 수사 어구, 쓸데없이 많은 기교를 썼다. 그러나 지금은 그 모든 것에서 벗어났다. 나의 최상의 기교는 성경의 명백한 의미를 보여주는 것이다. 그 명백한 의미가 지식이요 생명이기 때문이다."[1]

그러나 영국의 많은 종교 개혁자들은 새로운 '가르침'을 전달하기 위한 수단으로 옛 형식을 계속 사용했다. 래티머가 옛 형식을 그대로 사용한 대표적인 인물이지만 그만 그렇게 한 것은 아니었다. 영국 설교자들 대부분은 중세의 복잡한 형식은 버렸을지라도 중세의 교훈적인 훈화와 불가타의 짧은 인용구, 강건한 남성미 같은 방식을 어느 정도 그대로 유지했다. 엘

---

[1] G. R. Owst, 「중세 영국의 설교(Preaching in Medieval England)」, 1926, p. 313, n. 2.

리자베스 통치 기간에 중세 사조는 다소 퇴색했지만 랜슬롯 앤드루즈(Lancelot Andrewes)와 그의 학파가 행한 형이상학적인 설교로 반짝 부활했다.

영국 설교에 끼친 둘째 영향력도 역시 영국 내부의 것이다. 설교를 속박에서 해방시키려는 싸움에서 최초의 일격을 가한 사람은 잉글랜드 사람인 위클리프였다. 위클리프는 설교를 하나님의 사역으로 보고 성경을 비교적 쉽게 꾸밈없이 직접적으로 주해하여 종교 개혁 설교의 초석을 놓았다. 그는 영국 강단을, 기독교 설교에 어울리지 않는 방식으로 발전한 중세 사조를 뛰어넘어 교부들과 신약 성경에 연결시켰다.

그러나 위클리프가 영국의 종교 개혁자들에게 얼마만큼 직접적으로 영향을 끼쳤는지 말하기는 어렵다. 루터는 위클리프와 무관하게 설교에 대한 자신의 생각을 갖게 된 것이 아니라 후스를 통하여 위클리프의 생각을 받아들였다. 영국의 종교 개혁자들이 위클리프를 직접 이어받은 것인지 아니면 그의 영향력이 후스와 루터를 통하여 그들에게 미친 것인지를 판단하기는 어려운 문제다. 위클리프파의 롤라드 설교자들이 그의 영향력을 현저하게 끼친 매개라고 생각해서도 안 된다. 아무튼 위클리프가 영향력을 미친 과정을 결정하기는 어렵지만, 그는 영국 설교 형성에 큰 역할을 했다.

영국 설교에 도움이 된 또 다른 요인은 바로 가까이에 있었다. 르네상스로 인한 새롭고 혁명적인 생각에 휩쓸린 사람들은 언어를 개조하지 않을 수 없었다. 이전 형식들로는 그들에게 부과된 갑작스런 긴장을 감당할 수 없었기 때문이다. 르네상스가 안겨준 현대적인 사고방식을 표현해줄 수 있는 새로운 형식이 필요했다. 더욱이 고대 문헌들에 대한 새로운 연구는 스타일 형성에 매우 큰 영향을 끼쳤다. 그리스, 로마, 유대가 사람들에게 새로운 모습으로 다가왔다. 플라톤과 키케로와 세네카와 헬라어 신약 성경이 제각기 역할을 했고, 성경의 재발견으로 동양의 이미지와 표현이 전성기를 맞이하게 되었지만 그것의 반대편에 고전 문학의 더 위대한 간결함이 있었다. 로렌스(T. E. Lawrence)의 말은 그 시대에 시의 적절한 말이다.

"그것은 아침과 같았다. 그 세계의 신선함은 우리를 취하게 할 것만 같았다."

르네상스의 아침에 사람들은 말하는 법을 배웠다.

마지막으로 설교의 개념과 관련하여 결정적인 영향력을 끼친 것은 대륙의 종교 개혁자들이었다. 영국 신학의 최초 단계에서는 루터가 가장 중요했다. '작은 독일'에서 연구된 것이 바로 그의 책이었고, 그의 교리들이 영국의 종교 개혁을 자극했다. 약간의 난관을 처리해가면서 영국의 면모를 간직한 초기 종교 개혁자들은 루터파로 알려져 있었고 실제로 루터파였다. 예를 들면 틴들(Tyndale)은 「로마서 서문(Prologue upon the Epistle to the Romans)」에서 루터를 거의 그대로 따르고 있다. 설교에 관하여 그는 다음과 같이 말한다.

"오직 믿음에 의해서 성령이 임하시는 것처럼, 그리스도가 하나님의 아들인 동시에 사람이시며, 우리를 위하여 죽었다가 다시 살아나신 것이 설교될 때 그 하나님의 말씀 또는 기쁜 소식을 들음으로써 믿음이 생긴다."[2]

또 「토머스 모어 경의 대화에 대한 답변(Answer to Sir Thomas More's Dialogue)」 제4권에서 그는 이렇게 말한다.

"믿음의 설교가 영혼 속에 사랑을 일으키고 영혼을 소생시키며 우리 마음을 하나님께로 향하게 한다."[3]

---

2) Works(Parker Society), I, p. 488.
3) Ibid., III, p. 205. 그러나 틴들의 설교에 대한 생각에서 츠빙글리의 영향보다 더 많은 것을 발견할 수 있다.

그러나 점차 영국에서 스위스 종교 개혁자들이 루터의 역할을 담당하게 되었고, 마침내 그린달(Grindal)은 칼빈과 불링거를 영국 교회에 '남아 있는 거의 유일하게 중요한 기둥'[4]으로 언급했다. '비텐베르크의 사람들'은 정통 영국 국교도들에게 외면을 당하게 되었다.

튜더 왕조의 왕들은 자기 영토에서 행해진 설교에 대단히 민감한 반응을 보였는데, 그럴 만한 이유가 있었다. 강단은 아직까지 중세 시대에 발휘되었던 강력한 권위를 거의 잃지 않았다. 설교는 사람들의 신앙을 형성할 뿐만 아니라 정치, 사회, 문화의 움직임을 형성할 수 있는 효과적인 힘이었다. 십자군에서 베르나르두스의 역할이나 수도사들의 사회적인 영향력을 생각해보면 그 시대에 설교가 신문과 방송보다 더 강력한 위치에 있었다는 것을 알 수 있다. 또한 위클리프와 그의 추종자들에 의해 일어난 지속적인 사회적 불안을 기억한다면 통치자들이 충분히 두려워할 만했다는 것을 이해할 수 있다.

통치자들은 설교에 대하여 엄격한 규정을 정했다. 설교자가 자격증을 갖추어야 함을 강조했고, 때로는 설교가 완전히 금지되기도 했다. 또한 모든 통치자는 설교가 선전에 도움이 된다는 것을 아주 분명하게 인식했다. 그래서 헨리 8세는 그의 최초의 「왕의 칙령(Royal Injunctions, 1536)」에서 "로마의 주교가 찬탈한 권력과 재판권이…… 무엇보다도 가장 먼저 제거되어 폐지되는 것이 가장 정당하며 …… 왕의 권력이 그의 통치 영역에서 하나님 아래 최고의 권력과 주권자"[5]라는 것을 석 달 동안 매주 설교하고, 그 다음에는 한 분기에 두 번씩 설교할 것을 성직자에게 명했다. 1576년에 엘리자베스 여왕에게 보낸 유명한 편지에서 대주교 그린달은, 설교

---

4) Zwich Letter, Second Series, p.97.
5) H. Gee and W. J. Hardy, 「Documents Illustrative of English Church History」, 1896, p. 270.

를 통하여 백성들에게 통치자에 대한 의무를 상기시킴으로써 충성심을 강화했다는 점을 들어 설교의 정치적 가치를 주장했다.

그러나 안타깝게도 튜더 왕조의 공적인 규정을 존중한 것이 영국 설교의 가장 큰 약점이다. 당시에는 모든 나라에서 설교자들이 부족했는데 특히 영국이 가장 부족했다. 래티머, 크랜머, 부처, 주얼(Jewel), 그린달, 청교도, 그 외 많은 사람들이 더 많은 설교를 호소했다. 다양한 왕의 칙령들은 설교가 얼마나 희귀했는지를 잘 보여준다.

헨리 8세는 첫째와 둘째 칙령(1536년과 1538년)에서 성직자들에게 분기에 한 번은 설교하라고 명령했다. 이 명령은 에드워드의 칙령(1547년)에서도 그대로 반복되었는데, 설교적 훈계를 분기마다 읽어주어야 한다는 것이 추가되었다. 엘리자베스의 칙령(1559년)에서는 "적어도 매달 한 번 설교"[6]하는 것으로 늘어났고, 다음과 같은 명령이 추가되었다.

"여왕의 왕국과 통치 영역의 대부분 지역에서 설교자가 부족하여 사람들이 여전히 무지하고 맹목적이기 때문에, 모든 성직자는 자기 교회에서 주일마다 설교적 훈계들 중의 하나를 낭독해야 한다."[7]

설교자가 얼마나 심각하게 부족했는지 프레 박사(Dr. Frere)는 다음과 같이 보여준다.

"[설교]에 관해서 여러 곳에서 상당히 큰 불균형을 이루고 있는 것을 볼 수 있다. 런던의 87명의 성직자 중에서 37명은 설교할 수 있었고 19명은 '해석'할 수 있었을 뿐이므로 나머지 31명은 벙어리 개에 지나지 않았다. 그러나 좀 나중 보고서에는 107명의 성직자 중에서 45명이 설교할 수 있는 반면 62명이 설교할 수 없다고 수록되어, 좀더 비판적인 자세로 말하고

---

6) Gee and Hardy, 「Documents Illustrative of English Church History」, 1896, p. 419.
7) Ibid., p. 430.

있다. 런던에 소재해 있지만 켄터베리 대주교 예하인 13개 교회에서 6명의 성직자는 설교자였지만 7명은 설교자가 아니었다. 그 밖의 다른 곳에서는 주교좌가 있는 교회의 성직자들 외에는 설교할 수 있는 비율이 낮았다. 로체스터에서는 참사회의 8명 회원 중에 5명이 설교자였지만, 64명의 교구 성직자 중에 불과 13명만 설교자였다. 그러나 이런 비율조차도 다른 주교구들에 비하면 높은 편이다. 레스터의 부주교구에서는 129명의 성직자 중 불과 15명만이 설교자였고, 코번트리 부주교구에서는 67명 중 불과 3명만이 설교자였다."[8]

독일과 스위스에서 설교가 홍수까지는 아니지만 소나기처럼 쏟아지고 있는 것과 대조적으로 영국에서는 설교가 가뭄과 같은 부족 현상을 보이고 있다는 보고를 받고, 1548년 10월 22일에 칼빈은 섭정 서머싯에게 편지를 쓰게 되었다. 아마도 그는 이 편지를 계기로 영국 설교와 최초로 접촉하게 되었을 것이다. 칼빈은 서머싯에게 "전하께서 전하의 조카인 왕을 소중하게 여기고 존중한다면", 그의 "주요 관심과 주의를 이 목적 곧 하나님의 교훈이 결실을 맺을 만큼 효율적이고 능력적으로 선포되는 일에"[9] 쏟아줄 것을 권면했다. 계속해서 칼빈은 설교되어야 할 교훈의 요약을 제공한 후 다음과 같이 말한다.

"전하, 제가 이렇게 말씀드리는 것은 그 나라에는 활기찬 설교가 거의 없고 대부분이 기록된 강화[10]를 읽는 형식으로 설교하고 있는 것으로 보이기 때문입니다. 나는 전하에게 그렇게 하도록 강권해야 한다는 것을 아주 절실히 느낍니다. 첫째로, 전하께서 원하시는 입증되고 유능한 목사들이

---

8) W. H. Frere, 「The English Church in the Reigns of Elizabeth and James I」, 1904, p. 107.
9) C. R. XIII, p. 69.
10) 이것은 혼이 생각한 것처럼(97쪽 참고) 성직자가 자기 자신의 설교를 읽는다는 말이 아니라 1547년 7월 31일에 출판된 설교적 훈계의 첫째 책을 읽는다는 말이다.

전하에게 없다고 제가 믿기 때문입니다. 그러므로 전하께서는 즉시 이런 부족을 채워야 합니다. 둘째로, 그들 중 많은 사람들이, 변화의 시기에는 늘 나타나는, 어리석은 공상을 퍼뜨리면서 한계에서 벗어나는 행동을 하는 무책임한 사람들이라고 생각됩니다. 그러나 이것들 때문에 예수 그리스도의 명령에 따라 복음을 전하는 일이 방해를 받아서는 안 됩니다. 설교는 활기가 있어야 하며 활기차게 가르치고 권고하고 훈계하여서 …… 실로 불신자가 들어올 때 감화를 받아서 죄를 깨닫고, 바울이 다른 구절에서 말하는 것처럼 하나님께 영광을 돌릴 수 있도록 해야 합니다. 전하께서도 바울이 얼마나 강한 힘과 에너지로 말하는지 아십니다. 목사들은 그런 힘과 에너지로 말해야 하며, 스스로 하나님의 선하고 신실한 종인 것을 나타내야 하고, 단순히 자신이 존경받기 위하여 미사여구를 늘어놓아서는 안 되며, 하나님의 성령이 강력한 에너지로 역사할 만큼 그들의 목소리를 통해 말씀하셔야 합니다."[11]

이 편지에서 칼빈이 영국의 종교적인 상황을 잘 알고 있고 약점의 근본적인 원인도 제대로 파악하고 있는 것을 알 수 있다. 당장 필요한 개선을 위하여 그는 두 가지 임시 조치를 제안한다. 첫째, 이단적이거나 무식한 성직자가 더 타락하지 않도록 '설교해야 할 가르침의 분명한 요약'이 마련되어야 한다. 둘째, 칼빈은 이 점을 크게 강조했는데, 젊은이들의 교육을 위한 요리 문답이 있어야 한다. 그는 편지의 이 단락을 교회의 참된 개혁을 실행하는 설교의 필요성을 강조하면서 끝맺는다.

"그동안 다른 문제들에 관해 어떤 대책을 마련하든지 복음의 설교에 꼭 있어야 할 효력이 소멸되지 않도록 주의해야 합니다. 가장 주의해야 할 것은 전하께 훌륭한 나팔들이 있어서 사람들 마음의 가장 깊은 곳까지 파고

---

11) C. R. XIII, pp. 70~71.

들어야 한다는 것입니다. 전하께서 추진할 개혁이 아무리 확고하고 경건하더라도 설교라는 강력한 나팔이 개발되지 않으면 큰 소득을 전혀 보지 못할 위험이 상당히 있기 때문입니다."[12]

이 편지가 어떤 영향을 끼쳤는지가 흥미롭다. 1549년 7월 9일 파렐에게 보낸 편지에서 칼빈은 서머싯에게 보낸 자신의 편지가(추측컨대 인용된 편지일 것이다) 섭정을 고무시켰다고 말했다. 비록 확실한 증거는 없지만, 순회 설교자들을 보낼 생각을 하게 된 것이 이 편지 때문이라고 해도 무리가 아닐 것이다. 에드워드 6세는 1551년 12월 18일 그의 일기에 다음과 같이 썼다.

"나는 통상 여섯 명의 궁정 목사를 두도록 정했다. 그들 중 두 명은 늘 있고 네 명은 항상 설교하러 가고 없다. 어느 해에 두 명은 웨일스에, 두 명은 랭커셔와 더비에 설교하러 갔고, 그 다음 해에는 두 명은 스코틀랜드의 경계 지방들에, 두 명은 요크셔에 설교하러 갔다. 셋째 해에는 두 명은 데번셔에, 두 명은 햄프셔에 설교하러 갔다. 넷째 해에는 두 명은 노퍽과 에식스에, 두 명은 켄트와 서식스에 설교하러 갔다. 이 여섯 명의 이름은 빌(Bill), 할리(Harley), 펀(Perne), 그린달, 브래드퍼드(Bradford), 녹스다."[13]

그러나 이 선의의 계획은 금방 끝나고 말았다. 에드워드가 18개월 만에 죽었기 때문이다. 그 계획은 부활되지 못한 것 같다. 게다가 그 계획은 절

---

12) C. R. XIII, p. 72. 그는 크랜머에게도 긴장을 늦추지 않고 다음과 같이 썼다. "교리 설교를 예로 생각해보십시오. 확실히 교회가 자격을 갖춘 목사들을 확보하려는 큰 수고를 아끼지 않을 때까지, 이를 가르치는 의무를 양심적으로 이행하게 될 때까지 순수하고 더럽혀지지 않은 신앙은 꽃피지 않을 것입니다"(C. R. xiii, p. 683.).
13) G. Burnet, 「History of the Reformation of the Church of England」 (1865 ed., N. Pocock), v, p. 59.

망적일 정도로 불충분한 것이었다. 프란체스코 수도회나 도미니카 수도회와 유사한 설교단이나 각 주교 관구에 상주하는 교구 전도자가 나섰다면 반드시 실현 불가능하지도 않았고, 사람들의 종교적인 삶에 어떤 지속적인 영향을 미쳤을 것이다. 그러나 그 조치는 수박 겉핥기에 그쳤다. 확실히 그 사태는 매우 복잡했다. 영국의 복음화를 위한 준비는 제네바의 경우처럼 간단한 문제가 아니었다. 그런데 그 세기 동안 영국의 통치자들에게는 칼빈이 보여준 것과 같은 열정도 없었다. 영국에서는 교회의 교리와 계급을 개혁하는 것 이상의 시도가 적어도 권세자들에 의해서는 없었다. 대륙에서는 이러한 시도도 큰 차이가 날 정도로 철저하게 이루어졌고, '설교라는 강력한 도구'를 이용한 사람들의 종교적인 개혁도 시도되었다.

영국 교회에 미친 칼빈의 영향

엘리자베스 시대 이전 종교 개혁자들이 생각한 설교는 제3장에서 설명한 통상적인 유형과 비슷하다. 일반적으로 그 유형들은 츠빙글리보다는 루터에 가깝다. 따라서 래티머는 구원과 사람의 말을 확고하게 결부시켜서 "설교를 없애는 것은 곧 구원을 없애는 것이다"[14]라고 말했다. "하나님의 강력한 도구인"[15] 설교는 사람에게 구원의 지식을 전달하기 위하여 하나님께서 제정하신 것인데, 이는 "선하고 전능하신 하나님께서 구원의 다른 방법과 수단을 제정하실 수 있으나 하나님께서 제정하신 것은 바로 이 설교라는 직분이기"[16] 때문이다. 다음 구절에서 우리는 전형적인 중세 스타일 외에 그가 어떻게 설교가 은혜의 수단인 것을 주장하는지 살펴볼 수 있다.

---

14) Works(Parker Society), I, p. 155.
15) Ibid., I, p. 349.
16) Ibid., I, pp. 290~291.

"'우리가 거듭난 것은' 이라고 성 베드로는 말했다. 어떻게? '썩어질 씨로 된 것이 아니요 썩지 아니할 씨로 된 것이니.' 썩지 아니할 씨란 무엇인가? '살아 있는 하나님의 말씀으로.' 설교되고 열린 하나님의 말씀에 의해서. 그리하여 우리가 새로 태어나게 된다."[17]

다른 유형의 종교 개혁자에게 주의를 돌려보면, 주얼에게서도 래티머와 본질적으로 동일한 가르침이 있음이 발견된다. 다행히 우리에게는 주얼이 1550년이나 1551년에 옥스퍼드 신학사 학위를 받을 때 설교한 라틴어 설교가 있다. 그것은 칼빈을 아주 강하게 연상시키는 설교여서 주얼에게 끼친 칼빈의 영향을 쉽게 짐작할 수 있다. 주얼은, 설교자는 하나님의 사자이므로 그의 설교가 사람의 말이 아닌 하나님의 말씀임을 주의해야 한다고 말한다.

"하나님의 사자가 하나님의 백성에게 하나님의 말씀을 전하는 것보다 더 좋은 것이 무엇입니까?"[18]

그리고 다음과 같이 말한다.

"거짓이 아닌 진실이 이야기되어야 합니다. 우화가 아닌 성경이 이야기되어야 합니다. 사람의 꿈이 아닌 지극히 높으신 하나님의 교훈이 이야기되어야 합니다."[19]

우리가 사죄와 영생을 받는 것은 설교를 통해서다.

"우리가 빛을 보는 것, 속박에서 벗어나는 것, 하나님의 소유로 여겨지고 하나님의 자녀가 되는 것, 이 모든 것은 하나님 말씀의 설교 덕분입니다."[20]

---

17) Ibid., I, p. 202.
18) Works(Parker Society), II, p. 957.
19) Op. cit., II, p. 955.
20) Ibid., II, p. 953.

칼빈처럼 주얼은 설교에서 하나님께서 하시는 일과 사람의 일을 명확하게 구분하지 않았다. 바로 이 점에서 그는 자기가 루터와 츠빙글리 쪽이 아닌 칼빈 쪽에 서 있다는 것을 확실하게 보여준다. 그는 이렇게 말한다.

"우리가 빛을 제시하면, 하나님께서 그들의 눈을 뜨게 하실 것입니다. 우리가 귀를 두드리면, 하나님께서 그들에게 부드러운 마음을 주실 것입니다. 우리가 그들에게 말씀을 주면, 하나님께서 성령을 주실 것입니다. 우리가 심고 물을 주면, 하나님께서 적당한 때에 자라게 하실 것입니다. 사람들에게 말씀으로 가르치는 것은 우리의 의무지만, 그의 말씀에 믿음으로 화합하게 하는 것은 하나님께 속한 일입니다. 하나님의 말씀의 능력은 그와 같기 때문에 아무것도 역사하지 않거나 아무런 소득이 없을 수는 없습니다."[21]

엘리자베스 여왕의 즉위와 함께 칼빈은 거의 반세기 동안 영국의 종교적 사상에 가장 강력한 영향력을 행사하게 되었다. 그의 영향력은 주로 스위스와 라인 지방에서 종교 개혁 교리를 받아들인 후, 고국인 영국이 제네바 신앙의 모범을 따르기를 간절히 열망한 망명자들을 통하여 끼쳐졌다. 그들이 모두 다 청교도가 된 것은 아니었다. 그들 중에는 솔즈베리의 주얼, 일리의 콕스(Cox), 요크의 샌디스(Sandys), 캔터베리의 그린달과 같은 영국 국교도임을 표명한 사람들도 있었다. 실제로 칼빈의 영향력은 급진파에 국한되지 않고 그의 교회 정치를 받아들이지 않은 사람들에게도

---

21) Ibid., II, pp. 954~955. 주얼의 후기(즉, 엘리자베스 여왕 시대에) 교리가 이것과 다르지 않다는 것은 다음과 같은 구절에서 나타난다. "이 집은 하나님 나라다. 즉 그리스도가 문이고 하나님의 말씀이 열쇠다"(Works, III, p. 364). "이제 하나님 나라로 가는 길과 문을 우리에게 열어주는 열쇠가 복음의 말씀과 율법 및 성경의 주해인 것을 우리가 알았습니다. 분명히 말하지만 그 말씀이 없는 곳에는 열쇠도 없습니다"(Ibid. III. p. 61.). "왜냐하면 모든 성례의 실체가 하나님의 말씀이기 때문입니다. 사도 바울은 이것을 '화목하게 하는 말씀' 이라고 불렀습니다. 이 말씀은 죄를 사하는 수단입니다"(Ibid., III, p. 353.).

두루 미쳤던 것을 볼 수 있다.

그러나 칼빈의 생각이 단지 망명자들을 통해서만 영국에 전달된 것은 아니었다. 그는 저서를 통하여 직접적으로 영향을 끼쳤다.[22] 「기독교 강요」는 토머스 노튼(Thomas Norton)이 1561년에 번역하기 전에 이미 영국 종교 개혁자들 사이에 잘 알려져 있었다. 이 번역서는 1600년 이전에 여섯 번 재판되었고 요약판도 상당히 많이 만들어졌다. 칼빈이 쓴 다른 책들도 많이 번역되었으나 지금 우리의 연구와 관련하여 좀더 중요한 것은 방대한 양의 그의 설교 번역들이다. 1553년 초기에 열세 편의 설교집이 번역되었는데, 아마도 메리 여왕이 즉위한 뒤였을 것이며 그래서 역설적인 전설이 생겼다. "성 에인절(S. Angel)의 성 앞에서 성 베드로의 서명으로 로마에서 각인되었다"는 전설이다. 일부 설교들이 거듭 인쇄된 것을 보면 그 인기가 어떠했는지를 알 수 있다. 예를 들면 욥기는 10년 동안 5판을 거듭했고, 십계명은 2~3년 사이에 5판을 거듭했다.

번역자가 누구였는지를 아는 것도 중요하다. 번역자들 중 일부는 개인적으로 신약 성경을 번역했고, 12개 나라의 말을 알고 있는 것으로 정평이 나 있는 로렌스 톰슨(Laurence Tomson)과 같은 청교도였다. 그러나 가장 유명한 세 사람은 아서 골딩, 존 하머(John Harmer), 로버트 혼(Robert Horne)이었다. 골딩은 부유하고 좋은 연고가 있는 학자로서 필립 시드니 경의 친구요, 엘리자베스 여왕 시대의 골동품 애호가 협회원이었다. 그는 종교 서적은 물론 오비디우스의 「변신 이야기」와 같은 고전도 번역했다. 하머와 혼은 성직자였다. 하머는 윈체스터의 목사면서 옥스퍼드의 헬라어 흠정 담당 강좌 교수였다. 나중에 그는 흠정역의 신약 성경 번역자 중 한 사람이 되었다. 혼은 윈체스터 주교로서 1950년대에 취리히에서 망

---

22) 칼빈의 비서인 니콜라 데 갈라르와 장 쿠쟁이 런던에 있는 프랑스인 교회의 목사가 되었다는 것도 흥미를 가지고 유의할 만하다.

명 생활을 했다.

칼빈은 실제로 이 중요한 형성기에 영국 교회에서 확고한 위치를 차지했다. 칼빈의 영향력은 알렉산더 노웰(Alexander Nowell)의 권위 있는 요리 문답(1570년)에도 나타난다. 그는 망명 생활을 했던 사람으로서 성당 지구장이었다. "경건과 구원에 필요한 모든 것은 하나님의 기록된 말씀에 들어 있다"[23]는 것을 주장한 뒤에 그는 설교의 필요성을 다루었다. 노웰에 의하면 설교란 새로운 어떤 것을 제시하는 것이 아니라 성경을 주해하는 것이다. "주해자들이 하나님의 교회에서 가장 필요하며" 사람들은 그들의 말을 "마치 주님께서 친히 임재하신 것처럼"[24] 경청해야 한다. 설교자와 교우들은 모두 설교하는 일과 듣는 일에 열심이 있어야 하지만 하나님께서 조명해주시지 않으면 이해하려고 아무리 노력해도 소용이 없다는 사실을 반드시 기억해야 한다.

"그것이 하나님의 지혜이기 때문에, 바울이 하나님께서 자라게 하시지 않으면 심는 것과 물 주는 것이 헛되다고 가르치는 것처럼, 하나님께서 성령의 가르침으로 우리 마음을 깨닫게 해주시지 않으면 사람들은 헛되이 가르치고 배우는 것이 되고 만다. 그러므로 하나님의 말씀에 감추인 하나님의 지혜를 얻으려면, 깊은 어둠에 갇혀 깜깜한 우리 마음을 하나님께서 성령으로 조명해주시기를 간절히 바라며 기도해야 한다. 이는 주님께서 성령을 우리의 선생으로 하늘로부터 보내셔서 우리를 모든 진리 가운데로 인도하겠다고 약속하셨기 때문이다."[25]

1572년에 익명의 청교도들이 '의회에 대한 권고'를 발표했는데, 그들이 제기한 문제점 중 하나는 영국에 설교가 부족하다는 것이었다. 영국 교

---

23) 토머스 노튼이 번역한 『요리 문답(A Catechism)』(Parker Society), p. 115.
24) Op. cit., p. 116.
25) Ibid., p. 117-118.

회와 사도 교회를 비교하면서 그들은 이렇게 말했다.

"그때에는 부지런히 양 떼를 먹였는데 지금은 철마다 가르치고 있다. 그때에는 때를 가리지 않고 늘 설교했으나 지금은 한 달에 한 번 설교하는 것으로 충분하다고 생각한다. 만일 두 번 설교하면 직무 이상으로 사역한 것으로 간주된다."[26]

아무리 그들의 논증이 부적당하고 수준이 낮더라도(그래서 그들은 위트기프트〈Whitgift〉와 후커〈Hooker〉의 노리갯감이 되었다) 문제에 대해서는 그들이 옳았다는 것과, 그들은 단지 많은 종교 지도자가 그들 앞에서 했던 말을 하고 있었다는 것, 그리고 4년 내에 캔터베리 대주교가 내키지 않아 주저하는 군주를 권고하고자 했음을 강조해야 한다.[27] 그 '권고'에 대한 위트기프트의 대답은 불행히도 이 논쟁에서 그와 후커에게서 나옴직한 대답이다. 첫째, 위트기프트는 정기적으로 설교하는 사람이 많다는 구차한 핑계로 설교가 부족하다는 것을 부인한다. 게다가 그 문제를 더욱더 모호하게 만듦으로써 가장 훌륭한 설교자는 가장 많이 설교하는 사람이 아니라 '가장 학문적으로, 가장 함축적이게, 가장 정연하게, 가장 사려 깊게, 가장 교훈적으로 설교하는 사람'이라고 주장한다.[28] 그러나 적어도 그는 "좀더 자주 설교하는 것이 (전자의 상황을 고려하면) 좀더 낫다"[29]는 것

---

26) 위트기프트(J. Whitgift)의 다음의 것에서 인용했다. Works(Parker Society), vol. III, p. 1.
27) 그린달이 여왕의 분노를 초래한 것은 주로 설교 문제에 대한 것이었다. 아주 세련된 편지에서 그는 명확한 태도로 용기 있게 교회에서 설교의 필요성을 강조했다. 그는 "교회에 설교자가 별로 없어도 좋다는 이상한 생각을 한 번이라도 했다는 것"을 의아하게 여긴다(Works, Parker Society, p. 378). 설교적 훈계(호밀리아)는 꼭 말해야 한다면 그런대로 훌륭하다. 그러나 설교와는 '비교가 안 된다.' 그린달은 모든 것을 압류당하고 불명예스럽게 죽었다. 그러나 그의 행위는 참으로 위대했다.
28) Op. cit., III, p. I.
29) Ibid., III, p. 2.

에 동의한다.

  토머스 카트라이트(Thomas Cartwright)가 그 논쟁에 개입하여 위트기프트가 제시한 '권고에 대한 답변'에 대하여 엄숙하고 에두르는 주장을 함으로써 논쟁을 더욱더 복잡하게 만들었다. 카트라이트는 자기 논적에게 말하기를, 자신이 책을 참고할 수 없는 처지이기 때문에 논증이 어려움을 겪었다고 사과했다. 그러나 이 논쟁에서 카트라이트는 책들보다 더 필요한 어떤 것이 결여되어 있었다. 이 신학 논쟁은 비록 그들이 매우 흥분하여 서로를 인정해줄 만한 차분한 분위기는 안 되었지만, 우리에게 청교도와 영국 국교도의 관점을 보여준다는 점에서 유익하다. 우리는 먼저 그들이 동의한 것을 살핀 후에 차이점을 살필 것이다.

  그들은 설교가 하나님께서 사람을 회심시키기 위해 사용하시는 정상적인 방도라는 것에 동의했다. 위트기프트는 다음과 같이 설명했다.

  "하나님의 말씀을 소중히 여기는 사람은 아무도 하나님의 말씀이 하나님께서 우리에게 믿음이 역사하도록 쓰시는 아주 일상적인 방도라는 것을 부인하지 않는다. 따라서 설교자가 필요하다는 것도 부인하지 않는다."[30]

  그들은 이것 외에는 어떤 중요한 점에 대해서도 동의하지 않았다. 그들의 논쟁은 두 가지 문제, 곧 설교 없는 성례가 유효한가 하는 것과 성경을 낭독하는 것이 설교인가 하는 것에 집중되어 있었다. 후자의 문제가 우리의 연구와 좀더 관련되어 있다.

  '권고에 대한 답변'에서 위트기프트는 이렇게 묻는다.

  "당신이 성경 낭독을 왜 그렇게도 싫어하는지 그 까닭을 꼭 알고 싶소. 당신이 츠윙필디안(Zuingfildians)[31]이 아니기를 바라오. 하나님의 말씀이 낭독되는 것이 설교되는 것만큼 효과적이지 않소? 아니면 성경 낭독은 설

---

30) Ibid., III, pp. 6~7.
31) Zwenkfeldians.

교가 아니란 말씀이오?"³²⁾

이에 대해 카트라이트는 다음과 같이 답변한다.

"나는 하나님의 말씀이 낭독되는 것은 설교되는 것만큼 효과적이지 않다는 것을 말씀드리는 것이오. 성 바울은 '믿음은 들음 곧 설교된 말씀을 들음에서 난다'고 말했소. 그러므로 믿음을 일으키는 통상적이면서 특별한 방도는 설교지 낭독이 아니오."³³⁾

위트기프트는 문맥상 바울이 말한 설교란 '선포'로서 설교뿐만 아니라 성경 낭독도 포함된다고 정확하게 대답한다. 그러나 그는 '설교가 무지하고 무식한 사람들에게 좀더 적합하기 때문에' 설교가 낭독보다 더 도움이 된다는 것에는 동의한다. 카트라이트는 낭독도 설교의 한 형태라는 것을 인정했지만, 그의 편견은 그대로 남아 있다. 그의 오류(그리고 그의 동료들의 오류)는 하나님의 말씀에 대한 칼빈의 가르침을 잘못 해석한 것에서 비롯된 것으로 보인다. 그들은 칼빈이 설교(preaching)에 대해 일반적으로 말한 것을 강설(sermon)에만 적용했다. 한편 위트기프트는 설교에 대해서 대체로 칼빈과 같은 생각을 한 것으로 보인다.

리처드 후커는 칼빈과 생각이 비슷한 것으로 보였지만 실제로는 칼빈과 달랐다. 후커는 설교의 목적에 대해 청중을 가르쳐 영생에 이르게 하는 것이라고 생각했다. 또한 설교의 본질은 "하나님의 신성하고 구원하는 진리"이며 "신자를 구원해야 하는 것은 그리스도의 십자가의 지식으로서 이것이 모든 설교의 유일한 주제"³⁴⁾라고 생각했다. 설교는 하나님께서 사람을 회심시키기 위하여 쓰시는 방도라고 말할 때 우리는 곧 설교가 강설뿐만 아니라 성경 낭독도 포함한다는 그의 주장에 도달하게 된다. 청교도와

---

32) Ibid., III, p. 29.
33) Whitgift, III, p. 30.
34) Eccles. Pol, v, xxii, 9.

분리파들은 강설에만 설교라는 이름을 붙였다. 영국 국교도는 강설이 설교의 한 형태라는 것에 동의했지만 성경 낭독도 그에 못지않게 설교라고 주장했다.

"외적으로 집행된 하나님의 말씀이(성령은 내적으로 그 말씀과 동시에 활동하여) 사람을 회심시키고 교화하며 구원하는 역사를 일으킨다는 것을 양편은 모두 고백한다. 그렇다면 하나님의 말씀을 근거로 작성된 강설로 성경을 설명할 때와 똑같이, 성경을 있는 그대로 낭독할 때에도 하나님의 말씀은 외적으로 집행되는 것이다. 우리는 성경 낭독과 강설 모두에 통상적으로 하나님의 손길이 어떤 중요한 작용을 한다는 것을 확고하게 믿지만, 그들은 둘 중의 하나에 대해서는 그것을 부인한다."[35]

이 모든 것은 존경스럽다. 그리고 후커가 설교에 대해서 가장 높은 개념을 견지했음을 알 수 있다. 그는 "하나님 나라의 열쇠로서, 영혼의 날개로서, 사람의 좋은 열심을 불러일으키는 것으로서, 건전하고 건강하게 하는 음식으로서, 상처 입은 마음을 치유하는 약으로서 강설"[36]을 장엄한 문장으로 이야기한다. 그런데 같은 문제와 관련이 있는 두 단락에 도달하면 비로소 우리는 후커가 칼빈과 결정적으로 다른 점을 보게 된다. 첫 단락에서 후커는 이렇게 말한다.

"따라서 우리에게는 성경 이외에 어떤 하나님의 말씀도 없다. 사도들의 책이 우리에게 바로 하나님의 말씀이듯이 사도의 강설은 그 강설을 들은 사람들에게 하나님의 말씀이었다. 우리 자신의 강설과 해명은 그렇지 않다. 그것들은 우리의 지혜로 만든 강화(discourse)로서 하나님의 말씀으로부터 모아서 나누어주는 것이다."[37]

---

35) E. P., v. xxi, 5.
36) E. P., v. xxii, I.
37) Ibid., xxii, 2.

둘째 단락은 좀더 결정적으로 다르다.

"말은 하나의 이미지로서, 말에 의해서 연설자의 마음과 영혼이 청중의 가슴 속에 전달된다. 진리와 생명 자체인 하나님께로부터 나오는 말씀이, 히브리서에서 특별히 언급하는 것처럼 '좌우에 날선 어떤 검보다 예리하여' 생생하게 능력적으로 작용하는 위대한 이유는 우리가 선택할 수 없고 볼 뿐이다. 이제 만일 우리가 이곳과 또 다른 곳에서 우리의 강설을 그렇게 강력하고 설득력 있는 말로 인식했다면, 하나님의 말씀이 아닌 것에 하나님의 말씀의 가장 독특한 영광을 부여하지 말아야 하는 것이 아닐까? 왜냐하면 우리 강설에 관하여 말하면, 강설은 사람의 지혜로부터 존재하게 되었으므로, 강설이 종종 그것의 근원인 지나치게 오염된 샘물을 너무 많이 마시기 때문이다."[38]

이 말은 「그리스도인의 편지(A Christian Letter, 1599)」를 쓴 저자들이 언급한 것이다. 그들은 여기서 후커가 영국 개혁 교회의 선조들과 생각이 달랐다는 것을 올바르게 지적했다. 또한 그들은 훌륭한 신학적인 통찰력으로 문제의 핵심에 도달하여 다음과 같이 질문했다.

"성경의 참되고 자연적인 의미만을 전달하는 모든 교리와 해석과 권면이 하나님의 말씀인지 아닌지, 또는 하나님의 말씀이 히브리어와 헬라어 본문의 자구에만 있는 것인지, 아니면 충실히 번역된 본문의 자구에도 있다고 말하고 싶은 것인지 우리에게 가르쳐주기 바란다."[39]

이 구절에 대하여 난외주에 쓴 후커의 경멸적인 원고 메모는 이상하고 핵심에서 벗어나 있다. 그 메모는 이렇게 되어 있다. 만일 성경이 하나님의 말씀이라는 것과 같은 의미로 설교가 하나님의 말씀이라면, 사도와 참된 설교자는 전혀 차이가 없고, 사실상 "그렇다면 우리는 칼빈의 강설이

---

38) Ibid., xxii, 10.
39) 베인(R. Bayne)이 편집한 E. P. 5권, 610쪽, 후커에서 인용됨.

성경이라고 주장해야 한다."⁴⁰⁾

　이미 말한 바와 같이 칼빈은 이 영국 청교도 편에 서려 하지 않았다. 또 칼빈은 설교를 성경과 동일한 위치에 둔 적도 없었다. 이것은 후커가 아주 맹목적이고 비논리적일 정도로 강조하는 점이다. 후커는 믿음이 하나님의 말씀으로 말미암는다고 주장하며 성경뿐만 아니라 설교에 의해서도 믿음이 생긴다는 것을 인정하지만, 설교가 하나님의 말씀이라는 것은 부인한다. 설교는 다만 파생적인 의미에서만 하나님의 말씀인데, 설교가 참되고 실로 유일한 하나님의 말씀인 성경과 관계가 있기 때문이라는 것이다. 우리는 그에게서 영국 기독교의 현저한 특징이 된 성경 숭배를 발견한다. 「그리스도인의 편지」가 제시한 대답이 정확하게 정답이었다.

　성경의 말들이 아니라 성경의 복음이 하나님의 말씀이다. 어떤 사람의 입에서 나왔든지 그 복음이 하나님의 말씀이다. 설교하라는 명령을 받은 개인은 누구나 자기 고유한 증거가 필요하지 다른 설교자의 증거, 심지어 사도의 증거가 필요한 것이 아니다. 성경을 낭독할 때 설교가 행해지고 있는 것이 사실이지만, 설교자는 낭독자(the reader)가 아니라 낭독자를 통하여 설교하고 있는 저자(the writer)가 된다. 교회는 사도와 선지자의 증거를 반복하는 것으로 만족해서는 안 되고, 이어지는 세대마다 자기 고유의 증거를 가지고 있어야 한다. 그리고 그 증거는 하나님의 은혜에 의하여 성령의 능력으로 가장 거룩한 하나님의 말씀이 된다.

칼빈의 설교 방법

　칼빈의 설교론이 영국 강단에 끼친 영향력에 비하면 그의 설교 스타일과 형식이 끼친 영향은 덜하지만 결코 무시할 수는 없다. 그 영향은 교회

---

40) Ibid., p. 106, n. 32.

뿐만 아니라 이단들에게까지 확대되었고, 오늘날까지 계속되고 있다. 칼빈의 강해적인 설교적 훈계는 영국에서 새롭게 태어났다. 그 방법은 엘리자베스 통치 이전에는 영국에서 널리 사용되지 않았고, 한 책에 대한 연속 강해는 더욱 드물었다. 글로스터의 존 후퍼(John Hooper)와 같은 몇몇 중요한 설교자가 그 방법을 사용했다. 후퍼는 1550년에 에드워드 왕 앞에서 요나 선지자에 대하여 연속적으로 설교했다. 하지만 그런 시도는 드물었고 영국에서는 다소 생소한 것이었다.

그러나 스코틀랜드에서는 대륙의 설교적 훈계가 그대로 받아들여졌다. 스코틀랜드 종교 개혁에서 일찍부터 칼빈의 제자라고 할 만한 조지 위셔트(George Wishart)는 던디에서 로마서를 강해했다. 나중에 설교적 훈계는 목사들에게 일반적인 관례가 되었다. 그리하여 16세기 후반의 전형적인 스코틀랜드 설교자 로버트 롤록(Robert Rollock)은 자기가 한 일을 다음과 같이 자세히 말한다.

"교회에서 성경의 여러 다른 책들을 강해한 뒤에 한 나의 마지막 작업은 요한복음 강해였는데, 그 목적은 한편으로는 나 자신이 듣기 위함이고 다른 한편으로는 성경에서 너무나 자주 그리고 너무나 감미롭게 말씀하시는 그리스도를 나타내기 위함이었다."[41]

스코틀랜드에서는 잉글랜드에서처럼 형식이 소멸되지 않았지만, 블라이키(Blaikie)의 말처럼 그것은 "항상 스코틀랜드 강단의 한 특징이었다."[42]

엘리자베스 시대의 교회에서는 성경 전체를 붙잡고 씨름할 능력이나 인내심이 있는 설교자가 별로 없었지만 설교적 훈계가 일반적인 형태였다. 또한 동시에 설교적 훈계와 나란히 좀더 형식에 치우친 방식이 제자리를 그대로 고수하고 있었다. 이 시대는 수사학의 시대였고, 연설의 기술과 관

---

41) 「Selected Works」(ed. W. M. Gunn), II, p. ix.
42) 「The Preachers of Scotland」, p. 56.

련된 책이 여러 권 나왔다. 그 가운데 칼빈주의자가 쓴, 영국에서 상당히 명성을 떨친 책은 존 러담(John Ludham)이 영어로 옮긴 「강단으로 나아가는 길이라고도 불린 설교 연습(The Practise of Preaching otherwise called the Pathway to the Pulpit)」이다.

그 책의 저자는 안드레아스 히페리우스(Andreas Hyperius)로, 그는 1511년 플랜더스에서 태어나 마르부르크 대학에서 교수가 되었고 1564년에 죽었다. 그는 설교가 교회에서 최상의 직무라는 것, 설교자는 학식이 있어야 하고 순결해야 하고 가르칠 능력이 있어야 한다는 것, "설교자는 주로 이 일에 매진해야 한다는 것, 모든 연구와 적용을 통하여 사람을 하나님께 화해시키는 일과 사람의 구원에 도움이 되는 모든 것을 장려하고 설명"[43]해야 함을 가르쳤다. 그는 강설을 증명하는 것, 논박적인 것, 교훈적인 것, 교정적인 것, 위로적인 것, 그리고 마지막으로 이러한 다섯 가지가 혼합된 것의 여섯 유형으로 구분했다. 그리고 이 강설은 간명하고 명쾌하며 정연하고 설교하기 전에 잘 적는 것이 좋다고 했다. 형식에 관해서는 에라스무스의 「에클레시아스테스(Ecclesiastes)」와 같은 이전의 교과서와 크게 다르지 않았다. 히페리우스는 다음의 형식을 추천했다.

1. 성경 낭독
2. 간구 – 성령을 위한 기도
3. 도입부
4. 제안 – 또는 본문의 단락을 나눔
5. 확증 – 또는 교리를 확정함
6. 논박

---

43) Op. cit., Lib. I, Cap. III, fol. 8.

7. 결론 - 권면이 될 수 있음

영국에서는 이 수사학적인 틀이 설교적 훈계와 나란히 존재했다. 실제로 헨리 스미스(Henry Smith)와 같은 몇몇 설교자들은 둘 다 사용했다. 두 가지를 모두 취한 형식은 설교자의 신학적인 입장에 따라 달랐지만, 두 가지를 사용하는 경계선이 국교도와 청교도 사이에 따로 있었던 것은 아니고 영국 국교도와 분리파 사이에도 그런 경계선은 없었다. 주얼과 같은 영국 국교도들은 대개 설교적 훈계를 사용했다. 일부는 심지어 연속적인 일련의 강설들, 예를 들면 선지자 요나에 대한 대주교 애벗(Abbott)의 강설을 설교했다. 히페리우스와 같은 설교의 형식적인 기교는 청교도들 사이에 폭넓게 이용되었다.[44]

청교도의 설교가 반드시 칼빈의 모범을 따른 것은 아니었다. 대부분 청교도의 강설은 종교적인 강화에 지나지 않았고 성경보다는 중세의 강설이나 형이상학적인 강설과 더 관계가 있었다. 아주 모호하고 단편적인 형이상학적인 설교는 시험을 해석하려고 노력하는 점이 큰 장점이었고, 그 가운데서 기독교의 원칙들이 중요한 위치를 차지했다. 그러나 토머스 애덤스(Thomas Adams)와 같은 청교도는 그리스도가 한두 번, 그것도 부수적으로 언급될 뿐인 강설을 설교할 수 있었다. 프레이저 미첼(Fraser Mitchell) 교수의 말대로, 칼빈은 초기 청교도뿐만 아니라 엘리자베스 시대의 국교도에게도 뚜렷한 스타일 및 형식의 영향을 끼쳤다.

그러나 그 세기 말 무렵에는 칼빈이 청교도들에게 더 강한 영향을 끼쳤다는 것을 인정해야 한다. 이것은 주로 성직자였던 윌리엄 퍼킨스(William Perkins)의 「연설의 기술(Ars Concionandi)」에 기인하는데, 그

---

44) 일부 청교도는 형이상학적인 설교자였다는 것도 잊어서는 안 된다.

의 이름은 오늘날 거의 유명무실해졌지만 당대에는 칼빈과 후커에 비견되었다. 청교도들 사이에 상당히 큰 인기를 얻었고 그 영향력이 백 년 이상 지속되었던 그의 책은 토머스 튜크(Thomas Tuke)의 「예언의 기술, 또는 설교의 신성하고 유일하게 참된 방법과 방식에 관한 소고(The Arte of Prophecying, or A Treatise Concerning The Sacred and Onely True Manner and Methode of Preaching)」를 번역한 것이었다.

퍼킨스에게 "말씀의 설교란 그리스도의 이름으로 그리스도를 대신하여 예언하는 것이며, 그로 말미암아 사람들은 은혜의 상태로 부름을 받아 그 속에서 보호를 받게 된다."[45] 강설에는 두 부분이 있는데, 본문의 의미를 해석하는 것과 그 해석을 분류하여 사람들에게 적용하는 것이다. 퍼킨스는 외국어를 전혀 쓰지 않고 일화도 거의 제시하지 않았던 점에서 중세 설교와는 정반대였다. 그는 설교자가 해야 할 일을 다음과 같이 요약한다.

1. 명확히 정경으로 인정된 성경의 본문을 낭독하기
2. 낭독한 본문의 뜻을 성경 자체로써 판단하고 이해하기
3. 자연스러운 의미 중에서 유익한 점이 있는 교리를 수집하기
4. (만일 은사가 있다면) 수집된 교리들을 단순하고 분명한 말로 사람들의 삶과 태도에 적용하기[46]

---

45) Works, 1617, Vol. II, p. 646.
46) Op. cit., p. 673. 그러나 불행히도 18세기까지 많은 사람이 퍼킨스를 따랐지만 문자적이고 이지적이지 않은 방식으로 따랐다. 프레이저 미첼 교수는 이렇게 말한다. "만일 퍼킨스의 조언을 그대로 따랐다면 이미 드러난 것처럼 단조롭고 세련되지 않은 어투로 귀착될 수밖에 없었다. 주석을 최소화하고 본문만 계속 이어졌다. 인간적인 첨가에 의한 오염 없이 순수한 말씀이 사람들에게 전달되도록 하기 위한 것이었다. 또한 문학적인 수식이 없이 '수집된 교리들을 단순하고 분명한 말로 사람들의 삶과 태도에' 적용하는 일이 조심스럽게 고수되었다"(「English Pulpit Oratory from Andrewes to Tillotson」, 1932, p. 101).

퍼킨스가 한 일은 칼빈의 방식을 종합한 것에 불과하다고 해도 과언이 아니다.

방법론적인 형식들과 씨름하면서 주해적인 설교적 훈계는 이길 가망이 없는 싸움을 하고 있었다. 17세기에 몇몇 설교자들이 주해적인 설교적 훈계를 사용하긴 했지만 중반에 와서는 영국 설교에서 큰 영향력을 미치지 못했다. 그러므로 영국에서는 형식에 관한 한 칼빈의 영향력은 단명했다.

그러나 설교의 형태는 다른 것으로 대체되었지만 칼빈의 설교 스타일은 널리 영향을 미쳤다. 17세기 말경 대부분의 설교자는 알고 있든 모르고 있든 간에 산문 스타일에서 칼빈주의자였다.

그 세기의 후반에 산문에서 변혁이 일어났다. 엄격함이 없어졌고 거창함과 시적 요소가 상당히 사라졌으며 우선 무엇보다도 명쾌해졌다. 드라이든(Dryden)과 애디슨(Addison)을 애스컴(Ascham)이나 후커와 비교해 보면 그 변화가 명백하게 드러난다. 전자가 정확히 신식 스타일이라면 후자는 구식 스타일이라고 할 수 있다. 이러한 변혁에 대해서 영국 학술원의 영향, 형이상학적인 스타일에 대한 자연스러운 반동, 청교도의 영향 등 여러 가지 이유로 설명한다. 물론 지당한 말이다. 그러나 이 변혁과 관련하여 아직까지 주목받지 못하고 있는 것은 산문 스타일의 발전에서 차지하는 칼빈의 지위다.

칼빈의 저작들, 특히 그가 개정에 관심을 쏟았던 저작들뿐만 아니라 그의 설교들을 살펴보면 진기한 사실을 알게 된다. 18세기에 아주 높이 평가되었던 바로 그 특질들, 즉 명료성, 간결성, 세련미 등이 정확히 칼빈의 스타일에서 두드러진다. 그 당대에서 칼빈만이 근대적 스타일로 글을 쓰고 설교하고 있었다. 보저트(Bossert)는 이렇게 말한다.

"그는 17세기 산문에 가까웠다. 언어 발달의 관점에서 볼 때 그는 연대기적인 순서에서 벗어나 있다. 그리고 그가 차지하는 지위는 파스칼

(Pascal) 바로 앞이다."⁴⁷⁾

실제로 그는 첫 번째의 위대한 근대 설교자였다.

랑송(Lanson)은 프랑스어 산문에 관하여 다음과 같이 쓰고 있다.

"칼빈과 그의 맨 처음 동역자들인 비레와 베자는 강단 웅변의 역사에서 큰 역할을 하고 있다. …… 이 설교는 프랑수아 드 살레(Francois de Sales)와 17세기 웅변을 15세기 프랑스 설교자들과 묶어주는 고리들 중의 하나다."⁴⁸⁾

영국으로 눈길을 돌려보면 상황이 그리 간단하지 않은데, 다른 세력들이 작용하고 있기 때문이다. 영국 설교 및 그로 인한 영국 산문에 끼친 칼빈의 영향의 범위와 영향력에 관하여 독단적인 태도를 취하는 것은 지혜롭지 못하겠지만, 그의 저작들과 청교도들을 통해서 볼 때 상당한 정도다. 프레이저 미첼 교수는 이렇게 말한다.

"새로운 스타일을 결정적으로 검증하는 공로는 영국 학술원에 돌려야 하겠지만, 국가의 배운 자와 배우지 못한 자 등 일반 대중에게 간결하고 솔직하고 부담이 없는 산문이 가능하다는 것을 보여준 공로는 청교도 설교자들 가운데 좀더 온건한 설교자들에게 돌려야 한다. 그 자체로는 간혹 매력적이지 못했지만 청교도의 설교는 하나의 댐이 되어, 약간 후기에 영국 산문을 움직인 조용하면서도 강력한 사조가 거기서 흘러나왔다."⁴⁹⁾

청교도는 간결한 산문의 전통을 처음부터 칼빈에게서 물려받았다. 그러므로 칼빈이 최초의 위대한 근대 설교자였다는 것뿐만 아니라 그의 신학이 큰 역할을 했던 나라들에서 그의 스타일도 결정적인 영향력을 끼쳤다고 해도 지나친 주장이 아니다. 영국의 설교자들은 17세기 말 이래 기본적

---

47) 「Calvin」, p. 213 (?). J. Pannier, 「Calvin Écrivain」, p. 27을 인용함.
48) 「Histoire de la Littéralure Française」, p. 263.
49) Op. cit., p. 275.

으로 칼빈과 신학을 달리했지만 신학 스타일은 상당히 그의 도움을 입고 있었다. 영국의 설교가 칼빈에게 진 빚은 한 번도 인정된 적이 없다. 이를 깨닫지 못했기 때문이다.

제 7 장

기본적인 것을 상기함

　현대 설교는 서로 모순되는 이상한 상황에 있다. 한편으로는 설교학에 관한 모든 측면의 책들이 범람하는 가운데 다른 한편으로는 설교의 본질과 교회와 신학에서 차지하는 설교의 지위에 대한 참다운 이해가 거의 없다시피 하다. 대부분의 교회에서 매주 두 번의 강설이 설교되지만 교인들은 설교가 더 짧아지기를 요구한다. 대체로 목사는 그 요구에 동의하는 편이다.

　'로마 가톨릭' 교회들에서는 설교가 사도 교회에서 누렸던 중심 지위에서 밀려났다. 그리고 '복음주의' 교회들에서는 설교를 대신하여 경배나 기도가 기독교 공동체의 중요한 활동이 되었다. 복음주의 교회의 평신도들은 때때로 목사들보다 좀더 나은 입장에 있다. 목사들은 예배에서 교인들을 가르치는 것이 일차적인 임무라고 생각하며, 그렇게 하기 위해서 거룩한 하나님 앞에 나아가 새로운 사귐을 발견해야 한다고 생각한다. 하지만 평신도들은 '좋은' 강설을 즐기며, 예배에 참석하기 원하는 만큼 좋은 강설을 듣기 위하여 교회에 간다.

　그러나 이것은 기만적인 징조다. 실제로 그들이 좋아하는 것은 설교에 대한 자기의 개념이기 때문이다. 다시 말해서 그들은 관심이 끌리고 그들의 마음을 유쾌하게 하는 강화만 좋아한다. 교회에서 사람들이 기대하는 것은 그들이 보통 라디오로 청취하는 것, 곧 잘 전달되고 흥미롭고 다소 인도주의적인 연설이다. 대체로 영국의 설교가 건강한 상태에 있다고 생각하는 것은 잘못이다. 역사적으로 볼 때 현대의 상황과 병행되는 상황을 보려면 종교 개혁 시대보다는 후기 중세 시대로 가야 한다.

현대 설교의 약점은 대체로 널리 인정되고 있고 그 약점을 개선할 처방이 많이 제시되었다. 가장 인기 있는 처방은 설교 자체를 사실상 폐지하고 종교적인 상징주의 형태로 대신하여 종교 영화와 같은 시각에 호소하거나, 음악을 수단으로 귀에 호소하거나, 그룹 토의와 같은 방식으로 대신하는 것이다. 그러나 아직은 설교를 폐지할 때(설사 그러한 때가 이 세상에 임한다고 할지라도!)가 아니다. 도리어 지금은 교회와 목사가 설교의 직분을 진지하게 생각할 때다. 지금은 훈계하는 교회가 설교하고 고백하는 교회가 되어야 할 때다.

영국 교회가 당장 해야 할 가장 중요한 일은 기도서 개정도, 주교의 호소 기금도 아니다. 아주 간단히 말해서 그 일은 제19신조의 의미를 배우는 것이다. 영국인들은 누구나 세계 성공회(Anglican communion)에 대한 자부심이 있다. 어떤 다른 교파의 교인들보다도 더 자부심이 있다고 나는 생각한다. 다음과 같은 칼빈의 유명한 말을 영국인은 자신에게 적용하고 있다.

"우리는 그녀(교회)의 태에서 잉태되어, 그녀에게서 태어나서, 그녀의 젖을 먹고 자라, 그녀의 돌봄과 규제하에 보호를 받고, 마침내 이 죽을 육신을 벗고 하나님의 천사와 같이 된다."

그러나 영국 성공회 표준으로 판단할 때 영국의 특정한 회중이 교회라고 확신할 수 있을까? 어떤 사람의 모임도 자연적으로 교회가 되는 것은 아니다. 하나님께서 말씀과 성례로 자신을 주실 때 비로소 하나님의 은혜로 교회가 된다. 다음과 같은 래티머의 말을 기억하라.

"설교를 앗아가라, 그러면 구원도 앗아가는 것이다."

우리는 여기에 이렇게 덧붙일 수 있다.

"그리고 교회를 제거하는 것이다."

영국 교회를 위하여 1548년에 칼빈이 섭정 서머싯에게 권면한 처방은 오늘날에도 여전히 필요하다. 절망에 빠진 우리가 이 선한 사마리아인의 도움을 받아서 설교 직분의 본질을 상기하도록 하자. 설교자라면 누구나 자문해 보아야 할 세 가지 근본적인 질문을 함으로써 이 본질을 상기할 수 있을 것이다.

1. 왜 설교해야 하는가?
2. 설교란 무엇인가?
3. 무엇을 설교해야 하는가?

어떻게 하면 복음을 가장 잘 전달할 수 있을까 하는 문제, 즉 수사학적인 문제는 여기서 관심을 가질 분야가 아니다. 그것은 본질적으로 이차적인 문제이지 일차적인 문제가 아니기 때문이다.

왜 설교해야 하는가?

해를 거듭하면서 관행처럼 해온 우리에게는 익숙한 일이지만, 잠깐이라도 생각해보면 죽을 수밖에 없는 죄인이 주일에 두 번 회중 앞에 서서 권위적인 태도로 하나님에 관하여 말한다는 것이 참으로 이상한 일이라는 것을 알게 될 것이다. 설교자들이 왜 설교해야 하는지 자문하지 않을 수 없게 되고, 전혀 만족스러운 해답을 찾지 못한 채로 이 거북한 짐을 기꺼이 던져버리고 싶어하는 것과, 회중이 그러한 그들을 받아들이고 있는 것은 이상한 일이 아니다. 교회들이 주제넘게 되는 것을 두려워하여, 사람의 역할은 작고 하나님께서 모든 것을 하는 좀더 쉬운 길을 모색한 것은 이상한 일이 아니다. 복음주의 교회들이 이러한 책임을 회피하고 다른 수단들, 즉 공동 예배, 음악("나에게는 바하가 가장 위대한 설교자다!"), 영화 등으로 하나님을 찾고자 하는 것도 이상한 일이 아니다.

그러나 비록 부분적이든 전부든, 이론적이든 실제적이든 이 직분을 포기한 것은 설교가 사역의 주요 임무라는 사실을 확증하는 반사 작용일 뿐이다. 이 직분은 사도들이 분명히 인정한 것으로 그들의 행동과 가르침에서 분명하게 보여주었다. 이 직분은 종교 개혁자들의 확신의 핵심이며, 성직 수임 식순에서 다음과 같은 고전적인 형태로써 구체적으로 표현되었다.

"지금 우리 안수례에 의해 당신에게 위임된, 하나님의 교회에서 목사의 직무와 사역을 위해 성령을 받으십시오. 누구든지 당신이 죄를 사하는 사람은 사죄를 받게 되고, 누구든지 당신이 죄를 사하지 않고 그대로 두는 사람은 죄가 그대로 있게 됩니다. 하나님의 말씀과 하나님의 거룩한 성례를 신실하게 시행하는 자가 되기를 바랍니다. 성부와 성자와 성령의 이름으로, 아멘."

다시 말해서 목사의 직무는 영적인 것이다. 그 직무는 본질적으로 말씀과 성례로써 하나님의 심판과 은혜를 선언하는 것이다. 대부분의 목사가 될 수 있는 대로 활동 범위를 넓히는 정책을 펴고 있다. 그 결과 그들에게 위임된 하나님의 말씀에 대한 사역이 다른 많은 사역들 중의 하나에 지나지 않게 되었다. 목회 사역의 핵심을 제대로 파악하여 실제로 목사의 직무를 말씀과 성례에 의한 설교, 그에 따르는 교리와 심방과 교육이라고 생각하는 교구 목사를 찾기 힘들 것이다. 하지만 그와 같은 사람만이 참으로 성직에 충실한 자라고 할 수 있다.

그러나 만일 이것이 목사가 해야 할 고유한 사역이라면, 왜 그러해야 하는지를 묻지 않을 수 없다. 하나님께서 설교하도록 명하셨기 때문에 설교해야 한다는 것이 칼빈의 대답이다. 이 명령은 하나님께서 교회에게 맡기신 임무며, 교회는 신앙을 고백하는 개개의 신자의 증언으로 이 임무를 성취하지만 좀더 특별히 어떤 개인들 곧 하나님과 교회에 의해 택함을 받은 일정한 개인들을 통하여 성취한다.

그러므로 설교직은 세속의 연설과 근본적으로 다르다. 세속의 연설은 연설자든 어떤 다른 사람이든 말하는 사람의 결정에 달려 있지만, 설교는 하나님의 결정에 달려 있다. 설교가 그 목적에 가장 최선이기 때문에 교회가 이런 선언 방식을 택한 것이 아니라, 교회의 주인이신 예수 그리스도께서 그렇게 하도록 명령하셨기 때문에 교회는 이런 방식으로 증언한다. 교회와 마찬가지로 설교자 개인도 이런 방식으로 증언한다. 복음을 전하도록 하나님께 부름을 받았다는 것을 믿지 않으면 아무도 임명받을 수 없고, 또 그가 전하는 것이 아무리 경건하고 정통적이고 도움이 될지라도 하나님의 말씀이 되지 못할 것이다. 루터는 설교자의 소명에 대해 다음과 같이 설득력 있게 말한다.

"당신이 비록 솔로몬과 다니엘보다 더 지혜롭고 똑똑할지라도, 만일 당신이 그 직분에 부르심을 받지 않았다면 당신은 절대로 단 한마디도 해서는 안 된다. 만일 당신이 필요하다면 하나님께서 당신을 부르실 것이다. …… 정말이지 자기 자신의 의지와 소원과 관계없이 부름을 받아 설교하고 가르치지 않을 수 없는 사람 외에는 아무도 설교에서 쓸모가 없을 것이다. 우리에게는 오직 한 분 주인 곧 우리 주 예수 그리스도가 계시며, 그만이 가르치시고 그가 부르신 그의 종들을 통하여 열매를 맺으시기 때문이다."[1]

그러나 여기서 거짓된 예정론의 구렁텅이에 빠지지 않도록 조심해야 한다. 우리가 받은 소명이 하나님께 온 것인지 아니면 우리 스스로 그렇게 생각하는지 계속 염려해서는 안 된다. 이 소명은 '하늘의 환상'이기 때문에 어떤 방식으로든, 즉 합리적으로든 직관적으로든 정서적으로든 우리

---

1) W. A. 172, p. 258.

자신이나 다른 사람에게 확실하게 입증될 수 없다. 이 소명은 마음속 깊이 믿을 수밖에 없다. 다음의 명료한 성직 수임서에서 훌륭한 지침을 볼 수 있다.

"당신은 진심으로 우리 주 예수 그리스도의 뜻에 따라, 그리고 이 영국 교회의 의식에 따라 목사의 직에 부름 받았다는 것을 마음속으로 생각하십니까?"

그러므로 설교의 근거는 교회와 개인에 대한 주님의 명령에 있다. 그리고 이 명령은 설교자에게 두 가지 사실, 즉 명령뿐만 아니라 약속과 권위도 받았다는 것을 의미한다.

인간의 영역에서 사람은 자기 능력으로 도무지 실행할 수 없는 어떤 활동을 하라는 명령을 받을 수 있다. 단순히 명령을 받았다는 사실 때문에 그에게 필요한 능력이 생기지는 않을 것이다. 그러나 하나님께서 명령하실 때에는 그 명령을 수행할 수 있는 능력도 함께 주신다. 하나님께서 경솔하게 아무 이유 없이 부르시는 것이 아니라 하나님의 목적을 이루기 위하여 부르시기 때문이다. 이것 때문에 하나님께서는 명령하실 때 하나님께서 함께하고 도움을 주겠다는 약속도 해주신다. 그러므로 설교자의 확신은 자기 자신의 능력에서 나오는 것이 아니라 하나님의 약속에서 나온다.

만일 하나님의 말씀을 선포하라는 명령만 있고 하나님께서 도우시겠다는 약속이 전혀 없다면 우리 중 누가 계속 설교할 수 있겠는가? 설령 계속 설교할 수 있다손 치더라도 인간의 말로써 회심의 기적을 어떻게 기대할 수 있겠는가? 그러나 하나님께서는 부르시는 자들에게 그들의 말이 구원을 불러일으킬 수 있도록 성령이 도와주리라는 것을 약속하신다. 그래서 칼빈은 말씀의 설교와 성례의 시행이 "하나님의 복 주심에 의해 열매를 맺을 것이며, 계속 맺지 못하는 일은 어디에서도 있을 수 없다"라고 말한다.

"모든 사람에게 복음을 전하라."

이것이 우리의 사명이다.

"볼지어다, 내가 세상 끝날까지 너희와 항상 함께 있으리라."

이것이 하늘과 땅의 모든 권세를 가지신 우리 주님의 약속이다. 우리가 사람들을 하나님께로 돌이키게 하는 것은 불가능하다. 그러나 하나님께서는 우리를 통하여 이 불가능한 일을 하실 수 있다. 하나님께서 우리를 부르셨으므로 우리의 설교가 하나님께서 원하시는 것, 곧 그의 백성의 구원을 성취할 수 있다는 것을 믿을 수 있다. 그리고 우리는 말씀을 듣는 자들을 회심시키고 교화시키는 것을 아주 확실한 목표로 삼아야 한다.

그러나 하나님께서 단시간에 우리를 통하여 능력적으로 역사하실 것이라고 상상해서는 안 된다. 2천 명이 한 번의 설교에 구원을 받을 수도 있지만, 그만큼 신실한 설교 사역에 의해서 불과 몇 사람만 구원받을 수도 있다. 하나님께서 우리를 사용하여 놀라운 일을 이루실 수도 있지만, 현실적인 결과로 판단할 때 우리의 사역이 전혀 눈에 띄지 않을 수도 있다. 주께서 에스겔에게 하신 말씀은 모든 기독교 설교자에게 해당되는 말씀이다.

"그들은 심히 패역한 자라 듣든지 아니 듣든지 너는 내 말로 고할지어다."

그러나 우리는 하나님의 약속에 따라서 복음이 어느 기간이라도 신실하게 전파되는 곳이면 어디에서든, 우리 눈으로 보든 그렇지 못하든 간에 하나님께서 열매를 맺게 하시리라는 것을 믿을 수 있다. 다음과 같은 칼빈의 말처럼 말이다.

"내 말은 전파된 말씀이 즉시 열매를 보게 된다는 것이 아니라, 말씀을 받아들인 다음 일정한 시간이 지나면 어느 곳에서나 그 말씀은 한결같이 효력을 나타낸다는 것이다."

이 문제에서 우리가 기억해야 할 것은 성령이 유일한 설교자[2]라는 사실이다. 우리가 책임을 충실히 이행했다면 성령께서 복음의 효력을 나타내실 것을 끝까지 믿고 기다려야 한다. 그 명령에는 신실하신 하나님의 약속이 함께하기 때문이다.

설교하라는 명령에는 권위도 따라온다. 현대의 설교와 종교 개혁 시대의 설교를 비교할 때 가장 뚜렷하게 드러나는 사실은 오늘날에는 권위가 부족하다는 것이다. 이러한 약점은 어디서나 인정된다. 예를 들면 포사이스(P. T. Forsyth)는 설교에 관하여 금세기에 영어로 쓴 것 중 가장 뛰어난 책에서 이렇게 말한다.

"과거에는 설교자의 권위가 최고였다. …… 그런데도 설교자는 자기가 누리는 그 지위를 주장할 수 없다는 것을 알고 있었다. …… 오늘날은 설교자가 아무리 인격적으로 훌륭하다는 평을 받더라도 그의 의견이 묵살될 뿐만 아니라 조롱받을 정도로 권위가 없다."[3]

오늘날 설교자는 자신이 선지자라는 믿음을 상실했다. 그는 더 이상 하나님의 대변자로서 말하지 않는다. 자기와 같은 사람들에게 종교적인 조언과 가르침과 권면을 해주고, 하나님께 가는 길로 이끌어주려고 애쓰는 한 사람으로서 말할 뿐이다. 그들 스스로 지나칠 정도로 교만한 생각을 하지나 않을까 걱정이다. 그러나 종교 개혁자들은 전혀 다른 생각을 했다. 하나님의 권위가 없었다면 그들은 감히 설교하려고 하지 않았을 것이다. 그리고 이 권위에 대해서 칼빈은 교인들에게 상기시키는 일을 결코 게을리 한 적이 없었다.

종교적인 상황의 큰 변화로 인해서 오늘날의 설교자들은 그와 동일한 권위를 행사할 수 없게 되었다고 생각할 수도 있다. 그러나 상황이 아무리

---

2) H. F. Lovell Cocks, 「By Faith Alone」, p. 114.
3) 「Positive Preaching and the Modern Mind」, p. 42.

많이 변했다고 해도 설교자의 사명과 그의 복음은 절대로 변하지 않았다. 바로 이 점에 설교자의 권위가 있다. 교회 활동에서 설교의 진정한 지위를 회복하려면 권위의 문제를 먼저 회복해야 한다. 사람들이 그들에게 말씀하고 계신 분이 누구인지 알지 못하고, 그리하여 그들이 설교자의 말을 듣고 그분의 말씀에 대해 어떤 복종의 의무가 있는지를 모른다면, 일정 시간 동안 설교된 모든 강설에서 아무런 유익도 얻지 못할 것이기 때문이다.

설교자의 권위는 훌륭한 신학자, 동정적인 심리학자, 심금을 울리는 연설자와 같은 어떤 자질에 있는 것이 아니다. 이것은 대부분의 교인들이 빠지는 오류로, 설교자가 확고하게 바로잡지 않으면 그의 사역에 치명적인 장애가 될 것이다. 설교자의 권위는 어떤 점에서도 자연적인 것이 아니라 초자연적인 것이다. 그는 자신의 이름이 아닌 예수 그리스도의 사자로서 강단에 선다. 그는 자신의 상상력으로 만들어낸 것을 말하는 것이 아니라 성령께서 성경을 통하여 계시하신 것을 말한다. 다시 말해, 그의 권위는 하나님 자신의 권위다.

만일 어떤 설교자가 강단에서 공공연하게 이 권위를 사용하지 못하거나 이 권위를 사용하는 데 거만함을 풍긴다면, 그것은 그가 설교의 직무를 전혀 이해하지 못했다는 표시다. 우리가 스스로 던져야 할 질문은, 감히 내가 이 권위를 사용할 수 있을까 하는 것이 아니라 감히 내가 어떤 다른 권위를 사용할 수 있을까, 감히 내가 주인의 메시지를 전하도록 보냄을 받은 종의 자격이 아닌 어떤 다른 자격으로 말할 수 있을까 하는 것이다. 후커는 이 점에 대해서 다음과 같이 적절하게 말한다.

"자신에게 없는 힘을 내라고 스스로에게 도전하지 않도록 주의해야 하며, 실제로 그에게 있는 약함으로 말미암아 제공되는 위안의 지원을 놓치지 않도록 주의하라."[4]

설교에 이러한 권위가 있기 때문에, 설교자는 자기가 선포하는 것이 자기 생각과 인생관이 아니라 복음이 되도록 애써야 한다. 또한 설교자는 설교를 통하여 회중에게 설교에 대해서 가르치되 그 본질, 권위, 구원론과 예배에서 차지하는 지위, 강설에서 무엇을 기대해야 하는지와 설교를 어떻게 판단해야 하는지를 가르쳐야 한다. 이미 말한 바와 같이 대부분의 회중은 설교의 의미와 권위, 범위가 어떤 것인지 거의 또는 전혀 모른다. 설교자의 거짓된 겸손으로 인하여 그들을 가르치는 일이 방해를 받아서는 안 된다. 지금까지 말한 것이 설교라고 한다면, 만일 교인들이 설교를 가볍게 생각하고 있다면 우리가 감당해야 할 책임은 막중하다. 루터가 경고한 말을 마음에 새기는 것이 좋다.

"마지막 날에 하나님께서 나에게 이렇게 말씀하실 것이다. '너는 그 복음을 전했느냐?' 나는 이렇게 대답할 것이다. '예, 정확히 그 복음을 전했습니다.' 그러면 하나님께서 당신에게 이렇게 물으실 것이다. '그래, 너는 그 복음을 들었느냐?' 당신은 이렇게 대답할 것이다. '예.' 그러면 그때 하나님께서는 이렇게 말씀하실 것이다. '그러면 왜 그때 너는 믿지 않았느냐?' 당신은 이렇게 대답할 것이다. '아, 저는 그 복음을 사람의 말로 생각했습니다. 그 복음을 말한 사람은 초라한 목사, 즉 시골 목사에 지나지 않았기 때문입니다.' 이렇게 당신의 마음에 박혀 있는 그 말씀은 마지막 날에 당신을 고소하고 당신을 판단할 것이다."[5]

설교자의 권위는 하나님의 권위이기 때문에, 회중은 그 권위에 대해서 만일 예수 그리스도께서 그들 눈앞에 육신으로 임하여 직접 말씀하신다면 그분께 표시할 모든 존경과 복종을 표시해야 한다. 회중이 가르침을 통해 하나님께서 그들에게 아주 큰 복으로 주신 것을 즐겁게 받고 겸손과 믿음으로 순종하게 하라. 포사이스의 말을 다시 인용하자.

---

4) Sermon I, in Works(ed. Keble, 1845), III, pp. 471~472.
5) W. A. 47, p. 120.

"우리의 최종적인 권위는 단순히 동의로 끝나는 것이 아니라 예속과 화해와 경배로써 복종할 뿐인 것이다."[6]

설교자의 권위는 주님의 명령에 의거한다.

설교란 무엇인가?

설교에 대한 가장 유명한 현대적인 정의는 미국인 주교 필립스 브룩스(Phillips Brooks)가 한 말이다.

"설교는 사람에 의해 사람에게 진리를 전달하는 것이다."[7]

만일 말한 것이 진리가 아니라면 설교가 아니다. 만일 진리가 사람이 아닌 다른 어떤 것으로 전해졌다면 이것도 역시 설교가 아니다. "설교는 인격을 통하여 진리를 제시하는 것"이기 때문이다.[8] 이것은 틀림없는 사실이지만 어리석은 빌라도의 물음을 상기하게 만든다. 과학 교과서, 물리학, 생물학, 심지어 신학까지도 사람을 통하여 전달된 진리일 수 있지만 그것은 엄밀하게 말해서 설교가 아니다. 필립스 브룩스는, 설교자는 동료 인간에게 필요한 메시지를 가지고 있는 증인이라는 것을 지적하기 위하여 진리라는 말을 사용했다. 그러나 그 말은 그의 정의에 도움이 되지 않는다. 그 말은 그 자체로 매우 일반적이어서 기독교 설교에 대한 정의가 되지 못한다. 좀더 엄밀한 정의를 찾아보아야 한다.

정확히 말하면 가르침(teaching)은 설교로 분류되지 않아야 한다. 물론 가르침은 이따금 설교적인 특징을 띠기도 하고, 설교가 지적인 면에서는 가르치는 요소를 포함해야 한다. 예를 들면 선교사는 예수 그리스도를 믿으라고 하기 전에 먼저 예수 그리스도에 관한 어떤 것을 이방인에게 가르

---

6) Op, cit., p. 63.
7) 「Letters on Preaching」, 1903, p. 5.
8) Op, cit., p. 5.

쳐야 한다. 그러나 엄격히 말하면 그 둘은 별개의 것이다. 즉 설교는 믿음을 불러일으키고 기르고 확립시키는 것을 목표로 삼는다. 반면에 가르침은 신자를 믿음으로 교육하는 것이 과제다. 하지만 설교와 가르침의 경계는 확실히 모호하며, 그 구분을 아주 철저하게 고집할 수 없다.

또한 설교가 기독교를 변호하는 것, 즉 변증론의 선전으로 간주되어서는 안 된다. 설교자는 변호사가 아니라 증인이다. 기독교의 진리와 합리성과 유용성과 능력과 기쁨을 증명하려고 하는 것은 증인이 해야 할 역할이 아니다. 그는 다만 예수 그리스도를 '선포하는' 것뿐이다.

만일 설교가 가르침이나 변증론이 아니라면, 그러면 무엇이란 말인가? 칼빈이 설교를 크게 세 가지 방향에서 접근했던 것이 기억날 것이다. 성경 주해로서의 설교, 그리스도의 사자의 선포로서의 설교, 성령 사역으로서의 설교. 두 번째 것은 이미 이번 장에서 생각했다. 다른 두 개의 것은 지금 우리 자신의 설교와 관련하여 생각해야 할 필요가 있다.

1. 성경 주해

설교자는 자기 힘으로 일하거나 자기 자신의 노력으로 하나님을 섬기는 자유로운 행위자가 아니다. 그는 하나님의 말씀의 사역자 또는 종이다. 그러나 선지자나 사도와 동일한 의미에서 말씀의 종이라는 뜻은 아니다. 하나님의 말씀은 설교자에게 직접적으로 즉시 임하지 않는다. 그 메시지는 선지자와 사도에게 계시된 것처럼 직접적으로 계시되지 않고 성경을 통하여 전달된다. 따라서 그의 모든 설교는 반드시 성경 말씀에 의지해야 하며 그는 이 말씀에 속박된다. 만일 그가 이것을 무시한다면 그의 설교는 기독교적인 설교가 아니다. 종교 개혁자들이 '하나님의 말씀의 사역자'라는 표현을 사용했을 때 제일 먼저 생각한 것은 성경 말씀의 사역이었다.

이러한 태도는 많은 사람에게 맹목적인 성경 엄수주의, 즉 성령의 종교라기보다 문자의 종교처럼 보일 것이다. 확실히 주해로서 설교라는 관점을 강조할 때 곧바로 왜 성경이 설교자보다 더 우월한 지위에 있어야 하는가에 대한 문제가 제기된다. 우리를 모든 진리 가운데로 인도하실 성령을 교회에 약속하지 않으셨는가? 그러나 우리는 성경이 설교의 기초와 원천과 표준이라고 말한다. 첫째, 아주 간단히 말해서 성경이 없다면 우리가 예수 그리스도에 관해 전혀 알지 못하기 때문이다. 둘째, 성경이 말하는 그 말씀이 하나님 자신의 말씀임을 우리가 믿기 때문이다. 이러한 고백은 믿음으로 하는 것이며 증명이나 반증이 불가능하다.

그러나 이러한 주장이 사실이라 하더라도 성경과 설교의 관계에 대한 칼빈의 생각은 우리 세대가 주목할 필요가 있다. 설교는 회중에게 성경을 해석한다는 점에서 주해다. 이것은 꼭 필요한 일이다. 매우 훌륭한 문화에도 불구하고 현대인은 그리스도의 마음을 가지기는커녕 타락하고 무지한 야만인의 마음을 가지고 있기 때문이다. 하나님께서 우리에게 말씀하신다는 사실을 회중은 반드시 알아야 한다. 따라서 강단에서 해야 할 일은, 아무리 회중이 고상하다 할지라도 우리 자신의 생각이나 경험이 아니라 성경이 말씀하는 것을 말하되, 강설은 성경 신학의 한 강좌가 아니라 성경에 들어 있는 복음을 그들의 삶과 양심에 적용하는 것임을 깨우치도록 말하는 것이다.

설교가 주해라고 말하는 것은 칼빈의 주해적인 설교 방식을 따라야 한다는 의미가 아니다. 성경책을 계속 주해하는 그의 방식을 따라야 한다는 말도 아니다. 우리가 신명기에 관한 200회의 설교를 할 때쯤이면 교인들은 좀이 쑤실 것이다. 그러나 어떤 형식적인 방법을 사용하더라도(그 방법이 주해의 목적에 적절하다면 형식은 그리 중요하지 않다) 강설은 반드시 그 본문에 대한 참된 해석이어야 한다.

어느 마을 교회에서 이번 여름에 방문 설교자가 데살로니가후서 2장 13

절을 본문으로 하겠다고 말했다.

"…… 하나님이 처음부터 너희를 택하사 …… 구원을 얻게 하심이니."

이 본문의 의미는 매우 명백하여 오직 한 해석만이 있을 수 있다. 그러나 설교자는 내가 듣기에 플라톤의 진리관과 인생관에 대한 상당히 흥미로운 강화로 보이는 것을 우리에게 이야기했다. 비록 광부들과 농부들과 주부들이 굉장히 도움을 받았는지에 대해서는 확신할 수 없지만, 그의 설교의 기조는 성경 저자가 의도한 것과는 정반대로 '우리가' 선택을 해서 하나님을 찾아야 한다는 것이었다. 우리가 다루는 성경 구절에서 우리는 사람들에게 그 구절 자체가 의미하는 것과 그 구절이 그들의 환경에서 그들에게 의미하는 것이 무엇인지를 말해야 한다.

언뜻 생각하기에는 우리 세대를 위하여 예수 그리스도에 대한 성경의 증거를 재현하는 것이 단순한 문제처럼 보일 것이다. 그러나 실제로는 이렇게 하기가 설교에서 제일 어렵다. 우리의 생각은 자연스럽게, 시간적으로, 상황에 의해서 성경의 생각에 대해 낯선 것이 된다. '자연스럽게'라고 말한 것은 하나님의 생각은 우리 생각이 아니기 때문이다. 따라서 우리의 마음과 전체 사고방식이 거듭나야 한다. '시간적으로'라고 말한 것은 성경의 생각과 우리 생각 사이에는 2000년 혹은 그 이상의 시간, 다른 문명, 문화가 장벽으로 존재하기 때문이다. 이 간격은 오직 진지한 주석적인 연구에 의해서 허물어질 수 있다. '상황에 의해서'라고 말한 것은, 우리는 세속적인 사회에 살고 있으며, 이 세속 사회의 생각은 우리의 생각과 마찬가지로 하나님의 생각이 아니라 오히려 하나님의 생각에 적대적이며, 만약 우리가 용인한다면 곧 우리의 생각을 비기독교적인 방향으로 바꿀 것이기 때문이다. 이것에 대항하는 우리의 무기는 성경 지식이다.

성경의 의미만을 드러낸다면 주해는 완전한 것이 아니다. 또한 성경의 가르침은 특정한 회중에게 적용되어야 한다. 칼빈이 어떻게 성경을 회중의 삶에 적용했는지를 우리는 보았다. 제8계명에 관한 강설이 특히 생각난다.[9] 오늘날의 설교자도 복음이 청중에게 확실한 것이 되도록 해야 할 의무가 있다. 허버트(A. G. Hebert)의 말처럼 "훌륭한 강설이라면 날짜와 주소가 있어야 한다."[10] 그런데 성경을 교인들에게 적용하기 위하여 설교자가 전문 사회학자나 심오한 학문적 심리학자이어야 할 필요는 없다. 다만 그의 교인이 어떻게 살며, 무엇을 생각하고 느끼는지, 그들의 필요가 무엇인지를 알면 된다. 성경과 자기 교인들을 알면 그는 훌륭한 설교자일 것이다.

그러므로 예비적인 정의로서 설교는 하나님께서 보내신 사람에 의해서 성경이 공적으로 해명되는 것이라고 말할 수 있다.

2. 성령의 사역

지금까지 성경 주해로서 설교에 관하여 말한 모든 것은 설교가 존재할 수 있기 위하여 필요한 토대다. 그러나 이 말을 한 지금에도 아직 마지막으로 해야 할 말이 남아 있다. 그것은 설교에서 하나님께서 자신을 계시하는 문제와 관계되어 있다.

이 주장의 배경과 근원이 되는 신학적인 입장을 간략하게 요점만 정리해보자. 인간이 하나님께 범죄함으로써 인간은 하나님 앞에서 쫓겨났고 인간과 하나님 사이에 사귐이 완전히 단절되었다. 인간에게는 이러한 사귐을 회복할 능력이 없다. 하나님께서는 인간에게 미지의 하나님으로 남아 계신다. 그러나 반역하고 범죄한 인간에 대한 무한한 사랑 때문에 하나님께서 자비를 베풀어 예수 그리스도를 허락하시고 인간의 죄를 대신하여 죽게 하셨다. 예수 그리스도의 죽으심과 부활하심으로 말미암아 우리는

---

9) 참고. p. 98.
10) 「Liturgy and Society」, p. 223.

사죄를 받고 하나님의 자녀와 그 나라의 권속이 되었다. 그러나 루터가 말한 것처럼 그리스도께서 십자가에서 우리를 위하여 획득하신 모든 것은 보물이 가득 찬 집과 같아서, 성령께서 그 보물을 취하여 우리에게 주실 때까지는 아직 우리의 것이 아니다. 그리스도께서 우리를 위하여 행하신 것을 성령께서는 실제로 우리의 것이 되게 하신다.

그러나 성령께서 이 사역을 어떻게 수행하시는지에 대한 의문이 생긴다. 성령께서는 직접 곧바로 영혼에 임하시거나, 어떤 방도를 통하여 예수 그리스도의 은혜를 가져다 주신다. 모든 형태의 신비주의에 반대하여, 하나님께서 택하신 수단인 말씀과 성례를 통하여, 우리 주님께서 죽으시고 다시 살아나셔서 우리에게 주시는 모든 복을 받는다고 우리는 말한다. 하인리히 포겔(Heinrich Vogel)은, "성령께서 내적이고 은밀한 조명으로 우리에게 직접적으로 임하는 것이 아니라 사람이 전한 말씀을 통하여, 사람이 시행한 성례를 통하여 우리 안에서 역사하신다"[11]고 말한다. 우리는 앞에서 말씀과 성례는 두 개의 독립된 은혜의 방도가 아니라 그 둘이 함께 하나의 은혜의 방도를 이룬다고 강조했다.[12] 설교는 성례전적인 활동이지만 (포사이스가 느슨하게 표현했던 것처럼) 성례는 아니다. 설교는 주님께서 제정하신 제도이고 '내적이고 영적인 은혜의 수단'이지만, 설교에는 지속적인 '외적이고 가견적인 표징'이 없다.

최근 여러 해 동안 설교에서 심리학적인 요소를 발견하고자 하는 노력이 있었는데, 특히 휴스 박사(Dr. T. H. Hughes)의 노력이 괄목할 만하다.[13] 매우 흥미로운 그의 책에서 휴스 박사는 영감의 심리학, '성령의 기관이 되는 방법'을 확립하고자 한다. 그가 제시하는 방법은 우리와는 무관

---

11) 『The Iron Ration of a Christian』, p. 182.
12) 칼빈의 말을 참고하라. "성례는 말씀과 외적 표시로 되어 있다."
13) 『The Psychology of Preaching and Pastoral Work』, 1939.

하다. 성령을 설교자의 지배하에 두는 어떤 제안도 절대로 받아들여서는 안 되기 때문이다. 성령은 주님이시며, 뜻하시는 대로 언제 어디서든지 자유롭게 말씀하신다. 영감은 심리학적인 문제가 아니라 하나님의 자유에 달려 있다. 강설을 준비할 때 설교자와 교인들은 끊임없이 겸손하게 다음과 같이 기도해야 한다.

"오소서, 창조주 성령이여!"

하나님의 말씀이 설교되는지의 여부는 전적으로 하나님 자신에게 달려 있다.

성령께서 설교에서 어떻게 작용하시느냐는 물음은 성례에 대한 것과 마찬가지로 합당하지 않다. 우리가 분명히 말할 수 있는 것은 설교자의 목소리가 글자 그대로 우리 주님의 목소리로 변하게 되는 '변질'은 전혀 없다는 것이다. 우리는 여전히 사람의 목소리를 듣고 있지만 그 목소리가 그리스도의 사자의 목소리이므로 곧 그리스도의 목소리다. 성령은 설교자인 사람의 말을 통해 역사하여 그 말을 자신의 말씀으로 만드신다. 성령의 활동은 성령의 고유한 비밀이다. 우리가 복음을 전하고, 전파된 복음을 듣고, 하나님께서 말씀하시겠다는 은혜로운 약속을 신뢰한다면 그것으로 충분하다.

이제 우리의 정의에 덧붙여서, 설교는 하나님께서 보내신 사람이 성경을 공적으로 해명하는 것이며, 그 가운데 하나님께서 친히 심판과 은혜로 임하신다고 말하게 된다.

무엇을 설교해야 하는가?

만일 설교자로 부름 받았다면, 그는 자기 자신의 생각이 아니라 어떤 정해진 복음을 설교하라는 부름을 받은 것이다. 그의 말은 당연히 그 자신의 말이어야 하고, 표현 방식도 당연히 그 자신의 것이어야 하지만 설교의 본질은 그의 것이 아니다. 설교는 그가 어떠한 자연적인 수단에 의해서 떠올린 것이 아니므로 그의 것이 아니다. 설교는 도리어 그가 들은 어떤 것이다.

"내가 설교한 복음은 사람을 따라서 나온 것이 아니다. 사람으로부터 복음을 받거나 가르침을 받은 것이 아니라 예수 그리스도의 계시에 의한 것이기 때문이다."

설교자나 회중은 성경을 통하여 하나님께 듣는 것 외에 어떤 다른 방법으로도 하나님을 알 수 없다. 따라서 설교자가 제일 먼저 해야 할 일이 성경을 아는 것이라는 사실은 명백하다.

오늘날에는 생소하지만 16세기와 17세기에는 설교자에게 필요한 것으로 학문이 강조되었다. 예를 들면 '경건하고 학문적인 강설'이 강설의 흔한 제목이었다. 그러나 오늘날 많은 복음주의자들은 설교자에게 유일하게 필요한 것이 있다면 설교자가 하나님의 은혜를 '경험'하는 것이라고 생각한다. 설교자 자신이 신자여야 한다는 것은 자명하다. 그러나 설교자가 성경과 교리에 조예가 깊어야 한다는 것도 그에 못지않게 필요하다. 한 주 동안 실무와 조직체에 매달려 성경을 연구할 시간이 전혀 없이 때때로 가벼운 종교 서적만 읽고 주일마다 강단에 오르는 사람들의 설교는 이삼십 년 후에도 똑같을 것이다. 설교자가 된다는 것은 성경과 신학을 지속적으로 평생 연구한다는 뜻이다. 우리의 생각은 과오를 범하기 쉽기 때문에 조심하지 않으면 금방 성경과 관계없는 생각을 설교하게 된다.

설교자들에게 위임된 복음은 무엇인가? 그것은 예수 그리스도 안에서 행하시는 하나님의 활동에 대한 선포다. 하나님께서 우리의 구원을 위하여 그의 독생자를 죽게 하시고 부활시키셨다는 선언이다. 도드 교수가 사도의 설교에 대하여 말하고 있는 것과 같다.

"케리그마의 주된 요지는 미증유의 사건이 일어났다는 것이다. 하나님께서 오셔서 그의 백성을 구속하셨다."14)

이것은 바울이 복음을 "이 아들로 말하면 육신으로는 다윗의 혈통에서 나셨고 성결의 영으로는 죽은 자들 가운데서 부활하여 능력으로(with power, 능력을 가진) 하나님의 아들로 인정되셨으니 곧 우리 주 예수 그리스도시니라"15)고 정의한 것에서 증명되었다. 또는 다른 성경 구절에서 그가 말하고 있는 것처럼, 복음은 "성경대로 그리스도께서 우리 죄를 위하여 죽으시고 장사 지낸 바 되었다가 성경대로 사흘 만에 다시 살아나사 게바에게 보이시고 후에 열두 제자에게와 ……"16)라고 선언하는 것이다. 사실상 복음의 본질은 예수 그리스도다. 그러나 포사이스가 강조한 것처럼 이것은 좀더 분명하게 정의되어야 한다.

"그리스도가 복음이라고 말하는 것은 막연하고 부분적으로만 옳다. …… 복음은 신약 성경에서 제공된 그리스도에 대한 어떤 해석이다."17)

따라서 설교의 내용에 관한 문제는 사도들이 우리를 대신해서 해결해 준다. 우리는 예수께서 그리스도요, 하나님께서 약속하신 선물이요, 말씀이 육신이 되신 분이요, 세상 죄를 위한 속전이라는 것을 증언해야 한다. 모든 강설은 전조등처럼 이 한 인물, 곧 예수 그리스도에게 집중되어야 한다. 그러므로 이미 인용된 「협화신조(Formula of Concord)」의 조항에서 주장하는 것처럼 "복음은 정확히 죄를 책망하고 고발하고 정죄하는 회개의 선포이지 하나님의 은혜만을 선포하는 것이 아니라는 주장을, 우리는 거짓되고 위험한 도그마로 거부한다"라는 결론이 나오게 된다.

회개의 설교는 사람들이 그리스도를 아는 지식에 이르도록 하는 적절한

---

14) 「The Apostolic Preaching」, pp. 69~70.
15) 로마서 1장 3~4절.
16) 고린도전서 15장 3절 이하.
17) 「The Person and Place of Jesus Christ」, 1910, p. 3.

수단이다. 만일 율법과 회개를 설교한다면, 사람들이 자신들의 비참함을 깨닫고 용서를 받기 위하여 그리스도의 십자가를 바라보게 된다고 생각해야 한다. 칼빈은 하나님을 아는 지식을 다루는「기독교 강요」첫 장에서 그 난점을 잘 다루고 있다. 우리 자신에 대한 지식이 하나님에 대한 지식에 우선하고 이 지식에서 하나님에 대한 지식이 나오는 것인가, 아니면 그 반대인가? 그것은 말하기 어렵지만 분명히 "우리의 불완전함에 자극을 받아 우리가 하나님의 완전하심을 생각하게 된다. 또 우리가 우리 자신을 싫어하게 될 때까지는 참으로 하나님을 열망할 수 없다."[18]

또 한편으로 우리는 우리가 선하지 않다는 것을 확신하게 될 때까지는 자신의 선함을 믿는다. 우리가 죄인임을 깨닫는 것은 오로지 하나님을 보았을 때뿐이다(칼빈이 나중에 설명하듯이 그리스도 안에서). 그리하여 칼빈은 "사람이 자기 자신과 하나님의 위엄을 비교할 때까지는 자신의 비천함에 대한 지식으로부터 충분히 영향을 받지 못한다고 추론하지 않을 수 없다"[19]고 결론을 내린다. 따라서 설교의 출발점은 사람의 필요와 죄악이 아니라 예수 그리스도 안에 있는 하나님의 은혜다. 그리고 이 복음은 듣는 사람들의 마음속에서 하나님의 뜻에 따라 그 자체의 고유한 '접촉점' 곧 회개와 믿음을 불러일으킨다.

그러나 교회들에서 주일마다 "하나님께서 오셔서 그의 백성을 구속하셨습니다"라는 단순한 소식만을 설교하는 것은 있을 수도 없고 적절하지도 않다. 이런 이의 제기는 부분적으로 일리가 있다. 설교에는 가르침과 권면도 있어야 하기 때문이다. 그런데 이 이의 제기는 부분적으로만 정당하다. 가르침과 권면이 은혜와 믿음의 복음에 의거하고 있기 때문이다.

복음은 교리 교육, 기독교 윤리, 회개하고 믿고 기도하는 그리스도인의

---

18)「기독교 강요」, I, I, 1.
19)「기독교 강요」, I, I, 3.

삶을 건설하기 위한 기초다. 가르침과 권면이 케리그마가 아니기 때문에 하나님의 말씀이 되지 않는 것은 아니다. 서신서들은 사도의 설교들 못지 않게 하나님의 말씀이다. 설교의 주제가 무엇이든 설교자는 교인들에게 그리스도의 사자로서 말한다는 것과, 선이나 선행에 대한 권면조차 하나님께로부터 나오는 점이라는 것을 잊게 해서는 안 된다. 설교자 편에서는, 설교자의 가르침이 단순히 청중의 지성에만 호소하는 강의가 되지 않도록 해야 한다. 설교자의 가르침은 어떤 주제든 청중의 의지와 양심에 호소하여 그 강설을 듣는 개인에게 "당신이 그 사람이다!"라는 나단의 말과 같은 힘을 발휘해야 한다.

그렇다면 설교는 세상에 대한 복음의 선포든 신자를 믿음으로 가르치는 교육이든 간에 항상 "여호와께서 이와 같이 말씀하셨느니라"고 외치는 사자의 선포다. 무엇보다도 오늘날 하나님의 사자(The Oracles of God)인 설교자들은 강설 앞에, 권위적인 선포이면서 하나님께서 거룩한 말씀을 주시기를 바라는 기도인 다음의 말을 붙여야 하고 또 붙일 수 있어야 한다.

"성부와 성자와 성령의 이름으로, 아멘."

부록

칼빈의 설교 모범 : 누가복음 2장 9~14절

　우리 모두 선하신 하나님 아버지께 간구합시다. 우리는 많은 허물과 불법으로 끊임없이 하나님의 진노를 촉발하고 있으므로, 그 모든 허물과 불법을 다 살피지 마시기를 기도합시다. 또한 우리는 하나님의 장엄 앞에 나아올 만한 자격에 너무나 미달하므로, 하나님께서 사랑하시는 아들 우리 주 예수 그리스도 안에서 우리를 바라보시며, 그리스도의 죽음과 고난의 공로로 우리의 허물을 보상하심으로써 우리가 하나님께 받아들여질 수 있기를 기도합시다. 또한 성령으로 우리에게 빛을 비추어 우리가 그의 말씀을 참되게 깨달으며, 그 말씀을 두려움과 겸손함으로 받음으로써 교훈을 받아 하나님을 신뢰하고 섬기고 높이며, 우리의 모든 삶에서 하나님의 거룩한 이름을 영화롭게 하며, 신실한 종이 주인에게 바쳐야 하고 자녀가 부모에게 바쳐야 하는 사랑과 순종을 하나님께 바칠 수 있도록 기도합시다. 이는 하나님께서 우리를 주님의 종과 자녀로 여기기를 기뻐하신 까닭입니다. 또한 우리의 선하신 주님께서 우리에게 가르치신 대로 기도합시다.

　"하늘에 계신 우리 아버지여, 이름이 거룩히 여김을 받으시오며, 나라이 임하옵시며, 뜻이 하늘에서 이룬 것같이 땅에서도 이루어지이다. 오늘날 우리에게 일용할 양식을 주옵시고, 우리가 우리에게 죄 지은 자를 사하여 준 것같이 우리 죄를 사하여 주옵시고, 우리를 시험에 들게 하지 마옵시고, 다만 악에서 구하옵소서. 아멘."

　하나님의 아들이 세상에 보냄을 받은 이유가 무엇이며 그가 가져온 복이 무엇인지를 알지 못하면, 그가 세상에 태어났다는 사실은 우리에게 아무 유익이 안 된다는 것을 이미 밝혔습니다. 복음서의 증거가 아니면 그의 탄생의 이유와 그 복이 무엇인지 알 수 없습니다. 그러므로 우리는 본문에서 말하고 있는 내용에 더욱 주목해야 합니다. 하나님의 아들이 오심으로써 비교할 수 없고 측량할 수 없는 복을 기대할 수 있음을 천사들이 선포한 것입니다. 이 메시지는 하루 동안을 위하여 베풀어진 것도 아니고 소수의 사람들을 위하여 베풀어진 것도 아닙니다. 이것은 세상이 끝나는 날까지 언제나 우리에게 필요한 메시지가 되어야 합니다. 그렇습니다. 그것은 가장 큰 자로부터 가장 작은 자까지 우리 모든 사람에게 필요한 메시지가 되어야 합니다.

또한 목자들이 느꼈던 것과 같은 두려움과 존경심을 우리가 느끼지 못한다면 그 이야기가 우리에게 아무 유익이 안 된다는 것을 기억합시다. 이 본문은 천사들이 말했다고만 하는 것이 아니라, 천사와 함께 하늘의 영광이 나타났으며 목자들이 그 광경을 보고 두려워했다고 말하기 때문입니다. 이 사실이 특별히 첨가된 것은, 하나님의 권위와 함께 선포된 것을 들을 때에는 두려움과 겸손함으로 들어야 함을 가르치기 위함입니다. 복음이 고막을 울림에도 불구하고 아무런 변화도 일어나지 않는 많은 사람들을 봅니다. 그 이유가 무엇입니까? 어떤 사람들은 교만으로 부풀어 있으며, 어떤 사람들은 세상일에 몰두한 나머지 말씀에서 아무런 장엄함도 느끼지 못합니다.

그러므로 만약 좋은 학생이 되기 원하고, 선포되는 가르침을 통하여 구원으로 돌아서기를 원하며, 마땅한 교훈을 받기를 원한다면, 우리가 다루는 것이 죽을 수밖에 없는 피조물에 관한 것이 아니라, 그 앞에서 모든 무릎을 꿇게 하는 살아 계신 하나님에 관한 것임을 아는 것에서 출발해야 합니다. 하나님께서 거룩한 입을 열어 가르치실 때마다 우리는 이사야의 글에 기록된 것처럼 스스로 낮아져야 하며 떨어야 합니다. 하나님의 말씀의 저자가 누구인지를 기억하여 그 말씀의 권위 아래 자기를 두지 않는 사람은, 결코 그 말씀을 주목하지 않는 사람이며 그는 결코 바뀌지 않을 것입니다. 비록 하나님의 뜻이 선포되어도 그는 같은 길을 고집할 것입니다.

하나님의 말씀이 선포될 때마다 눈에 보이는 어떤 일이 일어나는 것은 아닙니다. 그러나 이전에 일어났던 일이 지금 우리에게 유익이 되어야 합니다. 그러므로 복음이 선포될 때마다 하나님께서 저자가 되어 그 일을 위임하고 주재하신다는 것을 기억합시다. 하나님께서는 많은 기적과 이적으로 율법을 세우셨습니다. 복음을 승인하실 때에는 더욱 놀라운 방식으로 하십니다. 이것은 학개 선지자가 말한 바와 같습니다. 복음이 선포될 때 하늘과 땅이 진동했다는 것입니다. 율법을 주실 때 땅이 진동하고 공기가 움직인 것이 사실입니다. 그렇다면 복음이 선포될 때 땅과 하늘이 흔들리지 말아야 할 이유가 없습니다. 이렇게 드러난 하나님의 영광에 대해서 만물이 소리를 내어야 할 것입니다! 그런데 우리가 읽은 이 한 가지에 대해서는 더욱 그러합니다.

그러므로 하나님의 이름으로 선포되는 가르침을 들으러 나올 때 겸손함과 두려움으로 나아와 우리에게 선포되는 것을 받고 거기에 집중해야 합니다. 독한 마음이나 반발심, 교만 혹은 자긍심을 가지고 나아오지 말아야 합니다. 도리어 우리가 대하는 분이 하나님임을 알아야 합니다. 그 하나님은 우리가 그의 부르심을 받을 때마다 반드시 보여야 하는 순종과 복종의 태도를 살피십니다. 그런데 우리가 읽은 이 한 가지에 대해서는 더욱 그러합니다.

자, 이제 목자에게 선포된 말을 들어봅시다.

"무서워 말라 보라 내가 온 백성에게 미칠 큰 기쁨의 좋은 소식을 너희에게 전하노라 오늘날 다윗의 동네에 너희를 위하여 구주가 나셨으니 곧 그리스도 주시니라."

여기서 우리는 하나님의 자녀의 두려움이 어떻게 경감되는지를 봅니다. 하나님께서 말씀하시는 모든 것은 우리의 유익과 구원을 위한 것입니다. 하나님께서는 엄한 재판장으로서가 아니라 선하고 사랑이 많은 아버지로서 그의 팔로 우리를 자기 자녀처럼 받아주십니다. 그래서 하나님의 자녀의 두려움은 경감됩니다. 악하고 버림 받은 자들은 하나님에게서 멀어지면 즐거워합니다. 그들의 양심은 무뎌 있어서 거리낌도 없고 자기들이 회계해야 할 날이 있다는 것도 결코 생각지 않습니다. 그래서 그들은 즐거워하고, 심지어 미친 짐승과 같은 통제 불능의 환각 상태에 자기를 방임하며, 하나님을 잊어버리고, 영생도 믿음도 없다고 생각할 정도로까지 야만적이 되어야 비로소 기뻐합니다. 바로 이것이 하나님을 비웃는 자들의 즐거움입니다. 그러나 하나님께서 자신의 임재의 어떤 표시를 주었을 때 그들이 얼마나 놀라는지 보십시오. 그들을 잠잠하게 하기가 불가능할 정도가 됩니다. 이와 같이 측량할 수 없는 즐거움을 누린다는 것은 값비싼 대가를 요구하는 것입니다.

한편 어느 정도의 죄책을 느끼는 사람들, 그들 안에 선한 믿음의 씨가 있어서 하나님에 대해서 생각하는 사람들은, 하나님께서 자기들에게 자비롭다는 사실을 확신할 때까지는 결코 기뻐하지 못합니다. 그들은 기쁨을 생각하기 전에 먼저 두려움을 느끼기 때문입니다. 어떤 방식으로 그렇게 됩니까? 이중으로 그러합니다. 한편으로 자신의 비참한 상태를 앎으로써, 마치 우리에게 예비된 죽음을 이미 본 것 같은 극한 슬픔을 느낄 수 있어야 합니다. 그렇지 않다면 결코 하나님의 은혜를 맛보지 못할 것입니다. 요컨대, 먼저 깊은 곳으로 떨어지지 않으면 결단코 높은 곳으로 올려질 수 없습니다. 하나님께서 부르실 때까지 우리는 지옥의 구렁텅이에 있을 수밖에 없습니다. 바로 이런 이유로, 믿는 자라 할지라도 먼저 두려움에 빠지지 않고는 우리 주 예수 그리스도 안에서 그들에게 베푸시는 은혜로, 또 하나님으로 기뻐하지 못하는 것입니다.

그러다가 하나님께서 말씀하시면 내가 이미 말했듯이 그들은 다시 감동하며 그의 말씀이 얼마나 장엄한지를 알게 됩니다. 이는 그 말씀이 세상의 모든 왕의 통치나 그들의 명령보다 뛰어난 까닭입니다. 이것은 믿는 자에게 이중의 두려움입니다. 하지만 하나님께서는 자신이 온 것은 그들에게 엄격하게 대하고 마땅한 형벌을 내리기 위함이 아니라, 그들을 자신에게 화목시킴으로써 그들의 허물을 감추어주고 우리 주 예수 그리스도가 그들의 비참을 고치기 위한 처방을 가져오도록 하기 위함이라고 말씀하시며 위로하십니다. 그러므로 우리가 이 말씀을 듣는 것은 하나님께서 우리의 죄를 깊은 바다 속에 던져버리신다는 것과, 하나님께서 오직 자비로 우리 주 예수 그리스도 안에서 우리를 값없이 받으신다는 것을 깨닫게 하기 위함입니다. 우리의 구원의 성취 속에서 슬픔과 기쁨이 뒤섞이는 것을 주목하십시오! 고린도후서 7장 8절에서 후회를 말하면서 사도 바울은 이렇게 말합니다.

"그러므로 내가 편지로 너희를 근심하게 한 것을 후회하였으나 지금은 후회하지 아니함은 그 편지가 너희로 잠시만 근심하게 한 줄을 앎이라."

바울이 왜 이렇게 말합니까? 그 이유는 간단합니다. 앞에서 말했듯이 자기 죄를 미워하지 않고도 하나님의 자비를 받아들일 수 있다고는 도저히 상상할 수 없기 때문입니다. 그러나 바로 그 다음에 기쁨이 옵니다! 그러므로 우리의 죄악을 생각할 때에는 언제나 통곡해야 하며 죄에 대한 두려움으로 가득해야 합니다. 하나님께서 우리에게 오셔서 은혜를 베풀며 비록 우리가 하나님의 원수가 될 만큼 악하고 타락했지만 하나님께서 우리에게 진노를 내리시지 않을 것이며, 우리 주 예수 그리스도의 중보로 하나님께서 우리에게 자비하시며 우리를 자녀로 지켜주시겠다고 선언할 때까지 우리에게는 안식이나 만족이 없어야 합니다. 여기서 말하는 기쁨이 바로 그것입니다. 이 기쁨은 우리의 가난과 비참에 대한 생각으로 인한 모든 슬픔을 사라지게 할 것입니다. 바로 이런 이유로 천사는 "무서워 말라 보라 내가 온 백성에게 미칠 큰 기쁨의 좋은 소식을 너희에게 전하노라"고 말한 것입니다.

이와 같이 우리는 복음에 의해서 위로와 기쁨을 얻을 때까지는 항상 겁에 질린 불쌍한 사람이 되어야 합니다. 다른 곳에서 마음의 평화를 찾지 맙시다. 그렇게 한다면 우리에게 화가 될 것입니다! 만약 마귀가 우리를 유혹하여 스스로를 높이 생각하는 상태 속에 잠들게 할 수 있다면, 그는 곧 우리를 이기고 사슬과 그물 속에 우리를 얽어맬 것입니다. 한마디로 말하면 우리는 마귀의 비참한 노예가 될 것입니다. 그러므로 이 말씀을 잘 기억하십시오. 우리에게 사랑 받을 만한 자격이 없을지라도 하나님께서 우리를 사랑하시며 우리를 위해서 자비를 베푸신다는 확신이 들 때까지 결단코 기뻐해서는 안 됩니다. 바로 이것이 우리의 기초가 되어야 합니다. 그렇지 않다면 우리의 모든 즐거움은 눈물과 이를 갊으로 바뀔 것입니다.

또한 천사는 자기가 기쁨을 전한다고 말하는 것으로 만족하지 않았습니다. 천사는 '큰 기쁨'을 전한다고 말했고, 나아가서 '온 백성에게 미칠' 소식이라고 말했습니다. 이 말씀을 주의해서 생각해봅시다. 만약 이 말이 없었다면 우리는 누가가 이 이야기를 목자들에게만 적용시켰다고 생각할 수 있습니다. 그러나 그렇지 않습니다. 이 기쁨은 온 백성에게 전해져야 했습니다. 천사가 유대인에 대해서 말한 것은 사실입니다. 그들이 선민이었기 때문입니다. 그러나 사도 바울이 말하기를, 이제 벽은 허물어졌고 복음 선포에 의해서 예수 그리스도는 전에 멀리 있던 자들과 가까이 있던 자들에게 화평을 선포하신다고 합니다.

하나님께서 아브라함이라는 인물 안에서 유대인들을 양자로 삼으셨을 때(이 양자 됨은 율법으로 확증되었습니다) 유대인들이 하나님과 연합되었습니다. 비록 우리는 먼 데 있었지만 하나님께서는 우리에게 오셔서 이 화평의 복음이 보편적인 것이 되기를 원하셨습니다. 바로 이런 이유로, 이전에 하나님께로부터 멀리 있어서 하나님을 모르던 사람들에게 예수 그리스도가 복음의 평안을 선언하셨다고 말하는 것입니다. 여기서 천사가 선언하기를 주 예수 그리스도의 오심으로 우리가 기뻐해야 한다고 하므로(일반적으로 그저 기뻐한다는 의미가 아니라 환희에 넘쳐야 한다는 의미) 우리는 이 가르침에서 유익을 얻어야 합니다.

이 기쁨을 어떻게 이해해야 합니까? 만약 이 세상의 쾌락과 즐거움에 얽혀 있거나 우리가 집착하는 것에 중독되어 있다면, 우리는 결코 하나님의 아들이 가져오는 은혜로 즐거워하지 못할 것입니다. 그러나 목자들을 생각해보십시오. 그들이 천사의 말을 듣고 하나님의 아들이 탄생한 것을 보았다고 해서 그들의 세상적인 상태가 나아진 것은 아니었습니다. 그들은 다시 양을 치는 이전 일로 돌아갔습니다. 그들은 밤에는 추웠고 낮에는 더웠으며 옷을 잘 입지 못했습니다. 다시 말해서 육신이나 인간적 생명이라는 면에서 그들은 복이라고 불릴 만한 것을 전혀 받지 못했습니다. 그럼에도 불구하고 그들은 기쁨을 주체하지 못했습니다.

여기서 우리가 어떻게 그들의 모범을 따라야 하는지를 보십시오. 비록 복음이 부와 명예를 더해주지 않을지라도, 즐거움과 쾌락을 더해주지 않을지라도, 우리는 항상 이 신령한 기쁨에 사로잡혀 하나님께서 우리에게 자비하시다는 사실로 만족해야 합니다. 그것 이외의 다른 어떤 선이나 다른 어떤 행복도 원하지 말아야 하며, 거기서 우리의 모든 안식을 얻어야 합니다. 가난한 자들마저도 왜 끊임없이 기뻐했는지를 살펴보십시오. 그들은 여러 가지로 어려움을 당했지만, 어떤 사람은 질병의 고통을 당하고, 어떤 사람은 조소를 당하고, 어떤 사람은 모든 사람으로부터 버림을 당하고, 어떤 사람은 비참한 생활을 영위하고, 초라하게 시들어갔지만, 그들은 언제나 영광을 향해 가고 있었습니다.

사도 바울이 로마서 5장에서 말한 것처럼 우리가 믿음으로 의롭다 함을 받았으면 하나님과 화평을 이룬 사실로 인해서 자랑할 이유가 충분합니다. 이것은 심지어 고난도 우리에게 영광이 되게 합니다. 그 고난이 우리의 구원에 도움이 되며, 하나님께서 그것들이 우리를 도우며 우리에게 유익이 되게 하시기 때문입니다. 우리가 사람들의 버림을 받고 어찌할 바를 모를 때에도 하나님의 도움과 원조를 경험하기 때문입니다. 그것을 볼 때 우리는 하나님에 대한 소망을 버리지 않으며, 하나님께서 우리에게 확신을 주심으로 하나님이 우리와 함께하심을 항상 확신하게 됩니다.

그러므로 우리는 고난 속에서 자랑합니다. 복음이 쾌락이나 즐거움이나 세상적인 부를 증진시키는 것이 아니라 도리어 핍박받고 고문당하게 할지라도 그러합니다. 우리는 복음을 따른 결과로 박해받고 추격당하고 재산을 빼앗기는 것 이외의 보상을 받지 못한 많은 사람들을 알고 있습니다. 어떤 사람들은 재산을 몰수당했고, 어떤 사람들은 감옥에 갇혔으며, 어떤 사람들은 잔인하게 화형당했습니다. 비록 많은 가난한 신자들이 복음을 받은 결과 다른 아무런 보상도 받지 못했지만, 여기서 말하는 이 기쁨은 다른 모든 것보다 뛰어난 기쁨입니다.

그래서 우리는 우리 주 예수 그리스도가 우리를 위해서 품으신 사랑 안에서 안식하는 법을 배워야 합니다. 즉, 그가 우리에게 아버지처럼 되시고 구원자가 되기를 원하시며, 우리를 자기 자녀로 삼기 원하신다는 사실을 알아야 합니다. 이 모든 것들이 우리의 슬픔을 기쁨으로 바뀌게 하며, 우리 주 예수 그리스도의 은혜와 선하심 안에서 용기를 얻게 합니다. 사도 바울이 말하듯이 우리의 겉사람은 후패하나 우리의 속은 날로 새로우므로 힘을 잃지 말아야 합니다. 잠시 받는 가벼운 고난이 훨씬 무거운 놀라운 영광을 낳기 때문입니다.

그러므로 이 기쁨, 이 큰 기쁨이 모든 사람의 것이 될 것이라고 말할 때 이 가르침을 어떻게 실천하고 어떻게 기억해야 하는지를 명심하십시오. 하지만 모든 사람이 기뻐하지 않는 것이 사실입니다. 하나님 편에서 보면 그 기쁨은 그들에게도 제공되었습니다. 그러므로 불신자들은 변명할 수 없습니다. 그들 자신의 악의 때문에 그들에게 제공된 하나님의 은혜를 받지 못하는 것입니다.

독생자가 왔을 때 하나님께서는 흩어져서 길 잃은 하나님의 양들을 모으려 한다는 것을 선언하셨습니다. 하나님께서는 하나님으로부터 소외된 자들을 죽음에서 생명으로 일으키기 원하십니다. 우리 편에서는 믿음으로 그 복을 받습니다. 믿음이 오직 하나님의 영의 선물인 것은 사실이지만, 우리는 하나님께서 따뜻하게 우리에게 말씀하실 때에 우리도 하나님을 배척하지 말아야 합니다. 하나님께서는 우리를 초청하시고, 우리가 그에게 연합할 것만을 요구하시며, 우리 주 예수 그리스도 안에 두신 넘치는 복으로 우리가 기뻐하기를 원하시기 때문입니다.

또한 거기에 첨가된 것, 곧 이 위대한 기쁨이 우리 주 예수 그리스도를 근거로 한다는 것에 주목하십시오. 그 천사는 "다윗의 동네에 너희를 위하여 구주가 나셨으니 곧 그리스도 주시니라"고 말했습니다. 여기서 우리는 내가 위에(에베소서 2장에서) 언급한 구절에서 사도 바울이 다룬 것, 곧 예수 그리스도가 우리의 화평이라고 말한 것을 봅니다. 그와 동일한 방법으로 우리는 예수 그리스도가 우리의 기쁨이라고 결론지어야 합니다.

실제로 하나님에 관해서 생각해 볼 때, 만약 그리스도께서 우리에게 은혜를 확보해주는 중보자로 오시지 않았다면 우리는 어디에 있었겠습니까? 하나님의 장엄은 실로 엄청나서 우리를 완전한 혼란에 빠지게 하거나 심지어 절망에 빠지게 할 수도 있습니다. 하나님과 우리를 비교했을 때 하나님께서는 우리의 재판장이 되셔야 하기 때문입니다. 우리는 죄인이므로 하나님께서는 우리에게 전쟁을 선포하십니다. 우리가 하나님을 대항하여 싸워서 온 세상의 생명보다 더 귀중한 하나님의 공의를 제압하려 했으므로 하나님께서 우리를 제압하십니다. 그러므로 우리가 하나님을 생각할 때 우리를 파멸시키고 완전히 제거하기 위하여 무장한, 죽지 않는 대적이요 재판장으로밖에 생각할 수 없다면 우리의 기쁨이 어디에 있습니까?

우리 주 예수 그리스도가 중보자가 되어, 영원한 하나님임에도 불구하고 우리의 형제가 되기 위하여 우리의 육체와 본성을 입으셨다고 선언할 때에만 우리에게 기쁨이 있습니다. 그는 우리 죄로 인한 저주를 담당하셨고, 우리 모두를 압사시키고 말았을 무거운 짐을 지셨습니다. 이는 하나님 앞에서 우리가 죄 없이 되고, 우리의 죄가 더 이상 계산되거나 기억되지 않게 하려는 것입니다. 그는 또한 자신의 의를 우리에게 입혀주셨습니다. 이는 우리가 머리를 들고 나아갈 수 있게 하기 위함이며, 하나님께서 우리의 죄를 우리에게 전가하지 않으심을 알게 하기 위함입니다. 또 도리어 하나님께서 우리를 알며 마치 우리가 마음을 다하여 그를 섬겨오거나 한 것처럼 우리를 받아주심을(이것은 그의 아들의 이름으로 그렇게 됩니다) 알게 하기 위함입니다. 이 기쁨이 우리에게 온 것이 어떻게 우리 주 예수 그리스도를 기초로 한 복음에 의한 것인지 보십시오.

예수 그리스도의 직책을 모르는 사람은 결코 하나님을 신뢰할 수 없으며 기도나 간구를 올릴 수 없습니다. 그는 언제나 근심과 의심과 위선 가운데 있을 것입니다. 믿음이 와서 길을 보여주지 않는다면 우리는 결코 하나님께 나아가지 못합니다. 그러므로 믿음은 예수 그리스도께 집중되어야 합니다. 이는 그가 우리가 지향해야 할 유일한 목표이기 때문입니다. 그러므로 주의하십시오. 예수 그리스도에 대한 믿음의 정도에 따라서 우리는 하나님 안에서 안식하고 기뻐할 수 있습니다. 이는 바로 우리 주 예수 그리스도에 의해서 우리가 화목되기 때문입니다. 고린도후서에 기록되어 있는 것과 같습니다.

"이는 하나님께서 그리스도 안에 계시사 세상을 자기와 화목하게 하시며."

오늘도 하나님께서는 복음이 우리에게 전파될 때 이 일을 계속하십니다. 그리고 이것은 우리에게도 적용됩니다. 죄를 알지도 못하신 자가 우리를 위하여 죄인이 되셨기 때문입니다. 즉, 그가 우리의 저주를 지고 우리의 이름으로 아버지 하나님께로부터 저주를 받으셨다는 것입니다.

또한 우리가 볼 것은, 우리를 더욱 설득하기 위해서 '너희를 위하여 구주가 나셨다' 라고 되어 있다는 점입니다. 천사가 '구주가 나셨다' 라고만 말해도 우리를 하나님께 이끌기에 충분했을 것입니다. 하지만 그럼에도 불구하고 우리는 여전히 흔들렸을 것입니다. 우리는 본성적으로 불신의 경향이 있으며, 우리 주님께서 온갖 방법으로 확증해 주시지 않으면 마음을 정하지 못하기 때문입니다. 그러므로 '너희를 위하여 구주가 나셨다' 는 말은 불필요한 군더더기가 아닙니다. 이것은 마치 그가 자신을 우리에게 주셨다, 그는 자기를 위해서 온 것이 아니라 우리의 유익과 구원을 위하여 오셨다, 그는 우리가 그를 영접할 때까지 쉬지 않으실 것이다, 이는 아버지께서 그가 우리의 것이 되기를 원하시기 때문이다라고 말하는 것과 같습니다.

이것은 또한 이사야가 "한 아기가 우리에게 났고 한 아들을 우리에게 주신 바 되었는데"라고 말하는 것과 같습니다. 여기 예수 그리스도가 왜 세상에 와야 하는지를 이미 오래전에 선포한 선지자가 있습니다. 그는 그 아기가 우리에게 났다고 말합니다. 만약 그가 '그 아기가 태어날 것이다' 라고 말했다면 그것도 훌륭한 예언이었겠지만 충분하지는 않았을 것입니다. '오, 비록 하나님의 아들이 태어나기는 했지만 그것이 우리와 무슨 관계가 있다는 것을 의미하는 것은 아니다' 라고 반론을 제기하고 트집 잡는 사람이 항상 있기 때문입니다. 그러나 선지자는 그 아기가 우리에게 태어났고 우리에게 주신 바 되었다고 선언합니다. 스가랴도 이렇게 말했습니다.

"시온의 딸아 …… 보라 네 왕이 네게 임하나니 ……."

그러므로 여기서 말하는 영적인 기쁨을 맛보기 위한 조건은 이것입니다. 우리는 우리 주 예수 그리스도가 우리를 위하여 온전히 허락된 사실을 확신해야 합니다. 성부께서 그렇게 원하셨기 때문입니다. 사도 요한은, 아버지께서 독생자를 아끼지 않고 우리를 위하여 죽음에 내어주셨으며, 성부가 성자를 우리에게 상속하셔서 우리가 소유하게 하셨다고 말했습니다. 사도 바울은, 성부가 이렇게 성자를 우리에게 주셨는데 어찌 다른 것을 주시지 않겠느냐고 말합니다. 우리가 상상할 수 있는 이 세상의 어떤 복도 예수 그리스도에 비할 바가 못되기 때문입니다.

예수 그리스도는 성부의 사랑하시는 아들이며 영원한 지혜이십니다. 그러므로 예수 그리스도가 우리의 것이라고 말하고, 그 안에서, 오로지 그 안에서만 기뻐하라고 요구할 때에, 그 안에 있는 모든 지혜와 공의와 생명과 영광의 완전함이 그와 함께 우리에게 주어지지 않으리라고 생각하지 맙시다. 그러므로 이 천사가 말하는 기쁨의 장엄함을 주목하십시오.

그 다음에는 특별히 이렇게 써 있습니다.

"다윗의 동네에 너희를 위하여 구주가 나셨으니 곧 그리스도 주시니라."

이 말은 천사가 새로운 어떤 것을 선포하는 것이 아님을 보여줍니다. 만약 목자들이 구주에 대해서 전혀 들어본 적이 없다면 이 말은 그들에게 매우 이상하게 들렸을 것이기 때문입니다. 구주가 났다고 말하는 것만으로는 그들에게 너무나 간략하고 모호했을 것입니다. 그러나 목자들은 어렸을 때부터 하나님께서 자기 백성을 회복하시리라는 것, 약속된 구주가 오리라는 것을 들어왔습니다. 그래서 천사는 의도적으로 '곧 그리스도 주시니라' 고 말한 것입니다. 이것은 마치 이렇게 말하는 것과 같습니다.

'하나님께서 왕을 세우실 때 백성에 의해서 뽑히고 그들의 이름으로 즉 위함으로써 모든 백성을 대표하도록, 왕으로서 기름 부음을 받도록 규정한 것을 너는 기억할 것이다. 이 왕은 최고의 주며 모든 연합의 띠가 되어야 한다.'

율법 아래에서도 왕들이 기름 부음을 받은 것이 사실이지만 그것은 오로지 상징과 그림자였으며, 그 기름 부음이 모든 백성에게 적용되지는 않았습니다. 그런데 예수 그리스도 안에서는 문제가 다릅니다. 그에게는 눈에 보이는 물질적 기름이 문제가 아니라 성령이 문제가 되기 때문입니다. 그는 하나님의 영의 모든 은사를 받습니다. 그 이유가 무엇입니까? 그 자신이 사용하기 위해서가 아니라 그 은사들을 우리에게 부어줌으로써 우리가 거기에 참여하게 하기 위함입니다. 즉, 우리 각자가 은혜의 분량을 따라서 이 위대한 구주로부터 은사를 받게 하기 위함입니다. 우리의 무가치함에도 불구하고 그는 그 복으로 우리 모두를 부요하게 하십니다. 그의 기뻐하신 뜻에 따라서 은사들을 우리에게 내리고 나눠주십니다.

그러므로 왜, 어떤 권리로 그가 그리스도라고 불리는가를 주목하십시오. 또한 왜 우리가 그리스도인이라고 불리는지를 주목하십시오. 이는 우리의 머리이신 그분에게 부어진 영적인 기름 부음에 우리가 참여하기 때문입니다. 만약 우리에게 하나님의 영이 완전히 없다면 우리는 그리스도인이라는 호칭을 오용하고 있는 것이 분명합니다. 그 이름이 우리의 것이 아니기 때문입니다. 예수 그리스도가 기름 부음 받은 분으로 오신다는 사실을 명심하십시오. 즉, 영적인 복을 완전하게 받으심으로써 우리가 그의 충만으로부터 받게 하기 위함입니다. 곧 은혜 위의 은혜입니다. 그러므로 우리 모두는 이 샘으로 와서 용감하게 그 은혜를 길어 올려야 합니다. 그것이 영원히 마르지 않는다는 것을 알면서 말입니다. 각 신자가 더욱 이 완전한 데 나아와서 자기가 원하는 대로 채운다면 그만큼 은혜는 늘어날 것이며, 거기에는 언제나 채워야 할 은혜가 더 있을 것입니다. 그렇게 되면 우리는 은혜 위에 은혜를 받을 것입니다. 다시 말하면 이 은혜는 우리 주 예수 그리스도에게 있기 때문에 만약 우리가 그에게 나아오지 않는다면 우리는 어떤 하나님의 은혜에도 참여하지 못할 것입니다. 그에게 나아오기 위해서 긴 여행을 해야 할 필요는 없습니다. 하나님께서는 복음을 통해서 그리스도가 오늘도 우리의 소유임을 선포하십니다.

또한 그리스도인이 되려면 예수 그리스도께 순종하는 법을 배워야 합니다. 그가 우리에게 가져오는 복을 누리고자 한다면 그가 우리의 주님이 되어야 한다는 말입니다. 즉, 그가 우리를 완전히 지배해야 한다는 말입니다. 이것은 우리가 그에게 순종할 때에만 가능합니다. 시편 110편이 말하는 것처럼 우리는 주의 권능의 날에 즐거이 헌신하는 백성이 되어야 합니다. 매일 하나님 앞에서 행해야 하며, 항상 그의 뜻을 따를 준비가 되어 있어야 합니다. 그리고 '주여, 내가 여기 있나이다! 나와 나의 모든 소유를 주님의 뜻대로 사용하소서' 라고 말해야 합니다.

하나님의 부르심에 순종할 때 우리는 하나님의 아들이 우리의 주님임을 행동으로 보이고 증명하는 것입니다. 오직 그분만, 다른 누구도 아닌 오직 그분만이 우리의 주님임을 알아야 합니다. 세상에 주들이 있고, 권세자·귀족·재산가들이 있는 것이 사실입니다. 그러나 우리 주 예수 그리스도의 왕국은 그런 세상 질서의 정권에 개입하지 않습니다. 여기서 문제는 영적인 왕국입니다. 즉, 우리가 하나님 앞에서 행하는 법을 배워야 한다는 것이며, 이 세상에서 나그네로 삶으로써 믿음과 소망으로 우리의 마음이 높은 곳으로 올라가야 하며, 근심과 쾌락의 진창에 우리의 발이 묶이지 말아야 한다는 것입니다. 그러므로 우리 주 예수 그리스도를 어떻게 우리의 유일한 주님으로 삼아야 하는지를 주목하십시오!

가톨릭에는 마리아가 있고, 성 미가엘이 있고, 성 베드로가 있고, 성 윌리엄이 있습니다. 그것들이 전부 그들의 주입니다. 왜 그렇습니까? 거기서는 예수님이 짓밟히고 거부되고 무시되는 까닭입니다. 그러므로 주의합시다. 여기 이 말씀은 오로지 하나님의 아들에게 해당됩니다. 이 명칭은 예수님께서 사용하신 것이고, 언제나 예수님의 특권이었으며, 어떤 피조물에게도 절대로 사용될 수 없습니다. 바로 이런 이유로 바울은 '비록 장님과 무지한 자들 사이에서는 많은 신들이 높임을 받고 또한 많은 주가 있으나 우리에게는 언제나 한 분 하나님이 계시고, 한 주님 예수 그리스도가 계시니 그가 우리의 머리이시다' 라고 말했습니다. 그가 우리의 연합의 유일한 띠가 되어야 하기 때문입니다. 그렇게 되어야 그의 중보에 의해서 우리가 아버지 하나님에게 연합됩니다.

또한 이 말은 천사가 다음과 같이 첨가한 말을 가리키기도 합니다.

"다윗의 동네에 …… 구주가 나셨으니."

이것은 마치 천사가 선지자를 인용함으로써 자신의 선언이 참되다는 것을 보여주려 하는 것 같습니다. 하나님께서 오래전부터 예언하셨으며, 조상들과 신실한 자들과 온 교회가 기다려온 구주를 보내신 것을 보고 그렇게 말한 것입니다. 그러므로 주님 안에서 기뻐하기 위하여 복음뿐만 아니라 율법 안에서도 그를 찾아야 한다는 것을 배워야 합니다. 바울이 말한 것처럼 그는 율법의 마침이 되시기 때문입니다.

율법과 선지자를 주신 것은 우리 주 예수 그리스도를 알리기 위함입니다. 그는 율법을 주시기 전부터 이미 알려졌습니다. 그런데 이제 복음이 첨가되었으므로 우리는 더욱 충만한 선언을 듣게 되었습니다. 이는 우리가 변명치 못하게 하기 위함이며, 우리가 하나님께 훨씬 쉽게 나갈 수 있게 하기 위함이고, 우리가 하나님의 학교에서 더욱 유익을 얻게 하기 위함입니다. 이렇게 말할 수 있는 것은, 하나님께서 마음을 열어 보여주심으로써 더 이상 아무것도 우리에게서 감추시지 않기 때문입니다.

진실로 우리는 예수 그리스도 안에서 지혜와 지식의 모든 보화가 있는 것을 발견할 것입니다. 그리스도 안에 지혜와 지식이 감추어 있다는 말은 사실입니다. 그 이유는, 이 세상의 교만한 사람들은 아무것도 알지 못하기 때문이며, 이 세상이 그들 앞에 그 문을 닫게 되어 있기 때문입니다. 그러나 만약 우리가 단순한 믿음을 가지고 예수 그리스도에게 오면, 비록 그리스도에게 허세나 과장이 없지만, 그에게 우리의 구원을 위하여 필요한 지혜와 지식의 모든 보화가 가득하다는 것을 알게 됩니다.

천사의 이 메시지만으로도 우리에게는 충분해야 합니다. 하지만 우리가 완전히 허영과 거짓에 넘어가 있으며 어떤 강제에 의해서 묶이지 않는다면 하나님의 진리를 붙잡지 못함을 잘 아시고, 하나님께서는 더 큰 확증을 주고자 하셨습니다. 그래서 이런 내용이 덧붙여졌습니다.

"홀연히 허다한 천군이 그 천사와 함께 있어."

어떻게 하나님이 하나의 증인으로 만족하지 않으시는지 보십시오. 빛을 통해서 태양을 아는 것처럼 하나님께서 천사 안에 자신의 영광을 새겨넣으셨음에도 불구하고, 하나님께서는 한 천사의 증언으로 만족하지 않으십니다. 하나님께서 천군을 보내시고 모든 천사가 하나님께서 세상과 화해하셨다고 선언하였으므로, 사람들은 그런 평화 속에서 기뻐하고 은혜의 힘에 의해서 이 측량할 수 없는 복을 받고 기뻐할 충분한 이유가 있는 것입니다. 하나님께서 무수히 많은 천사들을 통하여 자신의 은혜를 증거하기 원하시는 사실을 보고 우리의 불신앙을 깨달으십시오. 만약 우리의 불신앙이 아니었다면 앞에서 이미 말했듯이 이것은 불필요했을 것입니다.

그러나 하나님께서는 우리가 어떠한지를 아셨습니다. 우리는 언제나 쉽게 흔들리고, 우리 안에는 변덕과 모순으로 가득 차 있으며, 우리는 완고하여 하나님께 굴복하지 않습니다. 하나님이 우리 앞에 은혜를 두시면 우리는 눈을 돌리거나 뒤로 물러나며 마치 화난 맹수처럼 하나님께 저항합니다. 그래서 하나님께서 독생자의 중보를 통해서 우리의 아버지요 구주가 되시는 것을 우리에게 명확히 확신시키려 할 때에는 우리의 불신앙을 꾸짖고 정죄하시는 것입니다. 우리도 자신에 대해서 정죄를 선언해야 합니다.

동시에 우리는 또한 하나님께서 주시는 도움을 우리에게 적용해야 합니다. '오, 그것으로 충분하다! 나는 처음에 모든 것을 다 알았다!' 라고 교만하게 말하지 말아야 합니다. 그것은 정신이 없는 많은 바보들이 하는 말입니다. 그들은 복음에 대해서 한 조각을 배우자마자 세상에서 가장 박식한 학자가 됩니다. 그러나 경험의 문제에 직면하면 그들은 바람과 연기에 불과하다는 것을 드러냅니다. 그들의 믿음을 죽이기 위해서 필요한 것은 아무것도 없습니다. 세상에서 가장 작은 유혹이라도 그들을 넘어뜨립니다. 이것이 그들의 교만에 대한 보상입니다. 그러므로 우리의 연약을 알아야 합니다. 우리 안에는 거짓밖에 없다는 것을 알아야 합니다. 그래야 하나님께서 주시는 도움을 받을 것입니다. 그래야 든든하게 설 것입니다. 그래야 하나님께서 우리에게 적당하고 필요하다고 여기시는 치료책들을 우리가 무시하지 않을 것입니다. 바로 이러한 것이, 이미 말한 천사와 함께 무수한 천사들이 나타났다는 기록을 읽을 때 우리가 기억해야 하는 것입니다.

그렇게도 많은 하나님의 증인들이 있는데도 여전히 믿지 않는다면, 도대체 어떤 방패로 우리의 무지를 방어할 수 있습니까? 모든 논쟁은 두세 사람의 말로 결정되고 종식되어야 한다고 기록되어 있습니다. 그런데 하나님께서는 두세 증인을 보낸 것이 아니라 증인의 군대를 보내셨습니다. 그것도 죽을 수밖에 없는 사람이 아니라 천사가 그 증인입니다. 하나님께서는 천사 안에서 빛을 발하십니다. 천사는 하나님의 공의와 선하심과 능력의 찬양입니다. 그래서 심지어 하나님의 이름이 천사들에게 사용되어 천사들이 신들이라고 불린 것입니다. 이렇게 불린 것은 천사들이 하나님께로부터 무엇을 탈취하거나 하나님의 장엄을 축소하기 때문이 아니라, 하나님께서 그들 안에 거하심을 보이기 위함입니다. 천상에서 온 천사들이 하나님께서 우리와 화목하셨다는 것을 증언하는 증인입니다. 게다가 서넛 혹은 열 몇이 아니라 무수히 많은 숫자입니다.

또한 하나님께서는 우리의 모든 의심과 반항을 잊으실 것임을 우리에게 선언하십니다. 그런데도 만약 우리가 하나님의 메시지를 받아서 굳게 붙잡고 무장함으로써 우리를 무너뜨리려는 사탄의 모든 궤계에 저항할 수 있는 성벽으로 삼지 않는다면, 우리는 매우 완악하거나 심지어 사탄에게 사로잡힌 것이 아닙니까? 그러므로 우리가 이 구절에서 어떻게 유익을 받아야 하는지를 알아야 할 것입니다.

이제 모든 천사들이 한 말이 무엇인지를 간단히 보겠습니다.

"지극히 높은 곳에서는 하나님께 영광이요 땅에서는 사람들 중에 평화로다."

이 말에 '기뻐하심을 입은 사람들'이라는 말이 첨가될 수 있지만 그 말이 빠지더라도 의미는 크게 달라지지 않습니다. 이 구절에 긴 시간을 할애할 필요는 없습니다. 천사들은 무엇보다도 목자들에게 그리고 동시에 우리 모두에게 하나님의 선하심을 찬송하고, 그분에게 합당한 영광과 감사를 돌릴 것을 권하고 있기 때문입니다. 이것이 우리 구원의 목적입니다. 사도 바울은 이것을 특별히 에베소서 1장에서 말합니다(그에게는 매우 당연한 교리였지만 에베소서 1장에서 길게 다룹니다).

그렇다면 하나님께서는 왜 자기 아들을 우리에게 보내셨습니까? 하나님께서 영광을 받으시기 위함입니다. 그러므로 가장 높은 곳에서 하나님께 영광입니다. 여기에는 두 가지 요소가 있습니다. 첫째, 우리는 구원의 원인을 하나님의 순수한 자비 이외에 다른 데서 찾지 말아야 합니다. 만약 우리 자신의 어떤 것이라도 거기에 끼워 넣거나 피조물이 거기서 우리를 돕는다면, 그 영광의 일부가 우리 자신의 몫이거나 피조물에게 속하게 될 것이기 때문입니다. '지극히 높은 곳에서는 하나님께 영광'이라고 말할 때에는, 다른 모든 것은 낮아지고 오로지 하나님만이 모든 좋은 것의 주인이 되어야 합니다. 여기서 하나님의 영광이 어떻게 피조물의 모든 높아진 것을 파괴하는지를 보아야 합니다. 또한 어떻게 우리가 여기서 뒤섞지 말아야 하는가를 보아야 합니다.

예수 그리스도를 주신 것은 요한복음 3장에서 인용했듯이 하나님께서 세상을 이처럼 사랑하사 독생자를 아끼지 않고 우리를 건지기 위해서 그를 죽음에 내어주신 것임을 알아야 합니다. 따라서 모든 강설을 마친 다음에 우리는 예수 그리스도가 왜 우리를 위해서 주신 바 되었는지를 아는 큰 변화를 경험해야 합니다. 그것은 하나님의 사랑 때문에, 즉 그의 값없이 주시는 선하심 때문입니다. 그러므로 영광은 하나님께만 돌려야 합니다. 오늘날 가톨릭에서 자행되고 있다고 이미 말한 것처럼 하나님의 영광을 이리저리 쪼개고 모두가 나눠 가지는 식으로 빼앗지 말아야 합니다.

둘째 요소는 배은망덕하지 말아야 한다는 것입니다. 하나님께서 우리를 기쁘게 하시고 우리에게 선의를 보이실 때에 우리가 게으름을 부리는 것은 말이 안 됩니다. 도리어 이 기쁨은 우리를 감동하게 하고 우리에게 열심을 품게 하고 불을 붙여서 오직 우리 하나님만을 영화롭게 하고자 해야 합니다. 베드로는, 하나님께서 우리를 죽음의 그늘에서 건져내어 생명의 나라로 옮기신 것은 그의 영원한 영광을 찬양하게 하기 위함이라고 말합니다. 선지자 이사야도 하나님께서 한 백성을 얻으신 것은 그들 가운데서 영광을 받기 위함이며, 우리는 하나님께서 요구하시는 땅의 식물이요 열매와 같다고 했습니다. 사람이 포도를 심고 밭을 경작하듯이 하나님께서는 거기서 열매를 모으신다는 것입니다. 물론 하나님께서는 우리에게 아무것도 받지 않으셔도 됩니다. 하지만 비록 우리가 그에게 아무것도 가져다 드리지 못할지라도 영광을 받기를 원하십니다. 우리 안의 복음의 열매가 드러나면, 하나님께 합당한 찬송의 제사를 드리고자 하는 불타는 열망을 가지게 된다는 것을 알아야 합니다. 하나님께서 무한한 자비로 우리를 죽음의 수렁에서 건져내셨기 때문입니다.

다음으로, '땅에서는 평화로다' 라는 말이 덧붙었습니다. 그 이유가 무엇입니까? '하나님께서 사람을 기뻐하셨기 때문' 입니다. 이것은 우리가 지금까지 말한 것을 더욱 확증합니다. 하나님께서 우리와 더불어 이루시는 화해와 구속이 아니면 모든 평화는 허무합니다. 하나님께서 우리에게 호의를 가지신 것을 알게 되었을 때 우리의 적이 되지 않고(마땅히 그렇게 되어야 하는데도 불구하고), 우리의 반항과 불의 때문에 화가 나서 분노한 재판장이 되지도 않고, 도리어 우리의 아버지요 구주가 되십니다. 우리가 그분 안에서 즐거워하게 하기 위해서 우리에게 즐거워하라고 하심을 우리가 알게 되었을 때, 바로 그때에 우리는 평안을 가질 수 있습니다. 이렇게 해서 우리는 안식을 가지며, 우리의 모든 만족이 하나님의 선의에 의존하게 됩니다. 말하자면 피조물 중에서 우리를 멸절시키지 않고 자비로 우리를 받으시며 아버지 같은 사랑으로 우리에 대해 참는 것을 보이시기 때문이라는 말입니다.

가톨릭에서는 이 말들이 크게 오염되어 왔습니다. 그들이 비록 '높은 곳에서 영광' 을 부르기는 하지만 이 구절을 악독하게 망친 나머지 그들은 육신을 입은 악마들이 되었습니다. 그들은, 평화는 선한 의지를 가진 사람들을 위한 것이라고 말하며 그것을 근거로 공로의 교리를 세웠고, 사람이 자기 자신의 충동에 의해서 받아들이지 않으면 하나님의 은혜는 무가치하다고 생각합니다. 그들은 '높은 곳에서는 하나님께 영광'을 노래하면서도 (그들의 노래는 사나운 늑대의 울부짖음 같습니다) 사람의 선의라는 사상을 확립함으로써 하나님의 영광을 탈취하고 있습니다.

그러나 우리는 천사들의 말이 오로지 하나님만이 우리의 모든 영광을 받기에 합당하다는 뜻이며, 따라서 우리는 하나님께 합당한 감사를 드리기 위해서 우리의 입을 열어야 한다는 것을 압니다. 이는 그가 자신의 기쁘신 뜻을 따라서 우리와 화해하신 까닭입니다. 하나님께서는 우리의 비참에 대하여 다른 가치를 부여하지 않고 오직 대책을 마련해주십니다. 하나님께서는 우리의 범죄에 따라서 우리를 형벌하시지도 않고, 우리가 하나님에게 역겨운 것처럼(우리는 실제로 그러합니다) 우리를 배척하시지도 않습니다. 도리어 우리를 기뻐하셨습니다. 하나님께서는 이해할 수 없이 풍성한 자비를 우리에게 보여주기를 원하셨으며, 더러움이 가득하고 하나님께서 혐오하시는 죄악 때문에 죽음과 저주가 가득한 우리에게 친절하셨습니다.

이와 같이 하나님께서 자신을 낮추시고, 우리를 호의로 맞으시고, 은혜를 우리에게 보여주셨으므로 우리는 기뻐할 이유가 있습니다. 이것은 또한 우리의 신앙에 확증을 주어서 우리로 담대하게 하나님을 부를 수 있게 하며, 우리가 만나는 모든 유혹에 대항하여 싸울 수 있게 합니다. 이렇게 할 수 있는 것은 우리 주 예수 그리스도의 이름으로 나아갈 때에는 하나님께서 언제나 우리를 받아주심을 알기 때문입니다. 하나님께서 우리를 받아주시는 것은 그의 값없이 주시는 선하심 때문입니다.

그러므로 이제 우리의 선하신 하나님의 장엄 앞에 엎드립시다. …… 그가 우리뿐만 아니라 지상의 모든 민족과 나라에 값없이 은혜를 주시며, 모든 가난하고 무지한 자들을 오류와 흑암의 비참한 포로 상태에서 구원의 바른길로 이끄시기를 기도합시다. 이 일을 위하여 하나님께서 진실하고 충실한 말씀의 사역자들, 자기의 이익이나 야망을 추구하지 않고 그의 거룩한 이름이 높아지는 것과 그의 양 떼의 구원만을 바라는 사역자들을 일으키시기를 기도합시다.

다른 한편으로 그의 백성 내의 문제와 분열의 씨가 되는 모든 이단 종파들과 오류들을 제거함으로써 우리가 형제의 사랑을 가지고 함께 살 수 있게 해주시기를 기도합시다. 그의 성령으로 칼을 쥔 모든 왕들, 왕족들과 통치자들을 인도하셔서 그들의 통치가 변덕, 잔인, 포학 혹은 다른 악한 욕망의 통치가 되지 않고 공평과 정의의 통치가 되게 해주시기를 기도합시다. 그들의 통치 아래 사는 우리도 그들에게 합당한 존경과 순종을 돌리며, 선한 안정과 평안에 의해서 우리가 거룩함과 정직함으로 하나님을 섬길 수 있게 되기를 기도합시다.

불쌍하고 어려움 가운데 있는 모든 사람들, 하나님께서 십자가와 환난을 당하게 하신 사람들, 곧 전염병과 전쟁과 기근 및 다른 고난 가운데 있는 사람들, 가난과 질병과 투옥과 추방 혹은 다른 육체의 재난이나 정신의 고통을 당하는 사람들에게 위로를 주시며, 그런 모든 사람들에게 하나님께서 악을 완전히 없이하실 때까지 선한 인내를 주시기를 기도합시다. 특별히 모든 불쌍한 신자들, 곧 적그리스도의 포학 아래 바벨론 포로로 흩어진 자들, 진리의 증거를 위하여 박해를 당하는 사람들을 불쌍히 여기시기를 기도합시다. 그들을 진정한 끈기로 강하게 하시며, 그들을 위로하시며, 악당과 이리들이 그들을 공격하지 못하게 하며, 그들에게 참된 끈기를 주셔서 살든지 죽든지 그들에 의해서 하나님의 이름이 거룩히 여김을 받게 되기를 기도합시다.

오늘날도 고난 가운데 있으며 주의 거룩한 이름을 위하여 공격을 당하고 있는 모든 가난한 교회들을 강하게 해주시기를 기도합시다. 주의 모든 적들의 모략과 술수와 활동들을 역전시키고 파괴하셔서 주의 영광이 어디서나 빛나며, 우리 주 예수 그리스도의 나라가 더욱 확대되고 전진하도록 기도합시다. 이 모든 것을 우리의 선한 선생이시요 주님이신 예수 그리스도께서 가르쳐주신 대로 기도합시다. '하늘에 계신 우리 아버지…….'

약어표

C. R.	「Corpus Reformatorum: Ioannia Calvini Opera quae super- sunt omnia」(Ed. Baum, Cunitz and Reuss). 29-87권까지는 C.R. 권 번호가 아닌 「Calvini Opera」의 권 번호다.
Ges. Aufs.	「Gesamelte Aufsätze」 1~3, Karl Holl.
Herminjard.	「Correspondance des Réformateurs dans les pays de langue française」. vols. 1~9. A. L. Herminjard.
Mackinnon:	「Calvin and Reformation」.
T. R.	「Tischreden, Weimarer Ausgabe」- Luther.
W. A.	Weimar Edition of Luther's Works.

참고 도서

Biesterveld(P.).   「Calvin als Bediener des Woords」, Kampen, 1897.
Cruvellier(A.).   「Étude sur la prédication de Jean Calvin」, Montaubon, 1895.
Flamand(F.).   「Étude sur Calvin considéré comme prédicateur」, Strasbourg, 1847.
Goguel(G.).   「La prédication protestante avec prières au temps de la réforme」, Ste. Suzanne, 1857.
Hunter(A.M.).   "Calvin as a preacher"(in 「Expository Times」, vol. 30. pp. 562 ff.).
Johnson(G.).   "Calvinism and Preaching"(in 「Evangelical Quarterly」, 1932, pp. 244 ff.).
Krauss(A.).   「Calvin als Prediger」(Zeitschrift für prakt. Theol. Frankf. 1884).
Mülhaupt(E.).   「Die Predigt Calvins」
Pasquet(E.).   「Essai sur la prédication de Calvin」, Geneva, 1858.
Viguié(A.).   「Calvin prédicateur」(Discourse inaug. à la fac. de Théol. Paris. 1879).
　　―――――.   「Sur les sermons de Calvin sur Job」. in Bull. Soc. Hist. Prot. Franc. xxxi. pp. 466 ff., 504 ff., 548 ff.
Watier(A.).   「Calvin prédicateur」, Geneva, 1889.

하나님의 대언자

초판발행 2006년 11월 10일
초판2쇄 2010년 5월 12일

지은이 T.H.L. Parker
옮긴이 황영철
발행인 천석봉
기획 정건수
편집책임 김귀분
편집 및 교정 김우정, 송지수, 신한나
디자인 고은정
마케팅 오택현, 김경환, 박경헌
마케팅지원 이경선, 서영미, 주정중, 김진성
인터넷 현지혜

주소 서울시 강남구 대치2동 1007-3
전화 (02)559-5655~6
팩스 (02)564-0782
인터넷서점 www.holyonebook.com
출판등록 제16-3739호 2005. 10. 21
ISBN 978-89-958578-0-9 03230

ⓒ2006, 익투스
※잘못된 책은 바꾸어 드립니다.